姜龍昭著

香妃考證研究續集

文史哲出版社印行

國立中央圖書館出版品預行編目資料

香妃考證研究．續集／姜龍昭著．--初版．--
臺北市：文史哲，民81
面；　公分
ISBN 957-547-046-X（平裝）

1.（清）香妃－傳記

782.874　　81001115

香妃考證研究續集

著者：姜龍昭
出版者：文史哲出版社
登記證字號：行政院新聞局局版臺業字五三三七號
發行人：彭正雄
發行所：文史哲出版社
印刷者：文史哲出版社
台北市羅斯福路一段七十二巷四號
郵撥〇五一二八八一二彭正雄帳戶
電話：三五一一〇二八

實價新台幣四〇〇元

中華民國八十一年三月初版

ISBN 957-547-046-X

香妃考證研究續集 目次

爲香妃解開歷史的謎（序）

鍾雷

在六十年代至七十年代之間，正是國內三家電視臺戲劇節目的高潮時期，在「黃金時段」所播出的連續劇，多有相當「可觀」的佳構。其中尤以「中視」連年製播的大型歷史古裝劇，諸如「一代暴君」、「一代紅顏」、「香妃」，以及「戰國風雲」與「大漢天威」等等，由於製作嚴謹，考證周詳，內容精彩，氣勢宏偉，再加演員的陣容整齊，推出面世之後，莫不獲得廣大觀衆熱烈的歡迎與欣賞，締創了「叫好而又叫座」的佳績；甚且至今還爲人津津樂道，印象歷久不衰。

筆者曾經參與過這幾部「大戲」的策劃和編劇工作，也曾體味過從資料的蒐集、整合，經過考證、研究、討論、辯難，以至撰寫故事大綱和分集、分場大綱的「前置作業」過程中，各種一言難盡的個中苦樂；並且也常由此而引悟到凡事締造的維艱，與成就之不易。特別是「香妃」一劇，在史實之外，諸多傳說不一而足，因而在故事情節之間，安排結構，勢必更須大費周章。

當時筆者和王方曙、賈亦棣、朱順官諸位老友，應製作人姜龍昭兄的約請，膺任「香妃」的聯合編劇；而龍昭兄事先對於「香妃」的有關資料與事蹟，已經下過一番整理和考證的工夫。於是，再經反覆的討論研究，決定在故事的結構與情節的安排方面，本著「大膽假設，小心求證」的立場，並在「不以傳說而偏離史實，不因史實而削弱戲劇」的原則之下，長達五十一集的「香妃」連續劇，於焉在六十四年十二月開始在「中視」頻道，呈現於萬千觀衆之前，其後並在美國舊金山等地僑區推出映播，廣受海內外觀衆一致的好評。而今，已是十四年的歲月流逝了，這些歷歷猶如昨日的往事，思之使人不勝感慨而難忘。

「香妃」在電視上雖然暫告落幕，但她在歷史上成爲「謎」的話題，卻依然言人人殊而方興未艾。姜龍昭兄在製作了「香妃」一劇之後，本其見聞發現和研究考證的心得，鍥而不捨，以「追尋一個水落石出」的精神，在此後十數年之內，一連串發表了「香妃之研究」、「香妃考證」和「香妃之畫像」等多篇專文，並且綜合各方有關圖片資料，於七十八年九月間先出版了「香妃考證研究」一書。用心之專，令人敬佩不置。

而在出書之後的一年以來，龍昭兄仍在爲「香妃」之「考證」的問題，不斷的寫文章和別人討論與辯難；但在另一方面，他也有了新的發現，一幅由郭志誠先生收藏郎世寧所繪的「寶月嘗荔圖」，在「御詩」及臣工題詩注釋之中，明白的記載了「香妃」確曾爲乾隆寵愛，安排居住於寶月樓內。至此，姜龍昭兄窮十四年之力，要「解開歷史的謎」的努力，終於獲得了最爲明確的答案。

現在，龍昭兄特將其最近一年來爲「香妃」而新寫的文章，和新發現的有關「香妃」的畫像圖片等等，接續出版了「香妃考證研究」的續集。以公開「香妃」存在之事實於世人。在此，我特爲他認眞而執着的心力與收穫，謹致衷心之欽佩與祝賀之忱！

（七十九年七月，臺北華實樓）

追根究底考證的新發現(代序)

姜龍昭

一

清代的學者崔述說：「諺云：『打破沙鍋問到底』，蓋沙鍋底脆，敲破之，則其裂紋直達於底。『紋』與『問』同音，故假借以譏人之過細而問多也。然余所見所聞，大都皆由含糊輕信而不深問，以致僨事，未見有『細爲推求』而僨事者。」這也是我研究歷史學問所抱有的態度，不含糊輕信資料，一定要尋根究底的追問下去，弄個清楚明白，才肯罷休。

清朝另一個大學問家戴震(東原)，十歲時讀「大學」一書，見朱熹的注釋：「大學」的「經」，是「孔子之言，而曾子述之。」他問老師：「怎麼知道是這樣的？」老師說：「這是朱熹說的。」戴震又問：「朱熹是什麼時候的人？」老師說：「是宋朝的人」。他又問：「從周朝到宋朝，中間間隔了多少年？」老師說：「隔了幾乎兩千多年。」戴震又問老師：「朱熹怎麼知道是如此的？」老師就無可回答了，因爲朱熹的注釋，本是一種推測之詞，並沒有史料上的根據，因此乃經不起戴震的追問。

這一故事，也啓示我，歷史上記述的事，我們應像戴震一樣，認眞追問下去，才能瞭解其眞相，不致「僅」被文字之記述所迷惑。

查證清朝歷史上，究竟有無「香妃」其人，僅憑清正史的文字資料，來下斷語，是既不公正，又不客觀的。

二

我於七十八年九月，出版了「香妃考證研究」一書，迄八十年九月，已屆兩年，這兩年中，我繼續考證「香妃」，獲得了更豐碩的收穫。

先是兩年中，我爲了「香妃」，與人展開了三次筆戰。

第一次筆戰，是與高陽先生在「聯合報」上，開始於七十八年十一月廿六日，結束於七十九年一月廿一日，高陽先生寫了三篇，我也寫了三篇，江述凡先生，寫了一篇。

第二次筆戰，是與東門草先生在「立報」上，開始於七十九年一月四日，結束於八十年二月五日，東門草先生寫了兩篇，我寫了三篇，文字篇幅極長，歷時也最久。

第三次筆戰，是與莊練先生在「中央日報」上，開始於八十年三月十三日，結束於八十年六月十九日，莊練先生寫了一篇，江述凡先生寫了一篇，我寫了二篇，合併成一篇。

其次，是我看到了一般人不易見到的三件寶物。

第一件寶物：是郭志誠先生蒐藏的「寶月嘗荔圖」，這是清郎世寧所繪香妃畫像：「海西八珍」中之「第七珍」，過去我只知道「八珍」中之「六珍」，如今，竟看到了此「第七珍」，時間是在七十九年三月廿九日，蒙畫主同意我拍攝照片，並告知此畫過去藏於大英博物館十餘年，故外界鮮有人知，當時他以新臺幣一千八百萬元購得，經我撰文在報間發表後，先後有英國人、日本人專程來臺觀賞此畫，迄八十年六月間，更有日本蒐藏家願出新臺幣四千萬元購買此畫，但為郭先生所拒，未有割愛。

第二件寶物：是劉台柱先生蒐藏的「氷嬉娛親圖」，這是清郎世寧所繪香妃畫像「海西八珍」中之「第八珍」，係不久以前，由大陸輾轉運來臺灣，我於七十九年四月五日看到，蒙畫主同意我拍攝照片，並撰文在報間發表。

第三件寶物：是回教界知名的買靜安教長，所蒐藏的一柄香妃當年生前使用的佩劍，這把劍上鐫刻有回族文字，劍鋒依然十分鋒利，買教長親自向我述說這把佩劍的來歷，及當年如何自回教友人處以高價購得之經過，並說卅年前，即民國五十年代時，曾有日本人，願出美金廿萬，向之購買，但未為其接受轉讓，我看到此劍時在八十年五月十一日。

最後，我要說的，是為了「香妃」，我曾專誠去了一趟大陸的北京，拜訪了現今的「陶然亭公園」，及故宮博物院購買了好幾本此間不易見到的書籍，蒐集到了不少有關「香妃」的珍貴史料。更難得的，是與莊練先生筆戰間，蒙他寄給我一本大陸上新華書局於一九八五年八月出版的「香妃」一書，此書係由于善浦、董乃強二人蒐集了大陸上所能看到的有關「香妃」論戰之文獻、詩文及其有關的考證文章。

上述的這些文字、圖片，我不想獨自佔有，乃彙集在一起，出版「香妃考證研究」續集，希望與讀者分享。同時也訴求讀者來思索，究竟我說的：「香妃確有其人」對呢？還是有些人說的：「香妃並無其人，其實就是容妃」才對。

三

自從六十四年開始，我不斷深入考證香妃之事蹟，即發現這是錯誤的，詳細的情形，可參閱我的「香妃考證研究」一書。

過去，有些學歷史的人，因受了孟森先生「香妃考實」這一篇文章的影響，都跟著人云亦云的認爲「香妃並無其人，其實就是容妃，因爲清正史上，只有容妃之文字記載，而無香妃之文字記載」。

誰知一九七九年十月（民國六十八年），大陸上，打開了「容妃」的墓穴，爲此也掀起「香妃、容妃」熱烈的論戰。一些服務於中共故宮博物院的人極力主張：容妃就是香妃，一般小說、戲劇中的「香妃」是一虛構的人物，而雖有人力主「香妃確有其人」、「香妃並不就是容妃」，但似乎勢單力薄，只是少數，中共新華書局，乃編輯了一本「香妃」的書，於一九八五年八月（民國七十四年）出版，爲此一論戰，作了結論。

寫清朝歷史小說的高陽先生，於七十八年四月去了一趟大陸，在北京訪問了故宮博物院的副院長蒙熱誠招待，並告訴他，「香妃戎裝像」，根據當時擔任古物陳列所古物保管科曾廣齡科長的說法，只是朱總長順口說的一句話，並無根據，並強調「官大表準」，事實上並不準確。

他寫了「香妃的眞面目」一文，引起我與他的筆戰，事後回想，他完全是受了中共的影響，在「立報」與我引起筆戰的東門草先生，我事後才知道，原來他人在大陸，東門草是一筆名，他現在大陸湖北省黃石市礦務局第一中學，任文史教員，他撰文的依據，絕大部份是依據大陸出版的「香妃」一書。

至於莊練先生，服務於中央研究院歷史研究所，現已退休，他所寫的資料來源，也完全是中共出版的「香妃」一書，蒙他把那本書寄了給我，才讓我恍然大悟。

爲「香妃」一書寫序文的秋浦先生，在該書序文中說：「這是有關香妃材料比較完整的一本集子。編者選登這些材料，並不是按照一個口徑，而是讓各種說法，兼收並蓄，使讀者在讀了它之後，對一些問題，能有一個思考的餘地。」

一般人，對「香妃」問題，未有深入研究的，讀完該書以後，馬上可以同意書中的結論，那就是該書雖說得冠冕堂皇，讓多種說法，兼收並蓄，也不按照一個口徑來取留原始材料，但在官方故宮博物院任職的那些人士的文章字裡行間，明顯地偏重於「容妃就是香妃」這一個說法，儘量否定「香妃存在，確有其人」的說法。

但深入研究香妃問題十餘年，我人在臺灣，雖不如在大陸蒐集資料那樣方便，然我卻在海外，在日文書籍，及親眼看到的郎世寧所繪「香妃畫像」的鐵證下，可以肯定：香妃確有其人。

更要在此特別提出的，是在「香妃」書中，我看到了民國六年，香妃之後裔達楊氏，即香妃二哥之玄孫媳婦，於民國初年，由北京返回新疆喀什噶爾之故鄉，爲爭取其應得之遺產，興訟打官司，結果獲得判決勝訴之公文全文，（參閱本會附錄：十三）這是證明香妃確有其人，最有力的人證、物證，若無其人，決不可能有其後裔，若說是冒充的，則官司也不可能勝訴。

過去，我只蒐集到此一打官司事件的消息，未見原文，此次在該書中看到，如獲至寶，更難得的是，該公文中詳細列出「內務府譜牒」所載，香妃祖先若干代的姓名，使我能依此排列出「香妃」出生的正確世系表。

由此，我益形堅定我的看法，並沒有錯，香妃、容妃絕對是兩個人。

爲什麼國際間人士，都肯定中國有「香妃」這個人，而中共當局，既已找到了這樣明確的證據，而仍要否定她的存在呢？

這其中，必然有它的原因存在。

我再三的沉思、默想。又一讀、再讀這本厚達三八八頁的「香妃」一書，最後，終於追根究底，恍然大悟，有了「新發現」，也找出了其中癥結之所在。

原來，在共產主義的社會中，對於「歷史事件」的看法，與我們臺灣三民主義的社會中，對於「歷史事件」的看法，是有所不同的。

我們看歷史事件，是要求客觀的探討事件的眞相，歷史歸歷史，政治歸政治，二者不必牽扯在一起，我們寫文藝作品，亦復如此，文藝與政治要分開來，不要混在一起。

共產主義的社會則不同。對「歷史事件」，必先要透過政治立場、政策的需求，這樣的看法，才是正確的；寫文藝作品，亦復如此，要符合毛澤東的延安文藝政策路線，提倡工農兵文藝。若是文藝作品不能與共產主義教條相配合的話，就認定是小資產階級的頹廢作品，無存在之價值。

在大陸出版的「香妃」一書中，一再標榜：「容妃」之偉大，說她人格高尚識大體，有功與清朝和回族之和好，是個很了不起的女性；而香妃則是一些無聊文人，虛構的人物，沒有強調她存在的必要。

大陸「中國民族學研究會副理事長」秋浦先生，在此書的序文中說：「今天的中華人民共和國，剝削階級作爲一個階級來說，已被消滅，民族壓迫的根源，已被鏟除，民族平等，成爲生活中的現實，各民族之間，才有可能達到眞誠的團結一致。平等、團結、互助，已成爲我國社會主義時期新型的民族關係，我們應當大方去發展這種新型的社會主義民族關係，這必將引導我國各民族人民走向共同的繁榮。」

透過爲各民族、團結、互助的「政治要求」來看：「香妃」這一歷史懸案，當然應該站在肯定「容妃就是香妃」這一觀點來說話，才是符合「中共政策」的要求。中共佔領大陸後，大批移民往新疆送，新疆地方大，可以試驗原子彈爆炸，當然希望回疆民族與漢民族，和好團結在一起，乾隆香妃的故事，早已過去，何必再舊事重提，傷了二個民族間的和氣呢！

我想起幾年前，我拜讀曹禺寫的「王昭君」劇本，他在劇本後面談該劇的創作經過說：「寫歷史劇，要忠於歷史事實，忠於歷史唯物主義，同時還要有『劇』，如果沒有戲劇性，別人就會打瞌睡，這個『劇』字就難了。」

曹禺說：「那是一九六〇年以前的事，周總理（即周恩來）指示我們不要『大漢族主義』，不要妄自尊大，這是從蒙漢人聯姻的問題談起的，提倡漢族婦女嫁給少數民族。」……就這樣，曹禺奉命寫了「王昭君」這個劇本，過去演出的「昭君怨」、「昭君和番」戲劇，昭君都是哭哭啼啼的，曹禺寫的「王昭君」是與衆不同的，他寫王昭君，是高高興興去嫁給遠在塞外的番邦單于，一滴眼淚也沒有。這就是：戲劇要忠於「歷史唯物主義，配合政治」的結果。

我們不妨閉上眼睛想一想，王昭君孤零零的遠嫁到番邦去，她會是笑著去嫁人的嗎？當然是有違事實的。

四

我發現中共當局，爲了湮沒「香妃眞實存在」的事實，他從下列的諸種措施來進行，可說是相當周密而有計劃的。

第一、出版「香妃」一書，力捧孟森先生所撰「香妃考實」一文之立論正確，因孟森是清史權威學者，且是依據清正史來考證，正史無香妃之文字記載，當然沒有香妃其人，是正確的，一般人喜歡盲目崇拜專家，當然會認同他們的看法。

第二、他找出清宮的一些檔案，把過去一般人不識的滿文奏摺、回文資料，也翻成漢文，以證明這些官方的文書上，只有容妃，沒有香妃。

第三、最狠的一著，他挖去香妃存在的根，把喀什噶爾阿帕克和卓墓中所藏有的「香妃世系考錄」原始資料，加以更改，幸好該書的論戰文字中，透露出：「阿帕克和卓墓的那份資料，可靠性是大有問題，那不是過去的歷史記載，而是解放後，當地若干幹部根據一些不同的傳說整理而成。」依據民國卅二年梁寒操親訪該墓，所傳的「香妃世系考錄」資料，香妃的父親名「群和加」，又名「帕力思」，現在中共將「香妃世系考錄」更改爲「父名阿里和卓，與容妃之父同名」，故證明香妃就是容妃。這樣混淆視聽，誰會不相信呢？

第四、容妃有一哥哥名圖爾都，因她獲册封，史料上有圖爾都傳，過去小說、戲劇都說香妃有一哥哥，名圖地公，漢人稱之謂圖圖公，他的太太，叫圖夫人，所以書中說，圖地公就是圖爾都，因此香妃就是容妃。事實上，我已在該書中，找到最正確的資料，容妃有一哥哥叫圖爾都，是不錯的，另有一個姊姊，一個妹妹，名不詳，詳見：「容妃遺物摺」檔案，而香妃有兩個哥哥，大哥叫圖地公，又叫吐地棍、吐狄貢，太太名蘇黛香，是漢人，二哥叫阿不都哈的，也就是上述達楊氏的曾祖父，香妃並無姊妹，是獨生女。圖爾都的太太叫巴朗，是滿人，他與圖地公死的時間都不一樣，但中共故意把「圖爾都」說成就是「圖地公」，混爲一人，這樣，香妃不就是容妃了嗎？

第五、中共在書中特別強調新疆香妃墓中是空的，根本無香妃之屍體，只有容妃葬在東陵是正確的，他在新疆散佈些消息，給前往該地觀光的外國人，有一位意大利人，蒂齊亞諾，於一九八三年（

民國七十二年）去該地遊覽後，就依據道聽途說撰文在西德的報紙上說：「香妃的墓已空，人們稱它爲『香妃博物館』……」這篇外文，經過翻譯，也刊載在此書中，以配合中共的政策，作錯誤的傳播。中共之用心良苦，但在有判斷力的人看來，眞是不值識者一笑。

第六、除了修改「香妃世系考錄」，說「墓中是空的」以外，中共因未有香妃畫像眞蹟之蒐藏，他就透過故宮博物院工作人員的口頭傳播，散播說：「那幅戎裝像，是當時有人順口說的，畫中人不一定是香妃」。更可笑的，民國三年展出「香妃戎裝像」，也說只是爲了招徠遊客，多增加一些門票收入，強調當時故宮博物院副院長單士元回憶說，當時此一油畫，並無標籤題名，亦無根據：「是幾個人拿的主意，爲的是以這張像招徠遊客」……這種說謊又不負責任的口頭傳播，我們的高陽先生、莊練先生都信以爲眞，再加以「以訛傳訛」，中共確是收到了他的宣傳效果。

第七、最後是把這些以假爲眞的文字傳說，出版了一本書，以統一全國的口徑。大陸上所有的知識份子，均認同了，只除了極少的少數，不贊成容妃就是香妃的說法。在我與大陸東門草先生筆戰的後期，東門草先生，曾把我的看法，及所發現確有香妃的鐵證，撰文投寄到南京的中央日報，及其他報紙，結果均石沉大海，因爲，中共的政策既已決定：「沒有香妃這個人」，你再要說確有其人，這樣的文章，當然不可能獲得發表機會的。

五

走筆至此，我眞要爲殉節的烈女香妃嘆息，她眞是一個很不幸的女人。

生前，她因不從乾隆，被太后賜死。死後又因著清朝駭人的文字獄，使她的名字不能見諸正史，到了滿清推翻了，民國成立，因著一幅「戎裝像」的展出，她的故事，才被世人所傳開。

但是，到了民國廿六年，因著孟森先生的「香妃考實」發表，她的存在，又被人所否定，勝利以後，雖有人，依據「畫像」及「墓塋」，風風雨雨，引發出不同的看法，大陸淪陷後，在臺灣，一些學者，已找出她眞實存在的眉目。但孟森先生的說法，迷惑了一般人對權威學者的盲從心理，仍難獲定論。

民國六十八年，容妃的陵墓被打開了，又引起了一次長達三年的爭辯，中共當局爲了配合他「種族團結、互助」的「政策要求」，又再度只好力捧容妃，而否定她的存在。

爲了支持此一說法，他們修改她的祖宗世系名字，抬出清宮檔案，硬說她就是容妃，否定她的畫像，說墓中的屍體是不存在，再透過故宮博物院的人，作不實的口頭傳播，眞可說是費盡心機。

幸好歷史的眞實，終有水落石出的一天。

憑著我「打破沙鍋問到底」的傻勁，終於有了新的發現。

我列了一張最正確的「香妃、容妃家族的世系表」，刊在書中「解開香妃之結」一文中，當時此間的「中央日報」，未有刊出，讀者不妨耐心的比照查證，就可清楚，除了「容妃」之外，「香妃」是確實存在的。

（八十年十一月「文訊」月刊發表）

الحقيق عن حياة ايپارخان

買靜安回文題字

香妃考證研究續集

圖版

乾隆盛裝打獵畫像

·文物志·

香妃与《宝月尝荔图》

台湾学者姜龙昭先生，是研究“香妃”的专家。三年前，又有专著《香妃考证研究》问世。去年，他在报刊上撰文，专门介绍20多年来探访到的，乾隆年间意大利人郎世宁所绘的香妃画像。其中，重点介绍了香妃在宝月楼吃荔枝的《宝月尝荔图》。

该画卷首，有乾隆御题“宝月尝荔”四个大字，钤有“十全老人”大印及乾隆常用的印章。后面有汉、满、蒙、回、藏五种文字的赞文，其中有蒋溥书写的乾隆题诗及兆惠将军的题诗。

姜龙昭先生介绍说，《宝月尝荔图》今在台北，系一位古董收藏家以新台币1800万购买珍藏。买前，曾请英国人山姆·鲁尼鉴定。而这位英国人在1939年前后居住北京很长时间，研究过故宫的文物，回国后，曾任职于大英博物馆。该画呢，也曾在大英博物馆保管过十余年。（刘法炭）

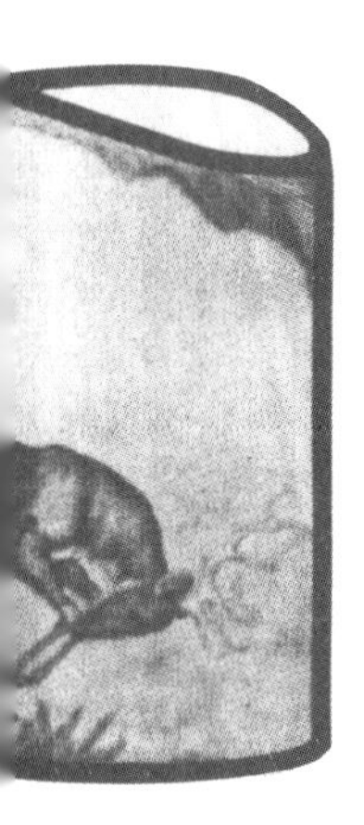

乾隆帝之御製詩

香妃居住寶月樓之遠景

乾隆帝之子永瑢所繪「威弧獲鹿圖」詳高陽「香妃的真面目」一文

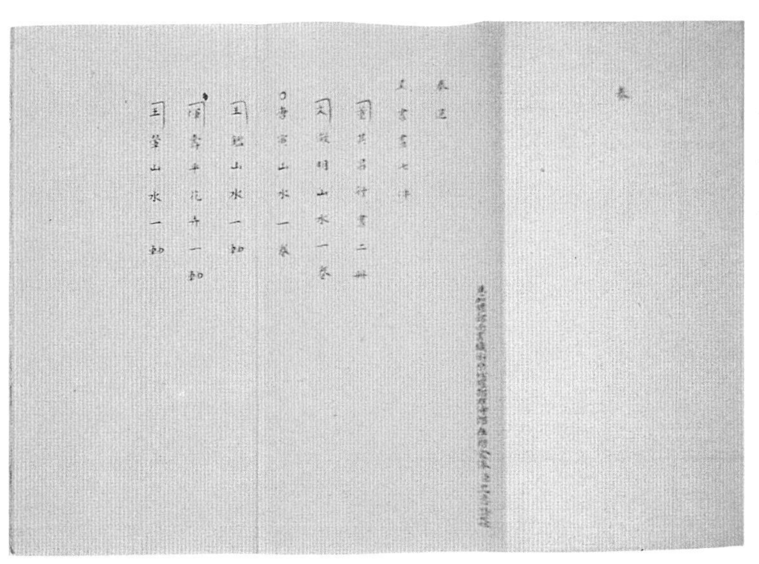

奏

恭進

御書七律

董其昌行書二冊

文徵明山水一卷

唐寅山水一卷

王鑑山水一軸

惲壽平花卉一軸

王翬山水一軸

乾隆首次南巡時，沈德潛路上接駕進獻之貢單。

乾隆葬在裕陵墓地之地宮圖

容妃葬在東陵墓地之地宮圖

香妃棺木運回新疆之靈轎

早期香妃墓之外景，現已改建，此項照片具有歷史價值。

香妃父親在墓碑上的回文題詞

現今香妃墓之外景

香妃墓之內景，圖中左邊第一個藍色棺木所葬者即香妃。

香妃漢白玉雕像　鄭于鶴作品
聯合報七十九年十二月刊出

香妃象牙雕像爲洋人
Fromk Lewis Hough
珍藏圖由夏元瑜提供

今列女傳

母儀

孝聖憲皇后、純皇帝之母也、始在母家、居承德城中、家貧無奴婢、六七歲時、父母遣詣市、買漿酒菜麪、所至店肆、輒大售、市人做異焉、十三歲時、入京師、値中外姊妹當選入宮、隨往觀之、門者訶曰爲在籍中、旣而引見十人爲列、始覺之、主者恩諡令入末班、孝聖容體端頎、中選、分皇子邸、得在雍府、邸 世宗憲皇帝王宮也

憲皇帝肅儉勤學、靡有聲色侍御之好、福晉別居、進見有時、會夏被時疾、御者多不樂往、孝聖奉妃命、旦夕服事唯謹、連五六旬、疾大愈、遂得留侍、生 高宗焉、及爲 太后、約 皇帝以禮、率六宮以慈福壽仁賢、形于四海、準回之平也、有女籍于宮中、生有美色、專得上寵、號曰回妃、然準女懷其家國、恨于亡破、陰懷逆志、因侍寢而驚宮御者數矣、詰問其對曰、必欲報父母之讐、上益悲壯其志、思以恩養之、太后知焉、每召回女、上輒左右之、會郊祭齋宿、子夜駕出、太后乘平輦直至、上宮入便閉門、宮侍奔告、上遽命駕還、叩門不得入、以額觸扉、臣御號泣、聞于內外、太后當門坐、促召回女、絞而殺之、待其氣絕、撫之已冷、乃啟門、上入、號泣、低而大痛、頓首 太后前、太后亦持 上涕泣、左右莫不感動泣下、海內聞者皆歎息相謂 天子有 聖母也、靜而有化、而彊于教誨、詩曰、君子萬年、景命有僕、此之謂也。

清王闓運撰「今列女傳」母儀全文，清光緒廿六年刊行
爲香妃故事在滿清時見諸文字記載之最早歷史文獻。

民國七十九年四月，郭志誠、姜龍昭、劉台柱三人合影於郎世寧繪之「寶月嘗荔」「氷嬉娛親」二圖前。

畫前乾隆親筆題「寶月嘗荔」四字中蓋「十全老人之寶」大印。

「寶月嘗荔」全圖，圖前爲漢滿蒙回藏五體文字

「寶月嘗荔」圖畫之主人郭志誠先生

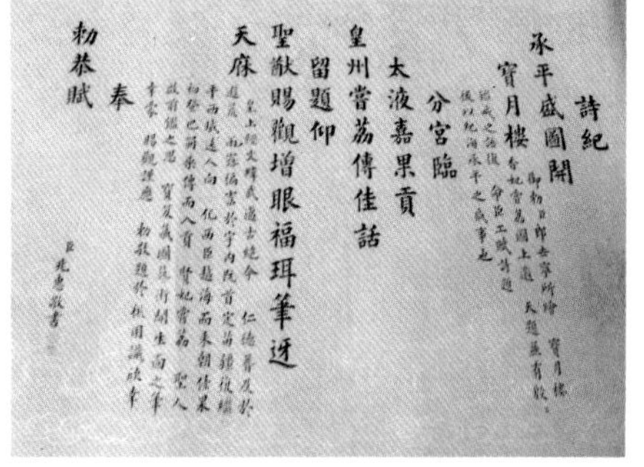

詩紀
承平盛圖開
寶月樓
分宮臨
太液嘉果貢
皇州嘗荔傳佳話
留題仰
聖猷賜覩增眼福珥筆迓
天庥
奉
勅恭賦

臣兆惠敬書

圖後由兆惠題寫之五言詩

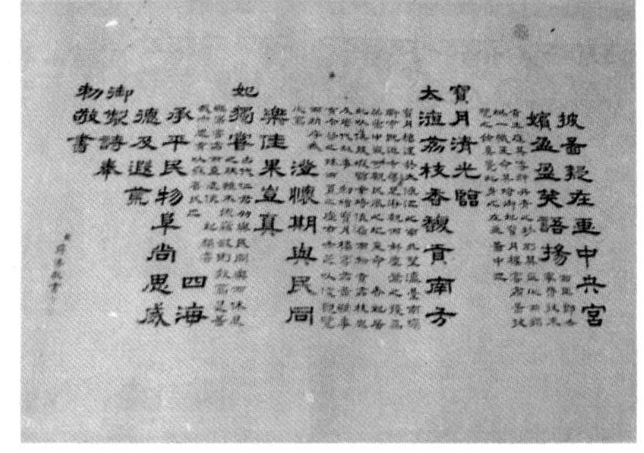

寶月清光館
太液荔枝香襯貢南方
澄懷期與民同
樂佳果宣眞
妃獨嘗
御製詩奉
勅敬書

圖後乾隆御製詩　由蔣溥奉敕敬書

眾友人觀賞「寶月嘗荔圖」實況

郎世寧所繪「冰嬉娛親圖」較「寶月嘗荔圖」為長

乾隆在卷首親寫「冰嬉娛親」四字
中間為「乾隆宸翰」印

上圖中香妃騎馬之局部畫面

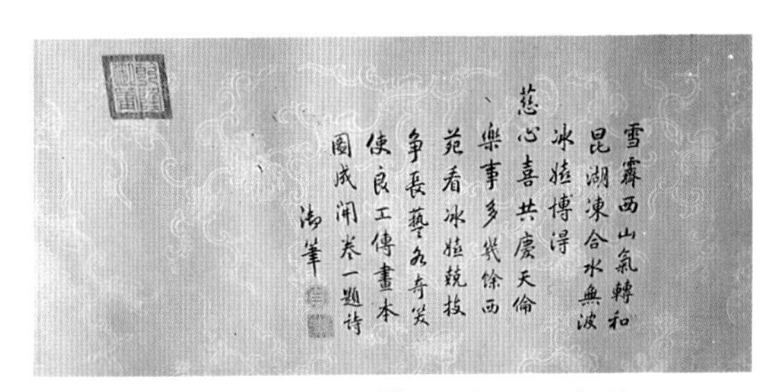

乾隆於圖後親筆塡寫之御筆詩

上圖中乾隆與太后在帳中觀賞冰上射箭之局部畫面

夏元瑜教授（左）提供珍藏五十年圖片給我作研究資料

民國七十九年筆者親赴北京
「陶然亭公園」得見此碑時攝

陶然亭之「香塚」與「鸚鵡塚」碑

民國廿八九年夏元瑜教授之兄與友人遊陶然亭攝於香塚與鸚鵡塚前，二碑並立，且碑後有一圓型墓，與右右頁之圖片並不相同。

民國十九年之陶然亭石碑

香塚墓碑上之題詞：「浩浩愁，茫茫劫」清晰可見。

本頁三張照片，係夏元瑜教授珍藏五十年後，於七十九年提供，深具歷史價值。

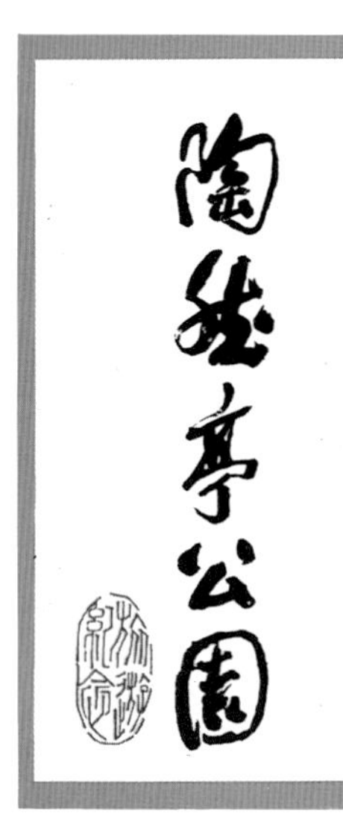

▲北京陶然亭公園大門口近景（民國七十九年）

北京市重点文物保护单位

陶然亭、慈悲庵

北京市革命委员会一九七九年八月二十一日公布
北京市文物事业管理局一九八一年七月立

◀重建之陶然亭、慈悲庵現爲中共北京市重點文物保護單位。

▶陶然亭公園遊覽示意圖

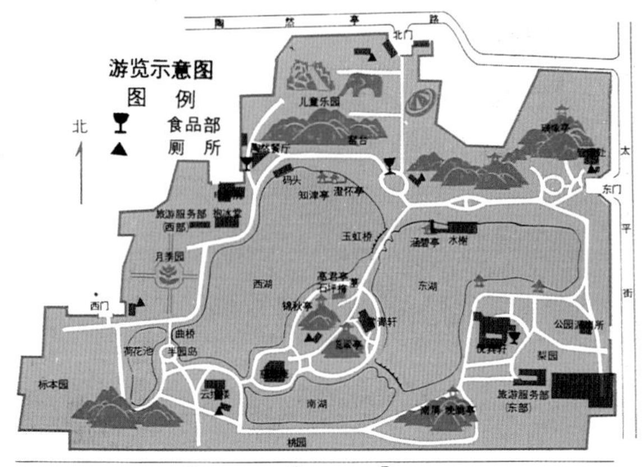

七十九年筆者在齊白石所題
重建之「陶然亭」前留影

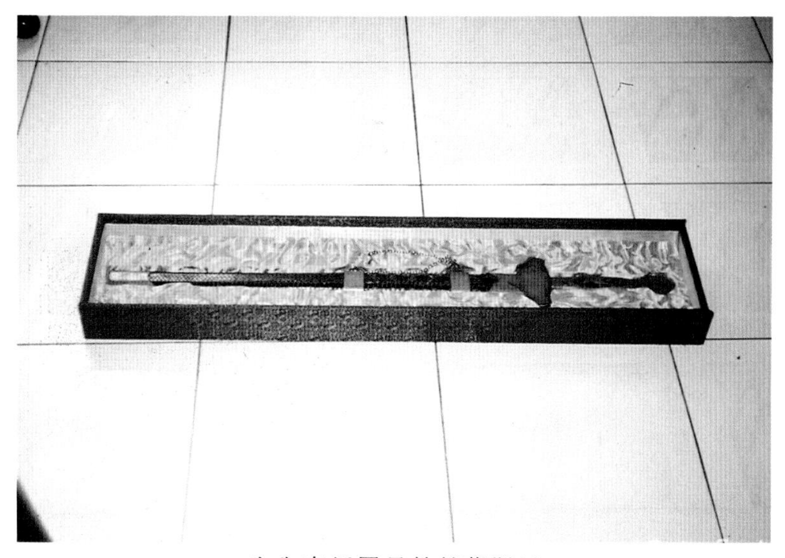

伊斯蘭教教長買靜安先生
所藏的「香妃寶劍」全貌

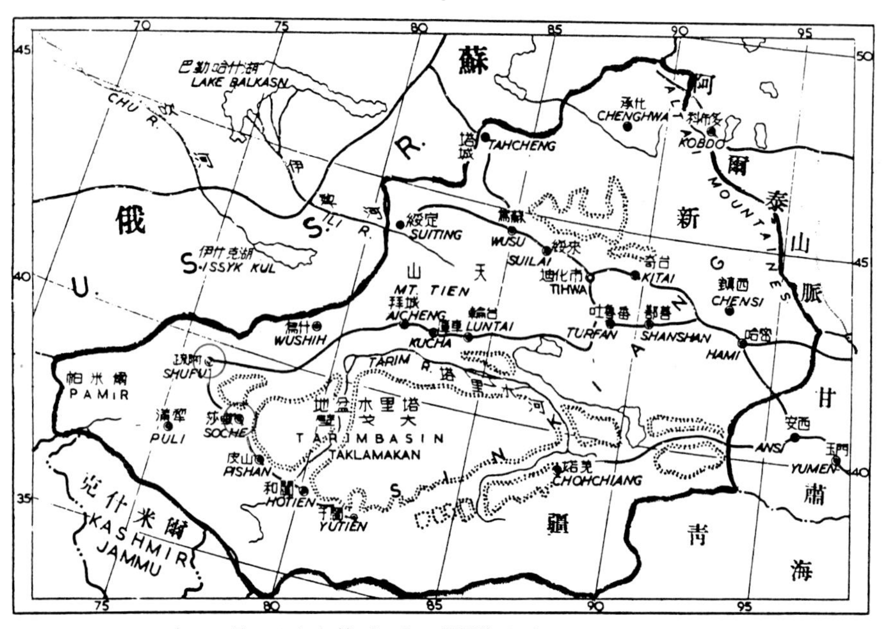

新疆全圖，圖中疏附附近為喀什喀爾，是香妃的故鄉。莎車古時名葉爾羌，為容妃之故鄉。

現今新疆之少女，着新疆服裝，係攝影家季耀於七十九年拍攝提供。

今之「香妃」，係維吾爾族美女賽麗曼之倩影，季耀七十九年親赴新疆拍攝提供。

壹、三個故事的啓示

姜龍昭

世界上，無時無刻，不在發生「故事」。

有些故事，經過了文字的報導和傳播以後，往往會變質，使一般人產生了錯誤的認知，結果；使黑白混淆，是非顚倒，眞相難明。

明朝大哲學家呂坤，生前說過這樣的話：

「爲人辯冤白謗，是第一天理。」

這也是我寫作「香妃考證研究」一書的動機。

故事之一

一九六三年的五月廿二日，在希臘。

有一個雅典大學醫學院名叫蘭普拉契大學醫學院的教授，他同時，也是一位國會在野黨的議員，這天，他在一次反對核子武器的公開演講會結束後，離開會場，在回家途中，不幸遭遇到一輛汽車撞傷倒地，隨後立即被送醫急救，但始終昏迷不醒，三日後終告去世。

當時，政府官員宣稱這位教授是因車禍死亡。但是，一般輿論，卻爭議不休，認爲絕非單純的意外事件，而是一件有計畫的「政治謀殺」，因爲死者是在野黨的議員，又常發表一些不當的言論，故要除之而後快。

這一事件，經過檢察官鍥而不捨的深入調查與偵詢，結果證實了謀殺的眞相，原來，車禍是肇事者故意將死者撞倒於地，嗣其受傷混亂中，有人暗中以硬棒猛擊教授頭部，使之頭骨破裂，傷重而死。該案在偵詢的過程中，檢察官受到相當大的「政治壓力」，但他不畏權勢，終告揭發了眞相，讓參與陰謀殺害死者的右翼團體高階首腦份子，受到應得的法律制裁。

事隔六年以後，有一位希臘作家瓦西里荷斯（Vassilikos）將之寫成了小說，由西班牙劇作家賀黑魯・賽布倫（Gorge Semprum）改編成電影劇本，由俄國導演苛斯達・卡烏拉斯（Costa Gavras）拍成影片：「Z」，中文譯名爲「焦點新聞」，七十九年，曾在臺北上映過。

故事之二

一九七六年，在美國。

有一個名叫亞當斯的人，因爲隨意在馬路邊停車，爲巡邏的交通警察臨檢發現，要開罰單處分，亞當斯不願接受這樣的處罰，雙方就發生了爭執，結果，那位執法的警官，竟被亞當斯用槍射殺死亡。

這一件兇殺案發生後，亞當斯被提起公訴，法官判決他坐電椅死刑。經過上訴，後來，改判無期徒刑確定，亞當斯雖逃脫了死罪，但一直被關在牢房裏，坐了十二年。

這時，有一位電影導演，名艾洛摩理士，他在採訪的過程中，發現亞當斯槍殺警察的這件兇殺案疑竇重重，他深入的去訪問幾位現場目擊者，發現大家各說各話，並不一致，再根據衆人的供詞，覺得每個人對現場的描述，亦不盡相同，經過他仔細的挖掘，不但找出其間有人受賄，做了僞證，最後，終於逼使另一位證人，不得不坦承，他才是眞正的兇手，至此，此案之眞相，甫告大白。

艾洛摩理士將偵查的經過，逐項檢視每位證人的供詞，重複以物理學、心理學觀點，和動畫手法，推翻各種矛盾說詞，拍成了一部「正義難伸」的電影，證明警方確實誣陷了亞當斯，反讓眞兇逍遙法外。

「正義難伸」一片公映後，在全美各地引起熱烈回響，檢方重新調閱十二年前的案卷資料，果眞確定這是一大冤獄，開庭重審，使亞當斯獲得平反，出獄恢復自由。

「正義難伸」一片，七十八年曾在臺北「金馬獎外片觀摩影展」時放映過。

故事之三

民國卅二年（一九四三年），在中國。

提倡白話文學的大師胡適博士，生前最敬佩的一位十八世紀享有盛名的考古學家，也是有清一代的名儒戴東原（震）先生，近一百多年來，竟被許多有名的學者，如山西的張穆、湖南的魏源、湖北的楊守敬、浙江的王國維，以及江蘇的孟森，（即以寫「香妃考實」聞名的孟心史）說他是個賊，都說他生平最著名的《水經注》一書，是偷了寧波全祖望、杭州趙一清兩個人的《水經注》一書，撰成。

胡博士說，說人家作賊，是一件大事，是很嚴重的一件刑事控訴，假如戴東原還活著，他一定要提出反駁，替自己辯白，但是他已於一七七七年去世，死了一百多年，骨頭都爛了，沒有法子再活過來，為自己澄清。

而那些大學者，用他們的權威，你提出一些證據，他提出一些證據，一百多年來，不斷的提出一些不是「靠得住」的證據，積非成是，就肯定了戴東原的罪名，說他做賊，偷人家的書來作自己的書。一些後來的讀書人，都相信他們的「考據」，被他們的大名嚇倒了，也認定戴東原偷人的書，成了定論，無可置疑了。

胡適博士覺得此案可疑，他深入的查證《水經注》這一案子，究竟戴東原是否眞的偷了他人的書，因為版本的不易尋找，證據的可信程度又難以確認，發現內情頗不簡單，但他越查越深入，最後費了五年的時間，終於弄清楚，戴東原考證《水經注》，花了不少的工夫，他根本未曾看到過全祖望、趙一清的版本，說他是賊，眞是天大的冤枉。

胡適為這一件公案，曾發表過一篇「水經注考」的文章，說得很清楚，其中有一段話說：「江蘇孟森也說趙一清的本子不錯的，說他拿四庫全書裏面趙一清的本子對了五條，一字沒有改易。水經注共卅四萬五千字，加上註解與校勘說明，有四十多萬字，孟森只查了五條，就下判斷，太隨便了。」

胡適說：「我們看《水經注》第二卷一條『河水由南入葱嶺山。』趙一清的本子下面沒有了，就是河水入崑崙山，不出來了，載東原的本子是，『河水由南入葱嶺山，又從葱嶺出而西南流』。趙家刻書，不好用載東原『又從葱嶺出而西南流』九個字，於是把入字改爲出字，變爲：『河水由南出葱嶺山』，校勘不說明，這是惡意作僞的證明。這個案子審了多少年沒有審出來，爲什麼到了我的手裡可以審出來呢？因爲當初審的人，不肯花多的工夫，我花了五年工夫，找出許多新材料，所以審出來了。」

胡適博士，最後還查明張穆、魏源、孟森、王國維他們爲什麼罵大思想家戴東原是賊呢？原本因爲戴東原是當時思想的一個叛徒，他批評宋朝理學、批評程子、朱子……所以要罵他是賊。

胡適爲戴東原洗雪了賊名，但他前後像瘋子一樣，足足花了五年的考證工夫。

帶來的啓示

上述的三個故事，都是眞實的。

我們可知世界上有許多事情的「眞相」，是很難僅憑一些「浮面」的報導，就可論斷是非的。

很多年以前，日本名導演黑澤明，曾依據日本文豪芥川龍之介的小說，拍過一部「羅生門」電影，該劇是描寫發生在叢林中的一件兇殺案，透過兇手、死者、死者妻子、及目擊者樵夫，四種不同的說法，呈現出「眞相難明」的現象，因爲人人都喜歡爲自己的罪行辯護，說自己是對的、淸白的，人性的醜惡，在此完全暴露無遺，該片曾獲一九五一年奧斯卡最佳外片金像獎，留給我極爲深刻的印象。

二百多年前，一位貞節的回疆女子：香妃，因爲不肯順從做淸乾隆皇帝的愛妃，被殘忍的處死，因淸史上無此一記載，被孟森肯定，並無其人，從此，誤導後世的讀書人，也深以爲是，使「香妃」也跟戴東原一樣，骨頭都爛了，無法再活過來，辯明一切。但沉冤終有重見天日的一天。我花了十餘年的功夫，最近終於又找到了新的有力的確證，有一位藏有郎世寧所繪香妃「寶月嘗荔」圖的蒐藏家郭志誠先生，以臺幣一千八百萬元之高價，購得之國寶級珍品，提供給我觀賞，使我益形肯定「香妃」確有其人的眞實存在，淸史學者孟森再一次做了糊塗的「考證家」。

三個故事的啓示，告訴我：

「世界上的事，眞相難明。但只要你肯下功夫，鍥而不捨，深入鑽研探討，眞相終有水落石出，大白天下的一天。」

本文於七十九年六月廿日中華日報副刊發表，並蒙「講義」月刊於八十年四月號採用轉載；八十年九月，幼獅文化公司徵得作者同意，再轉載列入八十年度「幼獅文選」勵志篇。

貳、論孟森之「香妃考實」

姜龍昭

一

我出生於民國十七年。記得七七抗戰爆發的那年，我還在讀小學，爲了避難，由蘇州到上海，住在法國租界，大概是民國廿八年，我父母帶我去看了一場在上海演出的一齣平劇，歸來時，帶回一本演出特刊，封面有一張「香妃戎裝」的彩色像，原來，我們去看的就是平劇的「香妃恨」，那時，我才十二歲，就對「香妃」，這一個體有異香的女人，留下極爲深刻的印象。

民國六十四年十二月間，承好友鍾雷、王方曙、賈亦棣、朱順官四人之協助，我在中國電視公司製作了一齣名「香妃」的國語電視連續劇。當時，爲了編寫劇本，推展劇情，對有關「香妃」的事蹟，作了一番歷史性的深入研究，發現有關「香妃」的傳說，有三種不同的說法。

其一：香妃確有其人，爲回人小和卓木霍集占之妻，體有異香，爲乾隆平定回疆時俘獲，乾隆十分喜愛，欲納爲妃子，但香妃懷有國破家亡之恨，堅決不從，且身懷利刃，隨時準備自殺，以保名節，乾隆帝爲討好她，特築「寶月樓」、造「回回營」，仍難獲芳心。最後，太后恐其有害於乾隆，乃乘乾隆去祭天時，賜白綾命其自盡，此一故事十分悲壯動人。一般小說家、戲劇家，均以此爲劇本題材。

其二：說香妃在清史上並無與她有關的文字記載，只記載乾隆有一回人「容妃」，經過正式之册封，她並未被太后賜死，是太后死後十一年才死的，由此證明「香妃」的故事，是違背史實，無中生有，歷史權威學者孟森先生首創此說，一般學者也認同此說。

其三：說香妃，確有其人、確有其事。因有香妃的畫像，墓塋可資證明，清史沒有文字記載，是因她未從乾隆，且被賜死，故沒有册封。至於容妃，亦確有其人，也是回和卓氏之女，霍集占之妻，因回人採多妻制，她從了乾隆，受到册封，故清史上有其名，二人並非同一人，不能混爲一談。

上述之三種說法。第一種說香妃不從乾隆，被太后賜死。第二種說香妃從了乾隆，但在正史上，不叫香妃，叫容妃，未被太后賜死。這是互相對立的。第三種說法，說香妃確有其人，未從乾隆，未有册封；容妃另有其人，從了乾隆，獲得册封，正史才有記載，這第三種說法，解開了上述兩種說法的矛盾，比較合乎情理。

爲了得出一個正確的結論，我花了相當長時間的探討，翻閱了不少有關的書籍與文章，以及意大利畫家郎世寧所繪的不同的「香妃畫像」，其中有中文的、英文的、日文的，證實第三種說法，是正確的：「香妃與容妃」是兩個人，不能因爲同是回疆人，而被混爲一談。

此其間，我先後在「聯合報」、「新生報」、「中國文選」、「幼獅文藝」、「路工月刊」等報紙雜誌發表了不少有關「香妃」的文章，相隔十四年後，我用點點滴滴所蒐集到的資料、圖片，及我自己撰寫的文章彙集在一起，由文史哲出版社出版了一本「香妃考證研究」的書，我想有關「香妃」的問題，應該塵埃落定，不再會有人提出存疑了。

想不到的是，一向撰寫清史小說的高陽先生，於去了一趟大陸，訪問了北平故宮博物院的有關人士後。於七十八年十一月廿二日聯合報副刊「繽紛版」上，發表了「香妃的眞面目」一文，仍認爲孟森先生所寫的「香妃考實」一文，是可信的。「香妃即是容妃」，是一個人，並非兩個人。

爲了糾正這個錯誤，我以蒐集得的一些資料，與高陽先生展開了「論戰」，引起不少人的關注。這以後，有江沭凡先生特撰寫了「高陽，請接招」、「香妃之爭」等文，先後在「世界論壇報」、「千秋評論」、「暢流雜誌」等報紙刊物發表，我又接獲有收藏郎世寧所繪：「寶月嘗荔」圖之郭志誠先生來信表示他有一幅畫：「該畫卷首有乾隆御題「寶月嘗荔」四大字，十全老人大印，以及一千常見乾隆慣用印章，後有漢、滿、蒙、回、藏五種文字讚文，其中兩篇漢文，一爲兆惠、一爲蔣溥所書，均有「香妃」字樣，足證香妃確有其人也」。

二

我把歷史權威學者孟森先生，於民國廿六年，在北京大學「國學季刊」六卷三期所發表的「香妃考實」（註一），拿來仔細的一字一句研讀，發現其中疏誤甚多，爰特寫作本文，以就教於國內各歷史學專家，爲多年蒙寃於地下的香妃，作一澄清，祈眞相大白於天下。

我想，先將孟森（心史）先生的生平，及寫作「香妃考實」一文之背景，向大家作一番概略說明：

孟森，江蘇武進人，是清同治七年（公元一八六八年）出生，循傳統教育途徑，獲得廩生以後，未再沿科舉的正途陞進，卅三歲時，受當時遊學日本熱浪的影響，赴日入東京法政大學習法律，卅六歲時（公元一九〇四年）回國，次年春，赴廣西龍州邊防軍參與戎機，冬即辭職回江南，四十歲時，一九〇八年七月（光緒卅四年）入商務印書館，任「東方雜誌」主編。一九〇九年五月，（宣統元年）當選爲江蘇省諮議局議員。因無暇撰述，辭卸主編職務。

中華民國成立後，大小政黨林立，孟先生初被推爲共和黨幹事，民國二年當選爲國會衆議員，民國十二年，因拒絕曹錕的「賄選」，南下，而與「政治」絕緣。

從此，他專心學術研究，民國十八年，他已六十一歲，任國立中央大學歷史系副教授，出版「清朝前紀」一書，得享文名，六十三歲受聘國立北京大學歷史系教授，因北平圖書館豐富的圖書資料，加上北平故宮博物院明清檔案的公開，珍籍秘錄，琳瑯滿目，七年之內，使他成書數百萬言，桃李門生也爲之滿天下。

一九三七年春，孟先生爲答謝北大教授學生慶祝他七十壽辰，特撰「香妃考實」一文，於北大「國學季刊」發表，據其弟子吳相湘教授稱：孟先生有日文譯述行世，英文程度卻不甚深，七十一歲（公元一九三八年一月）那年即因病不治而逝世。

孟森先生生平著作甚多，商務印書館曾輯印成：「心史叢刊」三册問世，爲後世學人，尊爲歷史權威學者。

從上所述，可知孟森先生，出生於滿清，死於民國廿七年，抗戰爆發後一年，其寫作之旺盛時期，是在六十三歲至七十歲之間。當時滿清皇室爲消滅漢人的「排滿觀念」，對於種族之間：仇恨、屠殺的一些史實，多被隱諱及歪曲改寫，如清室之賜死香妃，從另一角度來看，也就是滿族人殺害回族人，當然正史不會記載。因着清史不能記載眞實，一些野史傳說，亦就應運而生，有些傳說難免加油加醋，誇大失實。孟森先生的寫作基本態度，他自認：「言清代史，非從官書中求之不足徵信」，因此，他寫的「香妃考實」一文，從頭到尾，完全依照清正史來作根據，其餘的野史、傳說文字，一概棄置不顧，甚至把郎世寧繪的「香妃畫像」，也認定「只可信其像，而其事略、則盡與官書記載不符，無非委巷荒唐之語。」

孟森先生在「香妃考實」一文前，他自己寫了一段這樣的開場白：

森以年齒日增，老將知而耄及，方切愧悚！乃蒙　同仁同學獎飾逾恒，無以為報，願作一較有趣之文，以供撫掌。特拈此題，冀承刮目，惟題佳而文恐不稱，尚祈垂諒！

細讀孟森先生近一萬字的全文，發現他對香妃的考證，有下列三點結論：

第一點：他肯定了乾隆宮中有回族妃子，而且這妃子是回族中最高貴的「掌教女」。他的這項考證，是依據「清史稿」的「后妃傳」上之：「容妃，和卓氏，回部臺吉和札麥女，初入宮號貴人，累進爲妃，薨」這一記載爲出發點的，他並且說：容妃入宮的時間，當在乾隆二十二年間，那是因爲兩個和卓氏由準噶爾被釋放出來的時候，由於向清廷乞恩的緣故，而將女兒獻進宮中的，並非後來背叛清廷時，被俘虜而進宮的。及至後來和卓氏叛清，已入宮做了「貴人」的女兒，可能並不知情。

第二點：孟心史先生肯定了乾隆確實在禁宮的近處蓋建了「回子」式的若干建築物，並且指出了在這些「回子」式的建築物中，主要的一幢是「寶月樓」，建蓋的時間是乾隆二十三年的春天，他並引證了乾隆自己所撰寫的「寶月樓記」一文、及詩中的句子：「名之曰寶月者……抑亦有乎廣寒之庭也」及「廣寒乍擬是瑤池」等來說，乾隆的字裏行間已經透出了「金屋藏嬌」之意，月中嫦娥固呼之欲出。他又說：「憑這些雖然不能指出就一定與（容）妃有關，但乾隆對這寶月樓的經常留連，是不同於對三海（中、南、北海）其他地方的。況且乾隆在「寶月樓記」的自注中說：「鱗次居回部，安西繫遠程。」（註：宮牆外西長安街內屬回人，衡宇相望，人稱回子營，新建禮拜寺正與樓對。）

第三點：他指出了乾隆的母親（太后）去世之後，又經過了十一年，容妃才逝，因此，容妃的死，決非由太后所操縱的。容妃去世的時間，已是她「嫁」給乾隆廿七年後的事了。廿七年的時間相處，有什麼理由還談得上天天計劃復仇。

綜合而說，孟心史對「香妃」的「考」和「證」，就是以上的三點，在這三點之中，他的目的是在指出那個流傳已久的香妃故事，是不可靠的，他的意思是說：「香妃不是被乾隆俘虜來的，她是被她的父親獻給乾隆的，她正常的做了乾隆的二十七年的小老婆，也是正常的死去了的。」

孟心史先生既然對「香妃」作了如上的結論，後來他的弟子吳相湘氏，又在「清內務府檔案」裏面，查出了許多例證，於民國卅九年八月六日發表了一篇「香妃考實補證」的文章，更足以有力的支持孟森先生的論點：

一、容妃確實是回族。

二、容妃甚得乾隆的寵幸。

三、乾隆寵愛容妃的原因，並不僅僅是爲了容妃貌美，而是由於容妃出身於回族名門，在回族中有影響力，乾隆對她寵愛，實在是一種政治手段，藉對她的寵愛來籠絡回族，是一種懷柔政策。

四、容妃隨侍在乾隆身旁，時東時西的外出各地巡幸，倘若要想自殺，機會多多，如果要想刺殺乾隆，二十七年的時間也是防不勝防的，乾隆決沒有理由給自己過不去，而將一個「痲煩」放在身邊。

五、容妃出身、成長於西北產馬的地區，自幼即習騎射以及武事等等，後來跟隨乾隆時時外出各地巡幸、遊獵，是故有時會戎裝打扮，致而義大利籍畫家郎世寧才有那幅「香妃戎裝圖」。往日國人甚少見過婦女戎裝打扮，見圖中的香妃，手中握劍，由於少見多怪，以訛傳訛，遂就有了「香妃身上藏有許多柄刀子，時時想自殺」的傳說。

若將孟、吳兩位的論點放在一起，可說是相得益彰，確實能夠有力的證實了「清乾隆宮中有一回族妃子，這妃子就是容妃。」但是，如說他們二位的論證，是在證明容妃就是香妃，那麼，却就太過無力了：換言之，孟、吳兩位論來論去，根本不曾涉及香妃。孟先生否定了「香妃故事」的存在，他所以要否定香妃存在的原因，只是採用了「削足適履」的手法，強要香妃去符合容妃的條件。

一、故事中的香妃：是西域回族某王妃：孟先生指出的容妃，在入宮前似未婚，充其量應當是「王女」或「御妹」、「公主」的身份。

二、故事中的香妃，是被俘入清宮的：而孟先生的容妃，是被父兄獻入清宮的。

三、故事中的香妃，時時欲自殺及復仇：孟先生的容妃，則完全無自殺或復仇的跡象和理由。

四、故事中的香妃，是死於乾隆皇太后的操縱：而孟先生的容妃，則後皇太后十一年始歿，而且死於自然。

照這樣的對比，可以說孟先生考證的結果，並未證明香妃就是容妃，實際上只是考證出了「香妃根本不是容妃！」

三

介紹了孟森的「香妃考實」一文內容概略後，現在我要指出該文缺失之處。

第一：乾隆與香妃的這一段故事，是當時朝廷中的一段秘聞，這段秘聞，一方面牽涉到皇上的私生活，一方面牽涉到滿族與回族中的種族殺害及仇恨，史官誰敢下筆，清朝的正史上，當然要加以隱諱，不予記述，但不記載，並不是沒有這項事實，據我手邊所獲的資料，最早記述這一故事的，是王闓運所撰的「今列女傳」母儀節中，其內容如下：

「準回之平也，（註：準是準噶爾，在天山北路，回是回疆，在天山南路，乾隆先平準噶爾，後平回疆。）有女籍於宮中，生有美色，專得上寵，號曰回妃。（註：此處並未說明係香妃。）然準女懷其家國，恨於亡破，陰懷逆志，因侍寢而驚宮御者數矣。詰問。具對以必死，報父母之仇，上益悲壯其志，思以恩義之，太后知焉，每召回女，上輒左右之。會郊祭齋宿，子夜駕出，太后乘平輦直至上宮，入便閉門，宦侍奔告上，遽命駕還，叩門不得入，以額觸扉，臣御號泣，聞於內外，太后當門坐，促召回女，絞而殺之，待其氣絕，撫之已冷，乃啓門，上入號泣，俄而大痛，頓首太后前，太后亦持上流涕，左右莫不感動泣下。」

按王闓運（壬秋），號湘綺老人，係晚清文學宗匠，爲清道光年間之進士（民國五年八五歲去世），雖非乾隆朝代之人，但與乾隆相隔乾隆、嘉慶、道光三朝，與乾隆平定回疆之年代，不及一百年，其所記載之事，當有所本，決非胡亂編寫也。他生平有記日記之習慣，所寫「湘綺樓日記」，數十年未輟，而家庭瑣事，教訓兒女，亦一併評述。民國三年三月，袁世凱曾以自用花車，迎請他晉京，掌「國史館」，他故意不赴任，過「新華門」時，嘆息說：「吾老眼昏花，額上所題，得非『新莽門』乎，何題此不祥之字耶？」由此，可見其敢言之一斑。

又黃鴻壽著「清史紀事本末」卷廿一，記述準部及回部之平定，有如下之記載：

「又霍集占妃香妃者（註：此處已明寫爲香妃。）高宗聞其美，兆惠陛辭時，囑爲生致之。至則郊迎入，處之西內，爲建香妃樓，樓外市肆、室廬、祀拜堂，具如西域市以悅之，而妃不爲屈，袒衣中藏白刃以數十計，語宮人欲得當以報故主也。太后鈕祜祿氏恐，會高宗有事於圜丘，宿齋宮，后急召妃至慈寧宮縊殺之，高宗趨救之不及，則痛哭，命葬以妃禮。事見達縣吳德瀟、湘潭王闓運各集中，附記於此。」

這一段文字與上一段文字，大致相同，不同者，一稱回妃，一稱香妃。

民國三年，故宮曾開放供人參觀。在武英殿之西，有一浴德堂，其建築爲土耳其式，郎世寧所繪之香妃戎裝像，最先在此陳列，據親自到達過浴德堂的人士說：浴德堂在故宮西華門內，咸安宮東，與文華殿東之大庖井翼然相對，圓頂甚高，中央有孔穴，可以通光，全部用白磁磚砌造，另有專備妃專用之浴室。據名蒐藏家李鴻球老先生稱，掛於浴德堂內之香妃戎裝像，附有事略如下：

「香妃者，回部王妃也，美姿色，生而體有異香，不假薰沐，國人號之曰香妃。或有稱其美於中土者，清高宗聞之，西師之役，囑將軍兆惠一窮其異。回疆既平，兆惠果生得香妃，帝命於西內建寶月樓（按即今之新華門）居之，樓外建回營，毳幕韋鞲，具如西域式。又武英殿之西浴德堂，仿土耳其式建築，相傳亦爲香妃沐浴之所，蓋帝欲藉種種以取悅其意，而稍殺其思鄉之念也。詎妃雖被殊眷，終不釋然，嘗出白刃袖中示人曰：『國破家亡，矢志久決，然決不效兒女子沒沒徒死，必得一當以報故主。』聞者大驚，但帝雖知其不可屈而卒不忍舍也。如是者數年，皇太后微有所聞，屢戒帝弗往，不聽，會帝宿齋宮，急召妃入，賜縊死。」

孟森之「香妃考實」文中，亦有提及此「香妃像」。但他說：

「流俗說香妃之尤可怪笑者，武英殿有浴德堂，形製甚奇特，說者謂其土耳其式，並傳爲香妃賜浴處。民國以來三殿開放，任人遊覽，乃於浴德堂中，供香妃像，使人聯想其賜浴情狀，尤爲穢褻，此亦談香妃故事，共在意中之影象也，並以糾之。」

孟先生之「香妃考實」文後，並刊出上列「香妃戎裝像事略」文字，唯文末孟先生又加述云：「此像之由來，不似近日故宮整理所得之正確，相傳爲得自熱河行宮，早有影印片流行，或者所傳非誣，則亦祇可信其像，而事略則盡與書紀載不符，無非委巷荒唐之語。」是則先生祇信其像，而不信其事略，豈不很可笑。

民國十年六月商務印書館出版的「中國人名大辭典」中，「香妃」之註解亦與上同，是被太后所賜死，並說奉天宮中藏有高宗獵鹿圖，帝與一女並轡，女持箭遞與帝，云即「香妃」也。及後出版之「辭源」，所註亦與此相同，民國廿五年中華書局出版之「辭海」，亦持此相同之註解。

民國十二年十月，有江東楊雲史者，自稱居京師四十年，曾作「香妃外傳」「天山曲詩」，對於香妃被太后賜死之記載，更詳，其文字如下：

「回王波羅尼多妃某氏，有殊色，不假薰沐，身有異香，其民稱之曰香妃，蓋自妃於其國也，二十八年巴克達山酋長始得王首，幷致妃獻，妃陰多多賫利刄以行，有司飭沿途地方官護衞，置頓供起居，翠輦入玉門，百姓夾道以觀，甲衞森嚴，錦繡雜遝，香車所過，芳澤流衍，半載達京師，帝獻俘太廟而後受之，賜居西苑，恩福優渥，珠玉金帛賚無算，妃不謝亦不御，帝欲納之不可，乃册爲祥妃，北人祥香同音，妃弗能知也，幸其宮，褁刄自衞，弗得近，天語溫和，百問不一答，伺隙數犯帝，驚左右，度事無濟，則自戕，奪其刄，更出他刄無窮，帝嘉其志，弗罪焉，又不忍其死，優容弗強，聽之而已，如是數年，居京久，思西域故鄉，帝聞而傷之，命建回子營，寺宇街市，悉狀回部都邑，以賜從妃入關之回人駐箚，別編一旗，設佐領，給世餉，如八旗例，是曰回旗，復致妃父母聚居焉，而築望鄉樓於苑，以解其憂，皇太后憐其志，賜自縊，木蘭行宮，舊懸帝飭畫妃像，近年印布人間，冠蘇幕遮，被瑣甲，帶刀塑，婀娜剛健，氣凜凜然，所居西苑，今爲總統府，瀛台西北，有便殿曰圖鏡，爲妃浴池，苑南畫樓曰寶月，即望鄉樓更名，今爲新華門矣，皆存，遜國後二年，回旗上書內務部，自陳先世皆祥妃部曲，從妃入關，居今數世矣，今存丁五百二十人，婦女若干口，願予遣散，自備資斧，歸耕西疆故土，時同邑言公敦源總部務，言於袁世凱，許之，自是妃舊部子孫，無復有居京師者矣。」

楊雲史文後並特別強調：「誠恐後世傳聞失實，筆扎之暇，作香妃外傳，讚其畫像，復歌以天山之曲，嘗於清秋遊西苑，故宮無恙，烟水自淒，今誦此詩，益復黯然也。」

在「天山之曲」末，有吳濤一段文字，敍述楊雲史所作「天山之曲」係史詩，其爲純廟錄實，爲香妃辨誣之語云云。

又有中華書局出版了一本小橫香室主人編的「清宮遺聞」卷下，有下列的兩篇文字記載：

㈠記回部香妃

回部王妃某氏者。國色也。生而體有異香。不假薰沐。國人號之曰香妃。或有稱其美於中土者。高宗純皇帝聞之。西師之役。將軍兆惠陛辭。上從容語及香妃。命兆惠一窮其異。兆惠果生得香妃。致之京師。先秘疏奏聞。上大喜。命沿途地方官吏。護視起居維謹。慮風霜跋涉致損顏色。兼以防其自戕也。既至。處之西內。妃在宮中意色泰然。若不知有亡國之恨者。唯上至則凜如霜雪。與之語。百問不一答。無已。令宮人善言詞者諭之。妃慨然出白刃袖中示之曰國破家亡。死志久決。然決不肯效兒女子沒沒徒死。必得一當以報故主。上如強逼我則吾志遂矣。聞者大驚。譁其侶。欲共刦而奪之。妃笑曰無以爲也。吾袒衣中尚有如此刃者數十。安能悉取而奪之乎。且汝輩如強犯我者。吾先飲刃。汝輩其奈何。宮人不得要領。具以語白上。上亦無如何。但時時幸其宮中。坐少選、即復出。猶冀其久而復仇之意漸怠也。則命諸侍者日夜邏守之。妃既不得遂所志。乃思自戕。而監者朝夕不離側。卒無隙可乘而止。妃至中土久。每歲時令節。思故鄉風物。輒潸然泣下。上聞之。則於西苑中妃所居樓外。建市肆室廬禮拜堂。具如西域式以悅其意。今其地尚無恙也。時孝聖憲皇后春秋高。微聞其事。數戒上毋往西內。且曰。彼既終不肯自屈。曷弗殺之以成其志。無已則權歸其鄉里乎。上雖知其不可屈。而卒不忍舍也。如是者數年。會長至圜丘大祀。上先期赴齋宮。太后瞷上已出。急令人召妃詣慈寧宮。妃既至。則命鐍宮門。雖上至不得納。乃召妃至前。問之曰。汝不肯屈志。終當何爲耶。對曰死耳。曰。然則今日賜汝死可乎。妃乃大喜。再拜頓首。曰。太后天地恩。竟肯遂臣妾志耶。妾間關萬里。所以忍辱而至此者。唯不欲徒死。計得一當以復仇雪恥耳。今既不得遂所志。此身眞贅旒。無寧一瞑不視。從故主地下之爲愈矣。太后天地恩。竟肯遂臣妾志。臣妾地下感且不朽。語罷。

泣數行下。太后亦爲惻然。乃令人引入旁室中縊之。是時上在齋宮。已得報。倉皇命駕歸。至則宮門已下鍵。不得入。乃痛哭門外。俄而門啓。傳太后命。引上入。則妃已絕矣。膚色如生。面色猶含笑也。乃厚其棺斂。以妃禮葬之。

㈡糟蹋回婦

回疆霍集占之滅。掃穴犂庭。獻俘京師。霍集占夫婦皆下刑部獄。帝夙知霍妻絕色。一日夜半。值班提牢司員將寢矣。忽傳內庭有硃諭出司員亟起視。則內監二人捧硃諭。命提叛婦某氏。司員大駭曰。司員位卑。向無直接奉上諭之例。況已夜半。設開封有變。且奈何。誰任其咎者。內監大肆咆哮。提牢吏曰。毋。已飛馬請滿正堂示可耳。但得滿正堂一言。公可謝責矣。乃命吏馳馬抵滿尚書宅白其故。尚書立起。命吏隨至部。驗硃諭無誤。遂命開鎖提霍妻出至署外。蓋二監已備車久候矣。次日召見大臣時。滿尚書將有言。帝知其意。即強顏曰。霍集占累抗王師。致勞我兵力。實屬罪大惡極。我已將其婦糟蹋了。言畢大笑。嗣封爲妃。誕皇子數人。妃思鄉井。輒鬱鬱不樂。帝於皇城外建回回營以媚之。周二里。一切居廬風俗服用皆使回人爲之。特編二牛彔以統其衆焉。牛彔者。即佐領也。又於皇城海內建寶月樓。爲妃之梳粧樓。高矗牆外。俾得望見回回營以慰其思鄉之念。樓上通連九間。壁上皆貼洋法所繪回疆風景圖。極精細。別無陳設。僅一大銅鏡高丈餘寬五尺。以紫檀架陳之。如是而已。噫異哉。帝之縱慾敗度。可謂甚矣。設霍妻於侍寢之際而扼殺帝。將如何。此所謂貪色而忘身也。（此說與前節所記不同

傳聞異辭因並存之）

上述之兩種文字，僅「香妃戎裝像」下事略文字，孟先生於文末轉載外，其餘一字未提，一概認作野史不可信乎，予以一筆抹煞，這樣的考證論斷，是公正、客觀、正確可信的嗎？

第二：究竟容妃是否即是香妃，或是容妃香妃是兩個人呢？

我的回答是：「容妃與香妃，絕對是兩個人，絕不能混爲一談」，我最有信心的依據：是從未有人在正史上，找到一句文字記載，說「容妃即香妃」。

容妃與香妃，有許多相同處，上面已說過：但容妃與香妃也有許多不同處，如：

「香妃體有異香，容妃無是項記載。」

「香妃是回族某王妃，孟森考證容妃入宮前似未婚。」

「香妃被俘入宮的，孟森考證容妃是被父兄獻入清宮。」

「香妃是時時欲自殺及復仇，而容妃完全無自殺及復仇的跡象。」

「香妃是被太后賜死的，容妃是在太后死後十一年，自然病死的。」

「香妃不從乾隆，未被册封，容妃是初入宮爲貴人，乾隆廿七年五月册封爲容嬪，三十三年十月，晉封容妃，五十三年四月十九日卒。」

孟森先生忽略了「香妃因不從乾隆未被册封，致清宮沒有她的文字記載」的事實，專就清史有文字記載的容妃事蹟，套在香妃的頭上，硬把兩人混爲一談，這是絕對錯誤的。

最先發現此項錯誤者，是南湖先生，他在民國五十年十一月廿四日，在中央日報副刊上發表了一篇：「香妃事蹟考異」（見附錄一）的文章。其中有云：「水建彤著香妃小說，水氏自述爲旅遊新疆所得資料，謂每一句均有根據，皆爲未經人道之事實，以妃爲愛國之游牧女兒，至死不爲刦難權勢與富貴所屈，媲爲『聖女』，爲『至上之光』，幷考其原名爲『璣月衣妲什』，又以維吾爾語香妃爲『瑪弭兒阿孜沁』，謂瑪弭兒之意爲美，故乾隆封曰『容妃』云云，實則皆如俗諺所謂將蝦蟆帳算在田雞譜上，不能以容妃爲香妃也。』南湖先生所言，極爲中肯，世之以容妃爲香妃，以香妃爲容妃，皆坐此病，皆將蝦蟆帳算在田雞譜上也。

五十一年二月號的「暢流雜誌」上，陳作鑑先生又發表了「香妃與容妃之辯」（註二）的文章，他除了按中國人名大辭典載云：「清回部某酋妃，生而體有異香，號曰香妃，高宗微聞之，兆惠征回，帝命窮其異，回疆平，生得香妃，致之京師，既至，處之西內，妃始終不屈志，常以白刃自隨，復仇之念終不釋，太后伺高宗出，召妃入慈寧宮，問曰，汝終當何爲？對曰：死耳。既不得遂復仇志，毋寧死，太后乃令引入他室縊之，帝回救不及，奉天宮中藏高宗獵鹿圖，帝與一女幷轡，女持箭遮與帝，云即香妃也。（一說，香妃寵冠後宮，太后慮其復仇，縊殺之。）」又按辭源載云：「香妃人名，相傳爲回部某酋長妻，清高宗定回疆，納爲妃，寵冠後宮，妃復仇之念終不釋，太后伺高宗出，縊殺之，高宗回救不及，奉天宮中藏高宗獵鹿圖，帝與一女幷轡，女持箭遮與帝，云即香妃也。」，證實容妃與香妃，是截然不同的兩個人外，並同意南湖先生的說法。

陳先生並找出民國卅二年梁寒操先生（前中廣公司董事長）親遊疏附（即香妃故鄉「喀什噶爾」）寫有「香妃遺蹟紀載」一文，其文如下：『世傳清乾隆時，回族有香妃者，體生異香，長具殊色，爲酋長大和卓木妻，清朝平定回疆，酋長被戮，事聞高宗帝，徵入宮爲妃，女矢志不降，雖被迫解京，而時時身懷利刃，示莫能近，帝爲建回族式麗宮居之，冀轉其意，終無如何，清太后恐帝迷戀，或生不測，遂賜女毒藥，諷使自戕，女乃飲毒完節，帝知而大慟，詔禮送遺體歸故里安葬云云。余於民國三十二年二月二十六日夜抵疏附，即爲香妃故里，以其事蹟問人，無能詳答者，廿八日午後驅車城東，謁其墓，見墓門南向綠甎宏敞，高可二丈，門首刻天方文字，入門右側有清眞寺，寺庭東西兩磚柱犄角立，作天方雕刻，瑰麗可觀，天蓬繪藻井亦稱工巧，更前數十步，東側爲大靈寢，方形，占地畝許，高逾二丈，頂聳圓穹，綠瓦輝耀，亦天方式也，入寢門，旁空回廊，中央爲墳場，高出地面三尺，作正方形，場上大小墓數約廿餘，娘之高曾祖考兄嫂姪輩，咸聚葬焉，蓋此爲舊時家族墳場，其上寢宮乃建於香娘葬後者，伊斯蘭教葬規重長幼之序，不能僭越，故娘墓甚小，僅附乃父墓側，寢宮東南角猶存祭旗靈轎，西北亢旱物尚完整，轎中藏狹長木櫝（蓋依伊斯蘭葬規長六尺廣一尺八寸高一尺八寸）二具，意或兄妹遺體同時運回鄉，亦未可知，轎頂四週，有竹蓆爲簷，藉避雨雪，斷爲來自中原無疑，翌日得一阿洪，以孃姓氏世系考錄示余，知孃實名馬漢爾阿孜沁，漢人呼曰香娘娘，父名羣和加，爲教中名宿，有言出自烏孜別克族者，母名帕的夏阿孜沁，祖名和甲莫名和加，曾祖名依大葉提拉和加，人稱之爲哈士烈巴克和加，高祖名馬漢馬提於蘇甫和加，今維族人稱此墓場爲哈士烈的痲札，回語痲札即大靈寢意，而和加爲貴冑公子意（和加與和卓音同，更恭敬則言和卓木），阿孜沁乃夫人意也，其兄圖的和加，漢人稱曰圖圖公，曾護妹入都，死於北平，圖圖公妻名底下代漢阿孜沁，爲某大臣愛女，漢人稱曰圖夫人，圖夫人乃於香孃葬後，捐巨款修此廂札及清眞寺、廣園，又購田爲寺產，有子名伊米爾阿兄協海云。餘於香娘事，不能詳言，或諱言亦難料，回族無史乘，事過百年，即易遺佚，此文化之所停滯難進也。聞七年前（註：民國廿五年）曾有香妃親族自北平返疏附，出憑證多紙，接收遺產管理，惟已不通維語，馬仲英作亂時，離疆不知所往，今香妃遺產，仍歸清眞寺保管，其或圖圖公之後裔耶？又聞今喀什婦女有痛苦事，輒往香妃墓哭訴，此習則不知從何而起也。』

民國六十四年二月出版之「藝文誌」雜誌，有胡旦先生，發表了一篇：「香妃—究竟有無其人？」（註三）的專論，胡先生對香妃的考證，化了相當大的功夫，他不特把乾隆帝一生所娶的皇后、妃、嬪、貴人列了一張總名單，同時引證清兵平定回疆的史實，證明香妃確有其人，但並非容妃，二人雖有相同之處，亦有不同之處，容妃順從了乾隆，香妃不從乾隆確另有其人，若以前引「清宮遺聞」二段資料，可確定香妃被太后賜死在前，乾隆才糟蹋回婦，後者即是容妃，但正史上，容妃並無所出，所以胡先生說：由於容妃與「香妃」之間，有著許多條件上的不符合，所以有理由認爲容妃不是「香妃」，「香妃」應當是另外的一人。

她是誰呢？——答案是，她極可能是霍集占的另一個妻妾，也可能是博羅尼的、或者回部其他某一個領袖的妻妾。她可能是和容妃同一時期被俘以及被押送到北京刑部「天牢」裏去的，依情度理，她和容妃是彼此熟悉的，乾隆所建蓋的這幢寶月樓，就是專意爲她而設的，而容妃早期出入於那幢樓，作用只是陪伴香妃，甚而至於是受乾隆托囑，前往那裏勸解香妃的——關於這一點，孟心史先生顯然有所覺察，故而他才會說——「寶月樓歷年有詩，雖難指與妃（指容妃）有涉，但其（指乾隆）留連寶月樓，與三海他處不同，則已可見。」孟先生對於這幢樓的用途又說：「可知有營爲金屋之意，月中孀娥固呼之欲出。」——孟心史先生已覺察乾隆建這幢樓，是爲了放置一個美人；但是，他又覺得這個美人似乎不是容妃，所以才有這樣的說法。

民國六十五年有征鴻先生於元月一日至七日連續七天在大華晚報發表了一篇「乾隆艷事話香妃」（註四）的文章，他也引述了孟森先生的「香妃考實」，及吳相湘先生的「香妃考實補證」二文後，表示他的看法。他說：

這兩位史學家的事證，分析，都是談的回妃問題，而且僅是容妃，並沒有涉及香妃，即算強將容妃指爲香妃，部份可能相似，但也有許多是符合不來的。如：

一、香妃身上有自然發出的異香，就沒有提到容妃身上也有異香。

二、容妃是進獻來的：香妃是俘虜來的。

三、香妃身懷利刃，以死相抗，且時以復仇爲念：容妃則相伴君王三十年，從無自殺行刺跡象。

四、香妃爲皇太后所賜死，容妃死於太后歿後十餘年。

以這些事實，很難認定容妃即香妃，但香妃應該另有其人。我們認定另有其人者，亦提供幾點，以提供讀者及觀衆之參考。

一、據史實：「乾隆二十四年己卯七月，小和卓木奔葉爾羌，追之，兆惠被困巴里坤，大臣阿里衮等救之，遂克葉爾羌、喀什噶爾。十月巴達克山酋素勒坦沙獻霍集占首級，回部平。」據此，兆惠嘗被小和卓木霍集占所困，阿里衮率兵往救，內外夾攻，霍集占大敗，倉皇走巴達克，狀至狼狽，致被山酋所殺。當阿里衮乘勝克葉爾羌、喀什噶爾時，兩處均爲霍集占根據地，子女玉帛所在，清軍不僅大有斬獲，而且獲俘必衆，衆俘虜中可能有香妃，而香妃可能是霍集占之妃，或其中妻妾之一，也可能是回部其他領導人物的妻女，而被阿里衮發現，凱旋進獻於乾隆。

二、容妃進宮於先（乾隆二十一、二年間），寶月樓建築於後（乾隆廿三年春），當與容妃無關。亟香妃進入清宮，因念仇不屈，且思鄉情切，乾隆爲博取其歡心，倍加體貼，爲建回子營，清眞寺，並築寶月樓以居之，憑欄可瞰回式建築物，藉慰鄉思。

孟心史先生亦曾指出「寶月樓歷年有詩，但乾隆留連寶月樓，與三海他處不同。」乾隆撰寫的寶月樓記中「名之寶月者……抑亦有肖乎廣寒之庭也」之句，以及「廣寒乍擬是瑤池」的詩句，孟氏且指出「可知有營金屋之意，月中嫦娥固呼之欲出」，但沒有留意乾隆的含意所在，這個月中嫦娥必非容妃，而是另有其心上屬意的人，彰彰明顯。

三、容妃與香妃雖有許多相似之點，也有許多不同之點，當然不能牽扯爲一。

按容妃並沒有住過寶月樓，但可能常去寶月樓，奉乾隆之命勸慰香妃，冀其就範，因容妃是回人，而且是回人中有地位的女人，並且是和卓氏，與香妃同一家族，他們原該熟識，或相互知名，且言語相通，故以容妃來勸香妃，最是適當的人選，容妃之常走往於乾隆藏嬌之所——寶月樓，可說是必然的事實，但不能誤認其住於寶月樓。

四、清史后妃傳中，是找不出香妃紀錄的，因爲香妃堅拒乾隆之愛，以死自矢，始終沒有得承恩澤。香妃進入西苑四五年之久，乾隆一再討好，想使她潛移默化，終不爲所動，而爲皇太后賜死。因此她沒有得到册封，故清宮內無紀錄可稽。

由種種推理，容妃與香妃實不容混爲一人，香妃另有其人亦極明顯，惜因無紀錄可按，名不見册籍，遂致一代尤物雖有其名，却成了謎樣的人，而爲後人作爲傳奇式的流傳。

以上所列擧的各項資料，都可以說明，孟森之論斷過於主觀，忽略了「容妃」、「香妃」，完全是二個人的事實，硬把香妃的事蹟往容妃身上去套，套不攏就認定無香妃其人。

第三：記載香妃確有其人的文字資料，除上述中文外，據我所知，尙有日文、英文、阿拉伯文之記述，孟森先生之考證，則完全未予提及。

孟森先生之弟子吳相湘，於民國卅九年發表「香妃考實補證」（註五）一文時，文前即曾提出：日本平凡社刊行「東洋歷史大辭典」第三卷第廿頁「香妃條」，其內容即依據我國一般傳說寫成。民國卅二年政府派去新疆，擔任外交專員的水建彤先生曾留在新疆工作五年，他搜集了不少香妃生前的資料，完成「香妃」小說，及「伊帕爾罕」（即香妃）詩劇，後者曾被譯成英文，回教界讚譽爲中國唯一「伊斯蘭教」的文藝作品，民國卅五年冬，美國國務院請他去美國演講新疆問題，結果，他在美國國會圖書館刊印的英文本「清史名人錄」上卷，在「兆惠的傳」裏，見到有記述「香妃」的故事。

民國卅七年，水建彤又在新疆一家破舊不堪的小書店中，發現兩本厚皮封面的破書，書脊上貼着的書名是：「穆聖後裔傳」，打開一看，原來是阿拉伯文，他不計代價，買了回來，請人翻譯時，發現其中有一本封底上有一行中文字：「內有香妃事蹟」他才知香妃的阿剌伯名字，拚音應讀成：「璣月衣妲什」，可見「香妃」之事蹟，阿剌伯人也知道。

孟森先生的眼中，只承認清人寫的正史，是可信的，其他人寫的資料，一概不予查問，作爲一個歷史學家，他在民國廿六年時，或許是可敬的，在今日看來，似乎是跟不上時代了。

第四：「香妃考實」一文中，對於「寶月樓」之興建年月，及乾隆登樓賦詩之事，記述頗詳。孟森先生，依據「高宗寶月樓記」上所寫：「鳩工戊寅之春，落成是歲之秋」。認定這一建築物建在乾隆廿三年春天，完成是在秋天，而平定回疆是在廿四年十月，孟森先生說：「御製集中，詠寶月樓之詩，自廿四年始，時時成詠，可知其幸寶月樓之時甚多。」

孟文中提及乾隆廿五年夏有「寶月樓詩」，廿八年新年又有「寶月樓詩」，三三年又有「寶月樓詩」，五十二年又有「寶月樓詩」，時容妃尚未死，五十三年容妃死，五十六年三月，又題有「寶月樓自警詩」，其詩句爲：「液池南岸嫌其遠，構以層樓據路中，卅載畫圖朝夕似，新正吟咏昔今同。
俯臨萬井誠繁庶，自顧八旬恐脞叢，
歸政五年亦近矣，或當如願昊恩蒙。」

孟先生認爲：「此詩在乾隆五十六年，距容妃之喪已將及三年，詩中殊有悼亡意味。高宗文字不足以綺靡言情。且又須保持帝王尊嚴態度，祇得如此。然感慨之意溢於言表：云「卅載畫圖」，決非樓之圖。樓爲南海底倚牆盡處，何有於卅載之畫圖，而朝夕求其似否？蓋知畫圖即樓中人之圖也。香妃像流行於今日，當時有郎世寧畫戎裝一像，爲遊行從蹕圍獵行宮之貌。殆即詩之所指。卅載之圖尚朝夕求其相似，可知珍惜之意。」

孟先生又說：「寶月樓歷年有詩，雖難指爲與妃有涉，但其留連寶月樓，與三海中他處不同，則已可見。」

孟森認爲寶月樓，住的是容妃。但是他的弟子吳相湘先生在「香妃考實補證」一文，依據乾隆廿七年「穿帶檔」的記載，證明容嬪是與其他妃嬪同居在後宮，並無特異之處。故於文末，特別說明『容妃居住內宮，非住寶月樓亦有明證。故筆者於考實之再三疏釋寶月樓，以證乾隆帝心情之特有所寄，殊不敢苟同，此則應於文末表明者。』

事實的眞相，是寶月樓完成後，正巧香妃被俘入宮，她住在寶月樓內，時在乾隆廿五年，到了廿八年冬至乾隆祭天後，已被太后處死，這其間，乾隆曾以容妃來遮補他內心的空虛與苦悶，乾隆念念不忘的是香妃，並非容妃，他留連寶月樓，一再賦詩，想的也是香妃，因容妃住的是「內宮」，而命畫師繪香妃之戎裝畫像，死後也掛在寶月樓，到他八十歲時，再看那幅畫像，睹物思念的也是香妃，因香妃進宮時，他五十歲，到八十歲，正好卅年，才有「卅載畫圖朝夕似」之句，孟森一直弄不清，以爲容妃死了三年，乾隆還在思念容妃，眞是張冠李戴，錯的離譜。

最近，我有幸自郭志誠先生處看到蒐藏郎世寧繪的「海西八珍」之一的「寶月嘗荔圖」，圖後有蔣溥書寫的御製詩，詩中註解上，明明是這樣寫的：

「寶月樓建於太液池之南，北望瀛台，南矚衢市，既近市廛，足游觀而鮮塵囂之擾，爲禁禦中最可觀民風之地，爰命香妃居此，俟幾暇臨幸，時值嶺南初貢荔枝，思及唐代故事，勑繪寶月樓嘗荔圖，雖事有今昔之殊，而置之座右，亦足以便觀覽，而稍存戒心焉。」

這一幅畫上的文字，足以充分證明，寶月樓的主人是香妃，絕非容妃也。

吳相湘沒有完全認同老師的看法，是完全正確的。

第五：孟森先生文中，對於容妃死後，葬於后妃陵園之事，記述甚詳，因容妃被册封，正史當然有記載，而關於香妃死後葬於「香塚」之說，則云：「俗傳南下窪有塚，不知何人題爲「香塚」，因而又有認爲『香妃塚』之說，過客徘徊，動涉遐想，物由心造，幾乎若有人焉，呼之欲出矣。」

又述：「民國二、三年間，有人至東陵，瞻仰各陵寢，至一處，守者謂即香妃塚，據標題則容妃園寢。」

此外，並無其他文字之記載。

事實眞相是，香妃被賜死後，確實先草草埋葬於香塚，謹立了一塊墓碑，乾隆因香妃未獲册封，不能正式葬在后妃陵園，爲了補償的心理，就命北京一家專門爲皇上設計皇宮陵寢的「樣式雷」店家，要他比照「皇宮后妃陵園」的形式，另覓一地，隆重下葬香妃，這一店家奉命後，立即專心設計了一座「香塚圖」，包括：草細圖、立體圖、及平面圖等作法詳細說明，正計劃興建，誰知消息外洩，被皇后偵知，乃立命人將「香塚」拆毁。但「樣式雷」店家，現仍保存了「香塚圖」圖樣，及其說明之文字。

編寫「香妃」電影劇本的唐紹華，曾有見及此圖。並曾提出疑問：「後又移葬何處了呢？」

原來，這時，乾隆身邊，已有了容嬪，回民獲容嬪之助，獲得皇上恩准，准香妃之屍骨，自香塚挖出，併同其兄圖圖公之骸骨，一併千里迢迢運回故鄉去安葬，以示落葉歸根之意。香妃之兄，名圖的和加，漢人稱之曰圖圖公，曾護妹入北京，乾隆曾對其優渥有加，後病死於北京。圖圖公之妻名底下代漢阿孜沁，係清朝某大臣之愛女，漢人稱之謂圖夫人，圖夫人爲追念香妃之死，特捐出一大筆巨款，在疏附回城北四五里處，修葺此一大型之墓塲，漢人稱之謂香娘娘廟，回民若有所求，常來廟中祈禱，據說十分靈異，亦有取廟旁淨土少許歸去，調水飲下，可以治病。名歷史學家黎東方曾親去新疆造訪過，他說墓旁的房子裏，還擺了一座中國式的綠呢大轎，其形式來自中原，是可以肯定的。名書法家梁寒操先生，民國卅二年間，亦曾親自抵達該地，憑弔過，見墓門南向綠甎宏敞，高可二丈，門首刻天方文字，入門側有清眞寺，寺庭東西兩磚柱犄角立，作天方雕刻，瑰麗可觀，天蓬繪藻井，亦十分工巧，更前數十步，東側爲大靈寢，方形，占地畝許，高逾二丈，頂聳圓穹，綠瓦輝耀，亦天方式也。入寢門，旁空回廊，中央爲墳場，高出地面三尺，作正方形，場上大小墓數約廿餘，香妃之高曾祖考兄嫂姪輩，咸聚葬於此，爲家族墳場也，其上寢宮乃建於香妃葬後者，伊斯蘭教葬規重長幼之序，不可僭越也。故香妃之墓甚小，僅附乃父墓側。寢宮東南角猶存祭旗靈轎，因西北氣候亢旱，保存尚稱完整，轎中有狹長之木櫝二具，想必是運回遺體時所用，轎頂四週，有竹蓆爲簷，當爲運送途中，擋風遮雪之用。

此外，卅二年派往新疆之外交專員水建彤先生，也曾見過此一「香妃墓」，自從十七世紀初開始建造，三百餘年來，此墓經過不斷改建和擴建，現已構成了包括主墓室，四座禮拜堂和一所教經堂的一組大型建築群組，不特爲當地維吾爾族建築上的瑰寶，亦爲吸引觀光客的主要當地名勝古蹟。

我雖未到過新疆，但我有「香妃墓」之圖片及日本NHK放送出版協會親赴該地拍攝之彩色錄影帶，我深信孟森先生說的「容妃死後葬在后妃陵園」的事實，但我更相信，除容妃以外，還有一個香妃，她死後被移葬於她的故鄉喀什噶爾的事實，這是可以證明：「容妃」、「香妃」並非一個人的鐵證，惜當時交通不發達，且孟森先生年已老邁，未有去過新疆，亦未看到有關「香妃墓」的圖片等資料，才有這樣錯誤論斷的產生。

因爲，若眞的沒有香妃其人，就絕不可能有香妃的墓。

第六：除了香妃墓以外，義大利畫家所繪的「香妃畫像」，也可足以證明，香妃確有其人。孟森文中，雖有提及香妃戎裝像，但他認爲：『祇可信其像，而事略則盡與書紀載不符，無非委巷荒唐之語。」

這種說法，是很矛盾的。

關於郎世寧繪「香妃畫像」的有關資料，我曾化了三年的時間，多方蒐證，因郎氏的作品，受英法聯軍攻入北京，及中日戰爭之影響，流落散失於世界各國，故宮博物院之資料，亦不完備，我於六十八年，曾撰成「香妃之畫像」（註六）一稿，於「幼獅文藝」月刊發表，及後，又陸續不斷有新的發現，迄七十九年四月五日清明節，始意外看到所謂：「海西八珍」的八幅名畫，證實歷史上確有香妃其人，因畫上題的文字，皆明寫是「香妃」，而非「容妃」也，乾隆一生，最寵愛的女人，也是香妃，而非容妃，因郎世寧身前，從未爲「容妃」，畫過一幀畫像，是可以肯定的。

孟森只見過一幅「香妃之戎裝像」。其餘之香妃畫像，他大概一張也未見過，致於有「委巷荒唐之語」的說法，否則，他將不可能作出如此草率的結論。

有關郎氏所繪「海西八珍」之「香妃畫像」之內容，本書中另撰他文詳述之，此處暫省略。

四

孟森先生所寫「香妃考實」一文，其與實際之歷史眞相不符，已分述如上，爲了深入追尋，究竟有無香妃其人，我還找到了一些別的物證，與人證，在此補充說明如下：

第一個鐵證：在昭和四十四年十月（係民國五十八年）在日本出版的鈴木勤所編集之「中華帝國之崩壞」（日文）一書中，刊有一張彩色的圖片，上面是一根精緻的細繩，串有四塊象牙的牌子，第一塊牌子上寫有「皇上鑰匙」，第二塊牌子寫：「皇后鑰匙」，第三塊牌子上寫滿文，不識，第四塊子寫：「香妃鑰匙」。最近，在昭和卅五年一月（係民國四十九年）日本出版森鹿三編著的世界文化史大系（日文）十八卷中國一書中，也看到一與之雷同的黑白照片，此圖第三塊牌子，不是滿文，而是「皇太后鑰匙」，我推想，這串東西，一定現在在日本，當初是宮中保管鑰匙的太監所有，正史上無「香妃」之名，何以會有「香妃鑰匙」之牌子出現，相信，這幾塊牌子，決不可能為日本所僞造，以證明有「香妃」這個人。睹物如見人，我如今以此證明，當時確有「香妃」其人，該可以徵信的吧。（上述照片可參閱「香妃考證研究」一書圖片）

第二個鐵證：孟森先生「香妃考實」一文中記述：乾隆五十三年，奉移容妃金棺於純惠皇貴妃園寢安葬。又說：凡陵寢園寢饗殿皆有遺像，民國二三年間，太倉陸文愼寶忠之子婦，徐相國郙之女，以「香妃」之傳說甚龐雜，特親至東陵容妃之園寢瞻仰，以明究竟，用攝影法攝得一容妃像，按饗殿皆有葬者遺像，一大一小，小者遇有祭祀即張掛，大者年僅張設一次，陸夫人所攝得之容妃像，係其小者。六十五年我自蒐藏家李鴻球老先生處，有幸看到一張容妃陵寢遺像，大家不妨與故宮博物院所保有之香妃戎裝像仔細對照一下，就可清楚的看出，究竟香妃與容妃是不是同一個人，還是兩個人了。（上述遺像參閱「香妃考證研究」一書圖片）六十八年大陸容妃陵墓已被盜墓者挖開，此項遺像已不再能見到，尤覺珍貴。

第三個鐵證：是依據吳相湘教授：「香妃考實補證」一文之註解：「湖南瀏陽李韻清先生（世界書局前總經理）珍藏郎世寧手繪巨幅彩色「武列行圍圖」，乾隆香妃並轡行進。」我覺得，這是一項重要的線索，六十五年幸得賈亦棣先生之介紹，拜訪到刻住在臺北的李韻清（鴻球）老先生，承其接見，相談甚洽。

據李老先生告稱，彼所珍藏之「武列行圍圖」，並非油畫，係一長卷，當年在大陸時，出高價向一古董字畫商購買得來，原畫現在美國保管，但他手邊保存有全圖之照片，該圖原來之裝裱，絲毫未動，為乾隆生活圖畫中之最完整者，外用包袱，係藍綢黃裡，裡之中央，書「神品上」三字，下蓋木質龍紋大印，中書：「原藏古香齋移弆（音舉：密藏也）靜寄山莊苑苑字第拾壹號」等字，解去包袱，中為古銅色團龍錦套，簽書「御製山莊行圍圖」，脫套即為全卷，包首用金線繡雲龍緞，簽繡雙龍，中綉：「高宗純皇帝偕香妃山莊行圍」，我現在要特別強調，列為鐵證的，就是在綉的這一行字中，清清楚楚、明明白白有「香妃」兩字，並非是「容妃」兩字，這該是證明當年確有「香妃」其人，有力明證，正史上找不到「香妃」兩字，何以在這幅畫上，却有此兩字出現，更珍貴的是圖中香妃的容貌，所穿的服裝，與故宮所珍藏的戎裝像完全一模一樣。

第四個鐵證：七十八年十二月間，我因「香妃」與高陽先生在聯合報繽紛版展開論戰，想不到七十九年三月間，意外接到聯合報讀者郭志誠先生來信，他說收藏有一幅郎世寧親繪之「寶月嘗荔圖」，經與之相約晤談，蒙其慨然答允，可以將此畫供余拍照存證，發現該圖與上述李鴻球先生之「武列行圍圖」裝裱規格，完全一致，而畫後，有乾隆題的御製詩，由蔣溥敬書，其註解文字中，淸淸楚楚寫有：「爰命香妃居此，俟幾暇臨幸」之文句，所謂「幾暇臨幸」是指天子日理萬機之暇，有所往爲幸，稱皇上親臨曰臨幸。御製詩後，復有兆惠題寫的五言詩，詩中註解文字上亦寫有：「御勅臣郎世寧所繪寶月樓香妃嘗荔圖上邀天題並有殷殷鑑戒之語，復命臣工賦詩題後，以紀洵承平之盛事也」文句。（該圖可參閱本書圖片）

這當是可證明確有香妃之另一明證。

除上述之各項物證，可證明香妃確有其人外，其餘尙有不少人證，也能證實香妃是眞實存在的。

第一、民國卅二年親自訪問過香妃故鄉的梁寒操先生，曾任中國廣播公司董事長，爲名書法家，他謁香妃墓後，曾賦詩三首。其一云：

「千秋節烈馬香孃，生誓無降死返鄉；

零落祭旗猶墓左，淒涼靈轎賸祠旁。」

他現已故世，若仍健在，必挺身而出，爲香妃作證。

第二、民國卅二年，訪問過香妃守墓的歷史學家黎東方博士，他親眼見過運屍回新疆的綠呢大轎，這是事實，不容否認。

第三、曾在新疆擔任外交專員的水建彤先生，他看到過英文、阿剌伯文記述香妃事蹟的文字資料，又編寫過「香妃」的小說、及詩劇，他所知的香妃，可能比我所知的還多。

第四、編寫「香妃」電影劇本的唐紹華先生，於抗戰勝利後，曾去過新疆，並會見了香妃的鄉親，探訪到不少權威的資料，他也可證實香妃的存在。

第五、撰文駁斥孟森先生「香妃考實」一文錯誤的：南湖先生、胡旦先生、陳作鑑先生、征鴻先生，他們當亦是證明香妃存在的有力人士。

第六、我於民國六十四年製作「香妃」電視連續劇時，曾親自訪問新疆籍立法委員阿不都拉先生，他以新疆人的身份，向我證實，香妃是確實眞有其人。

第七、六十四年在我製作「香妃」連續劇期間，台北新疆辦事處曾介紹一位名馬賦良的新疆學者來見我，我爲要便製作方面服裝、佈景、力求眞實，向之請教，獲益甚多，馬賦良先生自承爲香妃之後裔，因香妃之名字維吾爾族發音，爲「馬漠爾阿孜沁」，按回疆語：「阿孜沁」，係夫人之意，香妃之後裔，歷經二百多年，爲求漢化，多採用「馬」姓，馬賦良先生當是證實香妃存在之最有力的人證之一，惜近與之聯絡，新疆辦事處人云，他已過世多年，不禁爲之痛惜不已。

第八、最近，我依據香妃墓、清朝「容妃遺物摺」檔案、及香妃後裔達楊氏於民國六年提出之「清內務府譜牒」等可靠的資料，找到香妃、容妃及霍集占三人家族世系的關係表，證實：香妃、容妃二人確係二個人。茲說明如下：

新疆喀什噶爾阿巴克和加墓之家族世系表列出，阿巴克和加之父瑪木提玉素甫生有三子。長子「

阿巴克和加」、次子「喀喇瑪特和卓」、三子「堪和卓」。

阿巴克和加生有六子：長子「雅雅和卓」，又名汗和加，生有二子，長子霍集占（與小和卓同名，但並非同一人），次子瑪哈木特又名阿哈瑪特，亦即「老和卓」。生有二子，長子波羅尼都，又名布拉呢敦，即反清之「大和卓」，次子霍集占，亦即反清之「小和卓」，香妃之丈夫也。

阿巴克和加之三子「阿布都色墨特」，生子卡福盛，生子群和加又名帕力思，生二子一女，長子名「吐地棍」又名吐狄貢，圖地公，其妻爲漢人，是乾隆帝圓夢大臣的女兒蘇黛香，吐地棍於乾隆廿八年因病在北京去世，死後三個月，香妃也被賜死，然後兄妹二人之棺木，由蘇黛香帶領一百二十四人，坐卅二輛車及乾隆所賜之金銀財寶，從北京經甘肅敦煌至新疆和闐等地，跋山涉水，走了三年半，始運抵喀什噶爾家鄉埋葬。

帕力思之次子，名阿不都哈的，一直留在北京，生子巴海，巴海生子阿西木，阿西木生子巴吾東又名巴五冬，娶妻達楊氏，民國六年，也離京返回家鄉，爲爭家產，打官司，結果獲判勝訴，撥給公房及公地。此是證明香妃確有其人最有力之人證。

帕力思唯一之女兒，起先名祥，後名香妃，又名馬漠爾阿孜心、伊帕爾罕，其特徵是體有異香，係霍集占小王爺之愛妃。

「阿巴克和加」之二弟「喀喇瑪特和卓」，生有三子，長子阿布都哈里克，次子墨敏，三子愛三。次子墨敏生有六子，長子木薩，次子沙和卓，三子阿里和卓，四子阿布都勒拉，五子額色尹，六子帕爾薩。三子阿里和卓生有一子三女，一子名圖爾都，長女、次女、三女均隨五叔額色尹、六叔帕爾薩一起入京。圖爾都娶妻滿人巴朗，係乾隆宮中女子，按圖爾都傳記載，他於乾隆四十四年去世。其二妹，即容妃，於乾隆五十三年去世，死時其姊及妹均未死，有「容妃遺物摺」檔案，可以證明。

因香妃有一哥哥，名「圖地公」，容妃有一哥哥名「圖爾都」，致使人容易混淆，但二人娶的妻子不一樣，死時日期也不一樣，再說父母也不一樣，香妃是獨生女，容妃有姊妹三人也不一樣，決不可能是同一人也。

香妃之父「帕力思」，有人把他與容妃之六叔「帕爾薩」也誤認為是同一人，這也是錯誤的。

（可參閱本書中「解開香妃之結」一文所附之「容妃、香妃家族世系表」）

五、

孟森先生所寫之「香妃考實」一文，雖與眞實的史實不符，但因他是權威學者，且是研究清史的專家，又他立論的依據，是清朝的正史，因之，他的文章發表後，受到一般歷史學家的重視：廿六年正值國內抗戰爆發，大家也無暇去查證其眞實性，再說當時交通阻塞，去新疆也不容易，只有少數人有機會去過新疆，事後雖有文字發表，影響力不大，而孟森是北大歷史系教授，他教導過的學生，當然天經地義，認為老師說的不會錯，以訛傳訛的結果，造成了嚴重的誤導後遺症。

孟森最得意的弟子吳相湘先生，也是大學歷史系教授，他於民國卅九年八月六日發表了「香妃考實補證」一文，他在清內務府的「穿戴」檔案，以及「進膳底檔」等資料，查出不少資料、支持他老師孟森論點的正確、認爲容妃確是存在的，甚得乾隆寵愛，並未被太后賜死……所不同意的只是不敢苟同容妃住在寶月樓一節，至於容妃是否與香妃是二個人的問題，未有論及。

吳相湘教授卅九年來台後，先在台大歷史系執教，後又在文化大學歷史研究所任教，他的學生，比孟森還多，因此，台灣的一些讀歷史系的學生，都死心塌地的贊同他們兩人的看法認爲歷史上，只有容妃，沒有香妃，即使有香妃，那些事，也只是傳說，不可信的。

其餘一些對這一史實未深入研究的也就人云亦云，縱有少數人提出存疑，也起不了多大作用，因他們不是大學歷史系的教授。

我於民國六十四年開始，研究「香妃」的問題，前後有十六年之久，我越深入探討越覺得這一錯誤，必須提出來，加以澄清糾正，使含寃的香妃，能重見天日，乃蒐集了所寫的文章及圖片畫像等資料、出版了一本「香妃考證研究」的專著，我想「香妃」的問題，應該已不成問題，誰知道：

七十八年十一月間，有撰寫清宮歷史小說的高陽先生，表示相反的看法，他認爲我對考據的基本修養尚不具備，於清朝的制度人物亦復茫然，居然武斷輕率地說：「容妃不是香妃、香妃另有其人。」那是對孟心史先生及北平故宮博物院的專家們的一種侮辱。他不得不向我提出抗議，並要我提出令人信服的反駁，否則高陽從此不搞考據，也不寫歷史小說了。

七十九年四月十七日，又有東門草先生，在「立報」發表「香妃及其墓塋」一文，也持相同之看法。

我眞沒有想到，一個歷史學家，在他晚年七十歲時，寫的一篇文章，會影響中國半個多世紀，使一些讀歷史的人，跟著他，否定了一個眞實女人的存在。

爲了對歷史的眞實負責，我誠懇的要求，對清史有研究的專家，給我指教，究竟是我錯了，抑或是孟森先生錯了。

胡適先生，生前講治學問，要做到：「大膽的假設，小心的求證。」

孟森先生寫「香妃考實」一文，自稱：「題佳而文恐不稱，尚祈垂諒。」我們後學者，自應不予苛求，但考據文章，我總認爲：

一、不能只信正史，其他文字資料之一概捨棄不屑一顧。因正史有些限於當時的環境，難免沒有隱諱，或歪曲的。

二、野史、傳說，當然不一定完全正確，但蛛絲馬跡，多少可以給我們找到不少可信的線索。

三、中國的史科以外，西洋的、外國的史料，目前蒐集較以往方便，這些資訊，我們也不可忽略。

四、文字資料之外，其他圖畫、物品，也可作爲有力之物證，我們不能予以一概忽視或否定，當然其中可能也有眞僞贋品之存在。

五、墳墓是一個人生死最有力的佐證，基本上，沒有這個人，絕不可能有他的墓，香妃墓的存在決不可能是憑空杜造。

六人證，亦是很有力的資料，普通刑警偵查案件，多半從蒐求目擊者，當事人着手，僅憑一些紙上資料，來妄下斷語，那是很可怕的，世上經常發生「張冠李戴」、「陰錯陽差」造成冤獄，更有因「同名同姓」，造成許多誤會，使無辜者蒙受牢獄之災，而肇禍者反逍遙法外。

法官判案，要冷靜、仔細、客觀、公正，多方蒐集證據；一個歷史學家，論斷歷史上的疑案，尤應謹慎落筆，才是應有的態度。

註一：孟森：「香妃考實」一文，刊拙作「香妃考證研究」一書第八頁。

註二：陳作鑑：「香妃與容妃之辯」一文，刊拙作「香妃考證研究」一書第八八頁。

註三：胡旦：「香妃——究竟有無其人」一文，刊拙作「香妃考證研究」一書第三八頁。

註四：征鴻：「乾隆艷事話香妃」一文，刊拙作「香妃考證研究」一書第七八頁。

註五：吳相湘：「香妃考實補證」一文，刊拙作「香妃考證研究」一書第二四頁。

註六：「香妃的畫像」一文，刊拙作「香妃考證研究」一書第一二一頁。

（本文發表於「輔仁學誌」第廿期，八十年六月出版）

附錄一：

香妃事蹟考異

南湖

滿清皇帝風流豔事，最爲世所傳播者，如順治帝之於董小宛，乾隆帝之於香妃，詩歌小說電影戲劇，清亡之後，尤復盛行，增枝添葉，益與史實相遠，孟心史（森）有「董小宛考」與「香妃考實」，一掃委巷秕說，吳相湘教授更闡師門傳述，詳爲考證，且有「世人不注意追求眞理而輕信謬說，此種心理反映，足令人儆惕」之歎。

按董小宛事，孟氏以小宛死時順治方十四，盡袪一般人對吳梅村讚佛詩之疑；香妃事，則引據清史稿及唐邦治著清皇室四譜，以容妃和卓氏，爲乾隆妃嬪中惟一之回族女，無賜死事，其說甚辯。而於故宮藏郎世寧所繪香妃戎裝像之原附事略，斥爲不經，此一婉孃將軍是否爲容妃，或香妃究有無其人，即東陵留像明指爲容妃，而香妃之稱僅出諸守護太監之口，紛紜聚訟，益覺迷惘。

據辭書所載「香妃」本爲回部酋長妻；清史氏妃爲「和卓」，和卓者回語掌教之謂，亦曰「和卓木」。又以回部臺吉「和札麥」爲妃父名，和卓木與和札麥，一音之轉，皆隨意編造，不足信，惟一確據，則爲容妃薨於乾隆五十三年，其齡約在五十，太后則前於妃十一年崩逝，無賜死事，且容妃葬於東陵，均可考。曩水建彤著香妃小說，英人周伍愛蓮河靈母子，譯為英文，書名為「芬香的情婦」，而水氏自述為旅游新疆所得資料，謂「每一句均有根據，皆為未經人道之事實」。以妃為愛國之游牧女兒，至死不為刦難權勢與富貴所屈，媲為「聖女」，為「至上之光」，並考其原名為「璣月衣妲什」，又以維吾爾語香妃為「瑪弭兒阿孜沁」，謂「瑪弭兒」之意為美，故乾隆封曰「容妃」云云，實則皆如俗諺所謂：將蝦蟆算在田鷄譜上，不能以容妃為香妃也。

按新疆疏附（喀什噶爾）有「香娘娘墳廟」，蕭雄聽園西疆什述詩註：「香娘娘廟在喀什噶爾回城北四五里許，廟形四方，上覆綠瓦，中空而頂圓，無像設，惟墓在，回婦於墓前開「八雜」，以添熱鬧。……香娘娘乾隆時人，降生不凡，體有香氣，……」曩梁寒操先生游疏附，曾謁其墓，據阿洪所述娘之姓氏世系，知實名馬漢爾阿孜心，父名羣和加，有言出自烏孜別克族者，母名帕的夏阿孜心……。其兄圖的和加，漢人稱圖圖公，曾護妹入都，死於北平，圖妻名底下代漢阿孜沁，為某大臣愛女，護兄妹遺體歸葬，並出貲修建廟園及厤札（墓）云云。據傳「乾隆即位初，曾戀一回族之宮女，名瑪吉牙，自幼喜食沙棗子，故色美體香，帝甚嬖愛，太后恐帝迷戀，賜女毒藥，諷使自裁，帝知而慟惜，詔禮送其遺體歸葬回疆」。宮闈隱秘，參以蕭雄註末所云「娘性貞篤，因戀母，歸歿於家」，似諱言之也。若然則香妃固不必為容妃矣。

（五十年十一月廿四日中央日報副刊發表）

叁、清朝早期之「文字獄」

姜龍昭

一、

秦始皇呑滅六國，統一天下以後，爲了鞏固他的帝王基業，施行了不少的暴政，其中最爲後世人所咒駡詬病的，就是「焚書坑儒」。當時，他採納了丞相李斯的建議，於秦始皇卅四年（公元前二一三年）下令，除秦記、醫藥、卜筮、種樹等書外，凡民間所蒐藏的詩、書、和百家書等，一律焚燬；凡敢偶語談論詩書者，處死棄市。以古非今者夷三族。所謂三族，包括父族、母族、妻族。當時，天下儒生百姓，莫不因此而噤若寒蟬。第二年，始皇卅五年，一些奉派出去求仙丹的諸生。未能採得靈藥，歸來，而遠赴海外採長生不死仙藥的盧生，又逃遁未回，始皇在盛怒之下，於咸陽，埋坑屠殺了儒生，達四百六十餘人之多。

這一空前殘害知識份子的「浩刧」，爲秦始皇的一生覇業中，永遠難以洗脫的罪狀之一。也爲中國悠久的歷史上，創造了因「文字獄」而喪生的先例。

秦亡以後，歷經漢、晉、隋、唐、宋、元、明諸朝，近一千九百餘年，此中雖仍有因「文字獄」

獲罪而喪命者，但，爲數極少；漢宣帝時，有楊惲其人，因其致友人孫會宗書，中有怨懟朝廷之辭，被宣帝目爲大逆不道，遭受伏誅腰斬。明初時，有才子高啓，因致修府治「上梁文」，內有「龍蟠虎踞」之語，犯朱元璋之忌，而罹殺身之禍。僅此二人而已。

滿清入關，入主中原，建立王朝以後，民間時有「反清復明」之舉，順治帝之後，康熙、雍正、乾隆三朝，爲求徹底箝制漢人再有「反清」的言論思想，更大興「文字獄」，在文人之著作文稿中，稍有違碍不當之言論者，殺頭者有之，戮屍者有之，滿門抄斬，也不足爲奇，其殘忍、狠毒，眞可謂令人髮指，不寒而慄。

一般人認爲清朝最盛的時代，是康熙、雍正、乾隆三朝，自公元一六六二年至一七九五年，這一百卌二年中，是清朝的「黃金時代」。事實上，這也是我大漢民族文人志士受迫害，最悲慘的時期。

乾隆皇帝比之秦始皇聰明多了，他爲了要徹底清理全國民間圖書中，有多少不滿滿人之偏激言論，忌諱文字，特以「修稽古文」的美名，於乾隆卅七年，敕命修纂「四庫全書」，以十年的時間，將全國民間的藏書蒐羅出來，作了一次大清理，結果，修書期間，實際查收犯禁的書二十四次，統計共有五百卌八種書，一萬三千八百六十二部著作，爲其銷毀，而後世一些不明眞相的人，還將他修編「四庫全書」之舉，目爲他爲整理中國文化的一大貢獻，豈不可笑。

清史權威學者孟森先生，認爲清史上：無香妃之名，確認其爲虛構之人物；一些「人云亦云」之士，亦皆以香妃：「史傳無載，殆爲附會衍生而無疑。」

黎東方博士，在「細說清朝」一書中說：乾隆在他當皇帝的六十年中，「文字獄」比康熙、雍正兩朝，多過若干倍。茲為使大家瞭解，乾隆是怎樣的一個皇帝，爰將：康熙、雍正、乾隆三朝之文字獄史實，一一陳述如下。

二、

康熙皇帝生前喜愛旅遊，曾六次南巡，在巡遊途中，多次遭遇刺客，幸未遇難，他私下打聽，知道民間仍有不少讀書人，不服清朝，寫有不少誹謗朝廷的詩文，乃悄悄的下了一道密諭，給各省的督撫司道，四下察訪，如有發現，立即舉發，不得循私。

當時，浙江湖州府，有一名莊廷瓏者，頗為富有，又雅好儒書，平日留心史籍，一日，在一片舊書坊中，意外發現了一本明故相朱國楨的稿本，是一手抄本，稿中記錄明朝史事，自洪武至天啓，都有編述，遂將此稿視作珍寶，重價購回，與諸好友，互相傳閱，個個皆說是少見之秘本，唯其中缺少了崇禎年間的事情，乃各盡自己所知，搜集了不少，補入卷末，並將自己的姓名，一一附記於上，予以刻印，冀與孔子作「春秋」，司馬遷作「史記」一樣，傳諸後世。揚名千秋。

孰知此書刊行後，為歸安縣令吳之榮看到，見書中述及崇禎朝事，有毀謗滿人之語，乃立即親自進京上書告密，刑部尚書立即奏明皇上，康熙皇帝馬上下聖旨查辦。

浙江大吏，乃按書中姓名，一一搜捕，莊廷瓏很快得到消息，連忙服毒自盡，但因他是首犯，依然開棺戮屍，即是將屍體仍然加以斬首。把刻印、販賣是書的，也一齊捉去殺頭，莊廷瓏的兄弟，也遭駢戮，家產全數沒收。在書中補寫的諸人：陸君、查君、范君，因得訊較早，預先聲明是莊廷瓏揑名假造的，始免了死罪，但爲了保持性命，個個均告傾家蕩產，只有檢舉此案的縣令吳之榮，卻因此而升了官職。

康熙五十年間，又出現了另一樁「文字獄」。

有一戴名世者，身居翰苑，因比較清閑，乃著了一部「南山集」，集中採錄明朝桂王事，係抄襲桐城人方孝標之遺書，並非戴名世自己所捌造，誰知此書爲都察院御史趙申喬看到後，爲求拍皇帝的馬屁，乃指此書誹謗朝廷，特拜疎奏發。

康熙帝批准了這一奏章，立即飭拏戴名世下獄。另命六部九卿會審。戴名世在堂上供述，集中所抄錄之文字，確是方孝標「滇黔紀聞」是實，希能從寬發落。

但六部九卿個個爲求自保，不能有違皇上之心意，乃議奏說戴是「有心抄錄」，作大不敬論，應置極刑，方孝標，雖已死去，亦應戮屍。至於方、戴族人，俱應坐死，此奏一上，康熙立予照准。可憐戴名世，只爲抄錄了他人的一段文字，自己遭受寸磔不說，戴氏族人，因與其五服相連，統被斬首，豈非寃枉。

桐城進士方苞，因是方孝標同宗，亦繫獄論死，幸虧大學士李光地，極力爲之洗釋，方苞始免一死，得以出獄。

康熙年間文字獄之可怖，由上述二事，可見一斑。

三、

雍正皇帝心狠手辣的作爲，爲了保住他的皇位，他的一些同胞手足，他都敢下得了毒手，至於豢養了一批「血滴子」，專門剷除異己，更是人所共知。他當政以後，所興起的「文字獄」，較諸康熙皇帝來，當然是更上層樓，玆一一分述如下：

有江西學政查嗣庭者，在考試時，出了一個試題，是大學內的「維民所止」一語，結果，被浙江總督李衞，秘密上了一本奏章，說該大臣平日逆跡多端，此次出此試題，其中「維止」兩字，顯然是取皇上年號「雍正」二字，去其首，似此用心咒詛皇上，實屬「大逆不道」。

雍正皇帝，看了這本奏章，細加思量，認爲言之成理，乃勃然大怒，立刻下諭：查嗣庭着即革職，解交刑部看管，可憐查嗣庭正在試場監考，未曾試畢，即被拏解進京，下在獄中，一面又派浙江總督李衞，親自去查家查抄，有無其他悖逆著作，結果，搜出一本日記，認定確有怨望譏刺時事之意，時查嗣庭蒙冤莫訴，已憤死獄中，仍被戳屍梟示，其子查傳隆，也被坐死處斬，家屬率被充軍至黑龍江。

自查嗣庭文字獄發生後，雍正便十分留心讀書人的著作，叮囑心腹大臣，隨時秘密查察。時有在禮部的供事人員，名陸枏梅者，他因爲迎合諸王求封建的心理，做了十七篇「通鑑論」，在文章裏說：封建制度如何有益，郡縣制度如何有弊。有討好的人，就拿了他的文章，到順承郡王錫保衙門裏去告密，順承郡王覺得這正是立功的機會來了，就以「通鑑論」爲憑據，專摺向皇上入奏，說通鑑論內容盡是抗憤不平之語，其論封建之利，更屬狂悖，顯係非議朝政、罪大惡極。雍正看了這本奏摺，十分動怒，立刻下了聖旨，指陳陸生柟邪說亂政，着即在軍前斬首示衆。

陸柟梅死後，又有浙江人汪景祺，寫了一部「西征隨筆」，書中誹謗朝廷，稱頌年羹堯的地方卻很多，地方官查出後，爲恐受到失察株連，報奏朝廷，雍正亦即下了聖旨，將汪景祺立即處斬，妻子充發黑龍江爲奴。

另有一名待講錢名世，因和年羹堯是知交，年羹堯生前，他做了不少稱頌年的詩文，後年羹堯因被參奏奉旨監賜自裁後，被地方官查了出來，也被報進京去。雍正皇帝下旨說錢名世諂媚權貴，着即革職回老家去，不說，還特別榜書「名教罪人」的匾額一方，要他掛在家裏，予以羞辱，這種惡毒的作法，眞是一般人所做不到的。

還有一名謝濟世的御史，在家無事，注釋「大學」，不料被言官偵知，指摘他毀謗程朱，怨望朝廷，順承郡王錫保，也參奏了他一本，雍正即令發往軍台効力。謝濟世，怨憤之下，竟病死軍台，不得生還。

最後，我要說的，是雍正期間，最大的一件「文字獄」。因這一件案子，被株連喪生者，達一百廿三人之多，事後，雍正還特爲此，編著了一部「大義覺迷錄」的書，來頒行全國，以祈用「理論來爲漢人洗腦」，使他們不再有排滿的言行發生。這一事情的開始，先要說到一個人，他名叫呂留良，是清朝浙江石門人。號晚村，八歲能文，精通程朱之學，明亡時，即削髮爲僧，專講種族主義，隱居不仕，地方上的大吏，聞他博學多才，屢次保荐，他均誓死不去。家居無事，專務著作，寫有「維止錄」一書，對滿清尤多譏刺。當時，因文字入獄，文網密佈，故其遺作，不便刊行，只有其徒嚴鴻逵、沈在寬抄錄成篇，作爲秘本。

有湖南人名曾靜者，與嚴、沈兩人，往來投契，得見呂氏遺著，擊節嘆賞。當時，雍正帝內誅骨肉、外戮功臣，對其不滿者甚衆。乃使曾靜興起了尊攘的念頭，他有個得意門生，名張熙者，兩人密談之下，頗有意起來革命，推翻雍正王朝，但再三思索，終究師生兩人，安能成事，最後，他們想到了握有重兵的川陝總督岳鍾琪，認爲他是大宋岳飛忠武王的後裔，若能說動他反正，就可以「反清復明」，恢復中原。

曾靜、張熙，又拉了呂留良的兒子呂毅中等人商量，決定不計一切，先去川陝，說動岳鍾琪，才有成功之希望，張熙帶了曾靜寫的密函，去求見岳鍾琪。岳認爲這是秀才造反，不可能成功，一面假意接納，一面密報京裏，雍正聞悉，遂將曾靜、張熙、呂毅中、嚴鴻逵、沈在寬等一干叛徒，關起來審問，曾靜、張熙等供出，係看了呂留良所著「維止錄」遺書而興起此念。後由內閣九卿，讞成罪案。呂留良大逆不道，滿門抄斬，他雖已死，仍戳屍萬段，呂毅中處斬，嚴鴻逵雖已病歿獄中，亦令梟首，沈在寬凌遲處死。只是曾靜、張熙兩人因係被惑訛言，反被加恩釋放，呂留良家屬被殺者，達一百廿三人之多，僅有一呂毅中的第四個小女兒呂四娘，當時十四歲，在鄰居家閒玩，成了唯一的漏網之魚，後來，傳說，雍正皇帝的性命，也就斷送在這「呂四娘」的手裏，亦可算是天理循環，因果報應了。

四、

雍正皇帝雖滿門抄斬了呂留良全家，但並未將曾靜、張熙處死，還特地敕撰了四卷「大義覺迷錄」，將曾靜勸岳鍾琪謀反引出呂留良文字獄一案的前後經過，及其自著之「歸仁說」，彙編成書，頒行全國，希望以德來服人。

但是到了乾隆一上台，在雍正十三年的十二月十九日，就下令將曾靜、張熙二人凌遲處死，接著，又把「大義覺迷錄」一書，全數收回，列爲「禁書」，不僅停止再宣講這件事，而且不許人民私自抄存或閱讀，可見，他對文字思想言論的控制與箝止，較諸雍正，更爲嚴厲而周密。

茲將，乾隆期間的「文字獄」，向大家作一報導與介紹。

乾隆與康熙帝一樣，也喜歡旅遊，前後亦曾南巡六次之多。南巡期間，亦曾多次遇上刺客，幸多有驚無險。他思索漢人謀刺的思想，多半是讀書人鼓吹出來的，呂留良一案，就是最有力的明證，他爲保自己的帝業，決定還是從讀書人的身上下手，他與康熙的作法，略有不同。

他是先行下詔，對凡是他御駕將巡幸經過的地方，允許沿途讀書的士子，把自己的詩文、著作呈獻上來，由皇上過目，若是做得好的，賞他銀錢，十分好的，更賞他官做，這個旨意一下，那班士子，豈有不把詩文著作，自動獻出來的，他就可以分派文學侍從大臣察看，若有不妥悖逆之邪說，馬上就可治罪，這不比康熙，私下密諭，暗中舉發，高明得多了。

話說江陰地方，有一名夏敬渠者，因功名失意，寫了一部小說，書名叫「野叟曝言」，仗著他自己多才，書中天文、地理、兵農、禮樂、曆數、音律、多有涉及，而書中之主人，便是他自己的化身，說及西湖殺龍一段，更覺大有氣概，再說其中述及春娘一段，又十分淫穢，想必會蒙皇上青睞，乃命其女兒用恭楷抄寫，裝璜成一百本，藏在一箱子中，打算乾隆帝御駕經過時，把這部書獻上去，說不定從此一步登天。

其女知書識字，覺書中有些犯忌的地方，又描寫淫穢，恐遭燬禁，或引來痲煩，勸父打消此念，但不爲父所採納，反將該書分送親友觀看，以表示自己博學多才。其中有一友人，因與其有過糾葛，察看該書後，覺得書中確有不少觸犯忌諱的話，尤其是西湖殺龍一段，顯然是殺皇帝的意思，乃暗中去江陰府衙門告密，知府早已獲得內廷的密旨，知道這是立功的好機會，乃慫恿作者呈獻給皇上，定可獲得乾隆的賞識。

到了聖駕來臨的那一天，那部「野叟曝言」，果眞被送上了御舟，知府大人，早就準備好，只要乾隆一聲令下，就可動手將之捉住領賞，誰知，書箱打開一看，裏面裝的竟是一百本白紙本兒，上面一個字也沒有，乾隆十分詫異，傳問是什麼意思，認爲作者是個獃子，申斥了幾句，放了他回去，使知府大人，也莫明其妙，被訓斥了一番，原來，是作者的女兒，暗中掉了包，把原書用白字換了下來，要不然，「野叟曝言」這本書，不但可以讓作者掉了腦袋，說不定現代的人，還無法看到這部作品呢？

乾隆爲了提防漢人謀反，有意大興文字之獄，就一再鼓勵讀書人獻出詩集或著作。當時，揚州東台地方，有一個紳士，名叫傅永佳的，忽然獻出一部「一柱樓詩集」，並在江蘇巡撫衙門裏告密，說這一詩集的作者：徐述夔，就是個十足的叛逆。

傅永佳說：「一杜樓詩集」中的詩，有許多都是隱含著叛逆的語氣，如「詠正德杯」詩裏有兩句詩：

「大明天子重相見，且把壺兒擱半邊。」

這個「壺兒」，就是指「胡兒」，他說當今天子是「胡兒」，胡兒擱半邊，就是要推翻大清天下，重立明朝天子的意思。

當時，乾隆正四處在尋覓這樣叛逆的文字，而地方官，爲求討好皇上，覺得這一發現，眞是求之不得，江蘇巡撫覺得這是他升官的機會來了，如獲至寶的立即獻呈皇上，管他「壺兒」、「胡兒」是不是扯得上關係。乾隆皇帝發現，詩集中，除了壺兒有可疑之處外，另有兩句詩：

「明朝期振翮，一舉去清都。」

這不分明是「反清復明」嗎？……好了，這下罪證確鑿，已無庸再申辯，聖旨下來，發掘徐家的墳墓以外，又砍徐述夔的腦袋，已死的兒子徐懷祖戳屍，兩個活著的孫子徐食田、徐食書，也被砍頭，務求斬草除根。刻印是詩集的兩個校對人員，與疏於防察的幕僚陸炎，也同樣砍頭正法。

至於徐家的田產，賞給檢舉的傅永佳，揚州知府謝啓昆，江蘇藩台陶易，是同黨庇護，隱匿不報，一齊發充新疆效力，而江蘇巡台，及時呈報有功，着即升爲兩江總督，至於徐述夔，是否眞是叛逆，或是寃枉的，只有老天爺，才清楚了。

當時，在乾隆的眼裏，不管任何人，凡是寫出了「虜」字，「夷」字，「胡」字，都是別具居心，都可能招致殺身之禍。有軍機大臣鄂爾泰，是滿洲鑲黃旗人，在雍正年間，當過保和殿大學士兼兵部尙書，封襄勤伯，極受倚重，他的兒子鄂昌，寫了一首「塞上吟」的詩，稱蒙古人爲「胡兒」。乾隆認爲他自己是滿人，竟然忘本，暗中斥責滿人，降旨賜令自盡，以示漢、滿一樣治罪。並且在殺了鄂昌以後，嚴厲禁止「八旗滿人」，再學習漢文。

同一時期，內閣學士胡中藻，因著「堅磨生詩集」，內中稍有疏忽，寫了觸犯忌諱的語句，立即被乾隆梟首。

江西舉人王錫侯，因爲刪改了「康熙字典」，別著字貫，也遭逮捕，下獄。

可見乾隆朝代，「文字獄」之恐怖，較雍正時更甚。

現在，我再來說一段大學士沈德潛的「黑牡丹詩案」。

沈德潛，是淸長洲人，號歸愚，積學工詩，乾隆初年成進士，授編修時年已逾七十，乾隆憐其晚遇，擢內閣學士，旋升禮部侍郎，以年老在籍食俸。

乾隆在位時，雖自命爲文學士，長於詩文，事實上，他的詩文根底很淺，做出來的詩，也不見得討巧精采，爲怕臣下見笑，就請兩位大臣，在他身旁，爲之捉刀，一個是紀曉嵐，專代皇上做文章的，另一個就是沈德潛，他是專代皇上做詩詞的。郞世寧所繪「海西八珍」的香妃畫像中，其中「御苑春蒐圖」及「武列行圍圖」圖後，就有沈德潛題的詩。後來，沈德潛死了，便由梁詩正代作。

沈德潛生前因受乾隆的看重，因此在乾隆跟前，常常露出驕傲的樣子，乾隆因有事要仰仗他，也不和他計較。他八十歲告老返鄉，乾隆還常打發官員，去他家中問好。這眞是値得他榮耀的事情。

這一年，乾隆作了十二本「御製詩集」，特送到他家裏去，請他改批校正，沈德潛也老實不客氣的，在御製詩上，批評指出不少缺點，還刪去了許多詩詞。送回京中，乾隆帝看了，雖有些不高興，但看在老臣的面上，也不便說什麼。

過了一年，沈德潛死了，乾隆帝再次南巡，經過蘇州，就想起他來，專誠擺駕去他墳上弔奠，想起沈德潛是一代詩人，家中必有遺著，便向他的子孫查問。沈的子孫，享著父親的家產，對詩文是一竅不通的，更不知道有什麼犯諱不犯諱的事，就把父親生前的原稿，一古腦兒，呈獻給皇上去看。

乾隆看時，發現上面有許多是詩集上不曾刻入的，又有許多是代皇帝作的詩，他也一齊收入詩稿，上面還特別註明「代帝作」三字，乾隆看了，心中不免有些老羞成怒。因為他的「御製詩」，已經刻印出去了，而這詩稿裏，卻有註明「代帝作」字樣，傳了出去，豈不破壞了朕的名聲，心中雖不樂意，卻也不知如何處置。

後來，他看到沈德潛的未定稿裏面，有一首「黑牡丹詩」，詩中頭兩句，是這樣寫的：

「奪朱非正色，異種亦稱王。」

不禁勃然大怒起來，說道：「好一個大逆不道的沈德潛，他竟明說朕，是奪了朱家的天下，還罵朕是異種，這如何可忍得。」便立刻下旨：沈德潛生前受朝廷厚恩，今觀其遺著，有意誹謗本朝，跡近叛亂，着即發墓仆碑，把沈德潛的屍首，從棺材裏拖出來，砍下腦袋。沈氏子孫，一律充軍到黑龍江，祇留下一個五歲的孫兒，免為平民。

這一手，可眞把那些愛寫詩的讀書人嚇破了膽，以後，誰還敢獻詩給皇上看呀。

有錢謙益其人者，號牧齋，本明朝之禮部尚書，後清兵入關，攻打至南京時，他親率文武百官開城門向清軍投降，清乃改封他爲禮部右侍郎，他工於詩，沈鬱藻麗，譽滿東南，所著「初學集」，「有學集」，頗有文名。但經乾隆審閱後，發現其中對滿洲語，有所譏諷，震怒之下，乃降旨將上述之「初學集」、「有學集」，予以毀版，不准再行刻印。乾隆四十一年，特下詔於國史，增列「貳臣傳」，所載者皆明臣降清者，將錢謙益列入其中，述其既爲明臣，又降清爲仕，旨在令其遺臭萬年，據「清史列傳」記載，列入「貳臣傳」者，計有一百廿餘人，乾隆之惡毒，殊爲少見也。

「貳臣傳」之外，清高宗乾隆卅七年，下詔開「四庫全書館」，敕命修纂「四庫全書」，此項工程，於乾隆四十七年，始告完成，全部書籍，逾卅萬册以上，一字一句，全賴人工逐字抄寫完成，其工程之浩大，並不下於秦始皇之修築萬里長城也。

乾隆修纂「四庫全書」的表面目的，是打著「修稽古文」的口號，實際上則在利用大規模的修書機會，對天下民間所有藏書的內容，作一精密的審查，凡是有碍滿清統治之文字，輕則改易，重則銷燬。

當這一偉大的文字清理工程，歷時十年完成以後，乾隆仍不放心，特親自翻閱其中書册，偶見牽涉忌諱文字，未有清除乾淨者，震怒之下，又下令重新檢查。

大批文字圖書，謄繕之間，難免有走筆之誤，乾隆特規定謄錄人員之外，敕令設分校及覆勘官員，規定每一書册繕抄完成後，詳予校勘及考成，力求將錯誤減至最少。

另訂定獎懲辦法，設立功過簿，按抽查結果，功過標準登錄，每三月統計一次，呈報考核。

殆全書完成後，乾隆復仔細披閱，發現仍有漏網的禁忌文字，仍躲藏在全書之中，如李清的作品，因疏忽繕抄入「四庫全書」中，即被處分了不少人員，甚至連皇太子，也在嚴加議處的名單上列名。

書成六年後，到乾隆五十三年十月，計被撤出的圖書，仍有：南北史合註、南唐書合訂、閩小記、書畫記、讀書錄、書影、印人傳、列代不知姓名錄、諸史同異錄，同書……等十餘種之多。

乾隆五十五年，又重檢一次，仍有錯誤發現。

乾隆五十六年，乾隆再駐蹕熱河避暑山莊，在「四庫全書」書册中再次認眞搜剔，結果，發現仍有錯誤不少，乃於七月十八日嚴厲責斥紀昀（曉嵐）等人說：「詳校官旣漫不經心，而紀昀係總校閱之事，書全未寓目，可見重加讎校，竟屬虛應故事。」

紀昀聆訓後，乃召集工作人員，一句一字，細加認眞審查，不斷重檢的結果，果眞又找出不少毛病，到乾隆六十年，他已八十五歲禪位於嘉慶帝時，重檢「四庫全書」之工作，仍在繼續中。

再者，庋藏於淸宮「文淵閣」、奉天「文溯閣」、圓明園之「文源閣」，熱河之「文津閣」四處之「四庫全書」完成後，又奉敕再繕三部，分庋於揚州之「文滙閣」、鎭江之「文宗閣」、杭州之「文瀾閣」三處，亦全部跟進，重加仔細檢校。

凡是發現錯字，漏寫，及語涉忌諱者，設法挖補修正，至於整部書撤出銷燬者，則另以他書來補充，或用酌量襯紙來塡補，以免被人看出有抽燬之劣跡。

從以上之說明中，可見乾隆帝，對「四庫全書」之編纂，文字清理之徹底，眞是到了半言隻字，絕不輕易放過之地步。

縱觀中國歷代之皇帝，對於「文字清理」之精細、認眞，能超過乾隆者，恐不多見矣。

清道光年間，名詩人龔有珍，曾撰有咏史詩云：

「避席畏聞文字獄，著書都爲稻粱謀。」

實在是有感而發，那些可怕的「文字獄」，如今寫來，仍不免有談「文」色變之感，你說不是嗎？

七十九年九月八日起在大成報連載十天

肆、乾隆帝之詩

姜龍昭

一

滿清入關以後，深覺滿族文化，遠落於漢族文化之後，其詞彙總共只有一萬八千條左右，而漢文詞彙，則超過四十八萬條以上，因此，滿清王朝規定皇子六歲入學，必須勤於攻讀四書五經，漢文書籍，敦請學問最好的師傅，予以傳授。所以，清順治帝以下，各代皇帝，均能詩文，各有「御製詩」文集存世，其中，寫詩最多的，當以乾隆爲第一。

有人說他一生，寫過十幾萬首詩，那是言過其甚了些，正確的說，他一生，作了四萬三千多首，接近整個唐朝二千多詩人作品的總和，就數量來說，的確是千古帝王、千古詩人中，無人能與之倫比的，你想想看，以一年三百六十五天，每天作一首來計算，四萬三千首，要不停寫一百一十七年，才可以完成呢！

不過，乾隆自己也承認，他的這些「御製詩」，其中是「眞贋各半」，一半是他自己寫的，一半則是他命題，由詞臣作了經他修改同意，也算是他作的。

每當新春正月，乾隆喜歡在「乾清宮」或是「重華宮」，舉行茶宴聯句活動，皇帝與大臣共賦柏梁體詩，這種詩文活動，乾隆是最樂於舉行的。

乾隆的詩，題材廣泛。即景、敍事、咏物、題畫、懷古等無所不有。但以數量來計算，風景詩，當居首位，約佔總數一半以上；其次是敍事詩，題畫、咏物詩居第三位，懷古題材，數量較少。

乾隆未接帝位，年輕時期所作的詩，尚具清新意趣。即位以後，親作與代寫混雜，詩意多平淡，且具政治色彩，除作爲史料外，很少具有文學價值，爲後人所傳誦。

詩多而不精，該是乾隆生平最大的遺憾。

二

乾隆生前，正式册封后妃有記載的，先後共有三個皇后，十四個妃子，七個嬪，三個貴人。此外，未册封，而有過「肌膚之親」的女人，更是難以數計。傳說，他六十歲時，還在熱河的避暑山莊裏，造了個「列豔館」，把各地的美女各選二名，來陪他共度良宵。這些美女有的從「蒙古」來的，有的從「滿州」來的，有的從「朝鮮」來的，有的從「準噶爾」來的，有的從「回部」來的，有的從「西藏」來的，有的從「日本」來的，有的從「琉球」來的，有的從「安南」來的，有的從「緬甸」來的，有的從「暹羅」來的，有的從「南洋」群島來的，有的從「印度」來的，一共是十三處，每處兩位美人，一正一副。

這些美女，個個由宮中的管事媽媽陪同，領到乾隆面前，脫光了衣服，由皇帝來鑑賞，最後評定一位南洋美人爲別豔館第一妃，日本美女千代子爲第二妃，印度美女爲第三妃……這些美女，在清代后妃傳上，都是找不到芳名的。

乾隆六次南下江南，親近的美女更多，但在他一生中，唯一最令他念念難忘，卻是不肯順從他的回疆美女——香妃。（註：香妃，並非乾隆所封，是因她是回部之王妃也）

爲什麼我要這麼說呢？因爲乾隆把香妃安排住在「寶月樓」裏，按清史學者孟森「香妃考實」一文中說，自廿四年開始，乾隆詠「寶月樓之詩」，時時成詠。乾隆廿五年有詩、廿八年有詩、卅三年有詩、五十二年有詩、五十六年有詩。就是有力的佐證。

再說，乾隆最欣賞的意大利畫家郎世寧，前後，爲香妃畫了十三幅畫像，其中香妃單獨一人者，未有題詩外，其餘聞名國際的「海西八珍」中，據我所看到的，蒐集到資料的「御苑春蒐」、「武列行圍」、「扈蹕閱鞠」、「木蘭獲鹿」、「寶月嘗荔」、「冰嬉娛親」六幅畫中，均有御製詩，其中有幾幅，還是親筆書寫的，至於「大宛貢馬」、「太液採蓮」二幅畫，因我未見及，但推想可能也同樣有題詩，以示一致的。

除了香妃，乾隆其餘的這些后妃、美女，能有畫像、題詩流傳後世的，殊不多見，這也是證明有香妃最有力的佐證。

三

乾隆寫了不少的詩，但是，他也因爲別人寫詩，殺了不少人，這些血淋淋的「文字獄」，一般人也許並不清楚，這裡，我也向大家作一概略性的介紹。

乾隆十九年秋九月，盛京（即今瀋陽市）禮部侍郎世臣在詩稿中，有下列幾句：

「霜侵鬢朽歎窮途，秋色招人懶上朝，

半輪明月西沉夜，應照長安爾我家。」

乾隆看後，認爲他疏懶，還自鳴清高，比擬自己像蘇東坡一樣貶謫黃州，且身爲禮部侍郎，已很不錯，有何途窮之嘆，況且盛京爲滿州人故鄉，竟忘了根本，一怒之下，將世臣充軍至黑龍江。

廿年夏四月，有內閣學士胡中藻，著了一本詩集，名「堅磨生詩鈔」。乾隆認爲「堅磨出自魯論，孔子所稱磨涅，乃指佛肸而言」，胡中藻竟以「堅磨」爲號，是何居心？又胡任廣西督學時，試題內有：「乾三爻不象龍說」。乾隆認爲乾乃朕年號，他不知龍與隆同音嗎？似故意譏諷朕不似皇帝，乃摘其詩句十數語，鍛鍊成獄，凌遲處死外，並被族誅。

因胡中藻而受到株連的：計有工部侍郎張泰開，因胡爲張泰開門生，張又爲其詩集作序，被革職。大學士鄂爾泰生前曾兼軍機大臣，胡曾爲其門下，鄂爾泰並曾讚賞他的詩，鄂雖已死去，仍被撤出「賢良祠」，鄂爾泰之姪子鄂昌，援引世誼，與胡中藻唱和，並在「塞上吟」詩中，稱「蒙古」爲「胡兒」，爲忘本黨逆，令其自盡。從此降嚴旨禁止八旗滿人，不得再與漢人，以詩唱和；論行輩來往。

四十二年冬十一月，江西舉人王錫侯，刪改「康熙字典」，另刻「字貫」，其序文凡例，將清聖祖世宗，及帝御名開列，乾隆大爲震怒，降旨將王錫侯逮來京城，下獄處斬，巡撫至監司，均爲之革職。

四十三年冬十月，江蘇東台舉人徐述夔所著「一柱樓」詩中，詠正德杯云：「大明天子重相見，且把壺兒擱半邊」二句，其中「壺兒」與「胡兒」同音，又有「明朝期振翮，一舉去清都」等詩句，顯有欲「興明朝，去清朝」之意，十足是暗中譏諷大清王朝。乾隆盛怒之下，立將徐述夔及其子徐懷祖戮屍，其孫徐食田、徐食書斬首。該詩集之校對徐首髮、沈成濯、藩司陶易、與幕友陸炎皆斲死，知府謝啓昆、知縣涂濯龍，也被株連革職。

當時，規定凡詩中有「虜」字、「夷」字、「胡」字者，均可能會招來殺身之禍。「一柱樓詩」案發後不久，又有「黑牡丹詩」案發生，乾隆之殘忍、猙獰面目，談之更令人髮指膽寒。

有沈德潛者，號歸愚，積學工詩，乾隆初，爲進士，後授編修，時已年逾七十，因其擅長作詩，皇上乃經常請他捉刀代筆，擢升爲內閣學士，旋升禮部侍郎，八十歲時，告老還鄉，乾隆特准其在籍食俸。

後來，乾隆完成了十二本「御製詩集」，特派人送至沈德潛家，請予斧正指教。沈歸愚一貫文人本色，老實不客氣的把皇帝寫的詩，予以逐字批改，有些地方還大加刪修，當這些修改後的詩稿，送返京中，乾隆看了，心中頗不高興，但看在老臣面上，不便發作。隔了一年，沈德潛死了，乾隆正巧遊江南經過蘇州，特去他墳前弔奠，想起他是一代詩人，必有遺著留下，詢及沈的子孫，沈的子孫，不懂詩詞，就把他生前的詩作原稿，一古腦兒獻呈上去，乾隆仔細察看，發現有些詩是詩集上未有刻入的，其中有許多詩，是代乾隆皇帝作的，他竟也收入詩集，上面註明「代帝作」三字，乾隆不覺惱羞成怒起來，因他的「御製詩」，已經刻印出去了，如今這詩稿中竟有「代帝作」字樣，傳揚出去，豈不鬧出笑話，一時不知該如何處置，後來看到未定稿裏面，有一首「黑牡丹」，其中有二句，是：

「奪朱非正色，異種亦稱王。」

乾隆，這可眞的勃然大怒起來，生氣的說：「好個大逆不道的沈德潛，這不明明是說朕奪了朱家的天下，還罵朕是異種，這如何可忍得？」立刻下旨：沈德潛生前受朝廷厚恩，今觀其遺著，有意誹謗本朝，跡近叛亂，着即發墓仆碑，剖棺戮屍，沈氏子孫，一律充軍到黑龍江，只留下一個五歲的孫兒，免爲平民。又查出沈生前曾爲徐述夔作過傳，乃以其「頌美逆詞」爲藉口，追奪沈德潛之官爵官銜諡典，並撤銷其在鄉賢祠位。

這位一生爲乾隆捉刀寫詩的老人，死後，竟會遭受到乾隆這樣惡毒的懲罰，眞是他生前做夢也想不到的事。

千古帝王，會因人寫詩而殺人者有之，像乾隆這樣，把代筆者剖棺戮屍者，殊爲少見也。

（本文於七十九年九月卅日在臺灣日報發表）

伍、陶然亭的今昔

——解開「香塚」之謎

姜龍昭

一、

民國六十四年，我爲了製作「香妃」的電視連續劇，開始對「香妃」這一謎樣的歷史人物，查閱了不少有關她的資料。那時候，就知道北平城南南下窪子之窰台附近，有一個「陶然亭」，亭東有一個「香塚」，乾隆年間之香妃即埋骨於此，墳上無死者姓名，十分荒涼，因爲當時平民恐觸犯欺君，朝廷加罪，故不敢立碑誌其事；至民國初年，「香塚」前才立石，碑後書有：「浩浩愁，茫茫刼，短歌終，明月缺，鬱鬱佳城，中有碧血，碧亦有時盡，血亦有時滅，一縷香魂無斷絕，是耶非耶，願化蝴蝶。」之文字。

雖然老北京的人，都說「香塚」埋的是香妃，所以稱「香塚」；但流傳迄今，卻又有一些其他不同的傳說，說埋的不是「香妃」。經我加以歸納整理，有下述諸種不同的說法：

其一、說其中埋的是一個名叫蒨雲的歌妓，爲一外省來京之舉子看中，但後來該歌妓，卻爲另一富商買去作妾，伊人心有不甘，遂自刎身亡，該舉子乃將之埋葬於此，並在碑上寫了那篇碑文。我仔細推敲，碑文中「鬱鬱佳城，中有碧血」等字句也未必與之相切合。

其二、說埋的是北京的名妓李蓉君，是依據「寒蝶筆記」及「芸窗瑣記」二書所記。

其三、說是清軍入關以後，強迫漢人更衣改冠，有一位明朝遺老，爲了懷念大明朝，假託「美人香草」之名，把自己的衣冠，埋在這裡，並寫了上面這段碑文以掩人耳目，仔細琢磨，似乎更覺牽強。

其四、其中埋的祇是文稿，清代有位叫張春陔的御史，向皇帝上了不少諫草，不爲皇上所重視，這些奏摺又被退了回來，他滿腔悲憤，又不敢表露，就把這些奏摺埋在這裡，故意寫了上述碑文，予以掩飾。「越縵堂日記」、「天咫偶聞」等書這樣說的。

其五、說有一士子來京應試，客於其親戚家，有婢名阿香者，頗解詩者，士子眷之，卒未配合，抑鬱而死，士子乃爲之埋葬，並立碑題詩。純爲愛情而死，何能稱之爲「中有碧血」，亦難令人置信。

其六、某舉子暱一妓，已論嫁娶，而鴇母故昂其身價，無法脫籍，雙雙服毒同殉，友朋爲之合葬，故意不詳姓氏。我覺得似乎沒有隱沒姓名之必要。與第一種說法，大同小異。

因「香塚」之旁，另有一「鸚鵡塚」，於是又扯出另一堆傳說，說「鸚鵡塚」埋的是一隻鸚鵡，「香塚」中埋的是「一雙蝴蝶」，因碑文最後有「願化蝴蝶」之句。

上述莫衷一是的傳說，究竟那一種正確可信，誰也無法加以肯定。

後來，我在編寫「香妃」電影劇本的唐紹華先生所寫的文章中，得知他曾會見過香妃的鄉親，並且說在北京有一家名「樣子雷」的店家，祖上是專爲皇帝設計皇宮陵寢建築的，存有不少明清兩朝陵園模型的圖樣，其中有一座「香塚圖」，包括草細、立體、平面各圖之作法及說明。附有下列的一段文字：

「滿高宗定回疆，納回酋長妻爲妃，身有奇香，高宗賜名爲『香妃』，寵冠後宮，太后偵知『香妃』，胸懷復仇之念，恐於帝不利，乘帝赴熱河狩獵，乃賜『香妃』自縊，帝趕不及，悲痛之下，命在城南造『香妃塚』，厚葬之。后偵之，命人拆毀，香塚遂平復。」

這一段「文字記述」，可說是滿清時代對「香妃事件」，進行「文字封鎖」之下，唯一的「漏網之魚」，但也可以因之肯定，香妃被太后賜死後，確是先被埋葬於城南之「陶然亭」東。乾隆原想爲之厚葬，但「樣式雷」設計畫好了平面、立體圖樣，還未動工興建，就被皇后偵知，結果下令命人拆毀，才移葬至他處。

據征鴻先生在「乾隆艷事話香妃」一文中說：「……咸認爲香塚即香妃墓，據說當日在京回人，獲容妃之助，對這位堅貞不屈的香妃，不忍其屍骨異地飄零，得以搬運回部安葬，使他長眠於自己的家鄉。」

因之，新疆之喀什噶爾，才有「香娘娘廟」。據民國卅二年親往新疆，見過香娘娘廟之梁寒操先生，在他寫的「香妃遺蹟記載」一文中，記述：「香娘娘廟中，娘墓甚小，僅附乃父墓側，寢宮東南角，猶存祭旗靈轎，轎中藏狹長木櫝二具，意或兄妹遺體同時運回鄉，亦未可知，轎頂四週，有竹蓆爲簷，藉避雨雪，斷爲來自中原無疑。」又說：「香妃其兄圖的和加，漢人稱曰圖圖公，曾護妹入都，死於北平，圖圖公妻名「底下代漢阿孜沁」，爲某大臣愛女，漢人稱曰圖夫人，圖夫人乃於香娘娘葬後，捐巨款修此廡札及清眞寺，廣園。」

從上述文字資料中，可確定香妃屍體自香塚挖出後，始移葬至新疆，黎東方教授民國卅二年赴新疆時，也看見過此運棺木之綠呢大轎，證實確自京城運去。

唯有始終否定香妃存在之孟森先生，及吳相湘教授，對「香塚」曾埋過香妃之說，斥爲極不可信。民國七十八年，爲「香妃問題」，我與高陽先生，在聯合報展開了一次論戰，對「香塚」的說法，高陽先生說：「在乾隆年間，只有陶然亭，並無『香塚』，而所謂『香塚』者，不過出土三尺的一方小石碣，相距尺許，另有同樣一方，題曰『鸚鵡塚』。『骨董瑣記』引『越縵堂日記』謂：『丹陽張春陔御史盛藻所作』，而「天咫偶聞」則進一步謂：「相傳香塚爲張春陔侍御瘗文稿處，鸚鵡塚則諫草也』。又說：『關於香塚的傳說甚多，或曰八大相同名妓蒨雲，或曰葬湖北女子李窈娘，謂葬香妃，亦是其中一說，但此說最不可信。」

七十九年九月，東門草先生，在「立報」，也和我討論香妃問題，提及「香塚」，他找出了下列的一些文字記載：

一、民國二年出版之「滿清稗史」，其中提及「香塚」，說是士人爲納歌妓蒨雲未果，後因蒨雲不願嫁富賈，自刎死後埋於此，皆與香妃無關。

二、民國二年出版之「滿清外史」，記述與王闓運相同，香妃確葬於「香塚」中，乃名「香塚」。

三、民國十四年許嘯天著「清宮十三朝演義」，寫乾隆命太監偷偷埋香妃於「香塚」。

四、民國卅一年魏子丹寫「香妃小記」，說「樣式雷」後裔，「因貧出售家藏清代各項工程燙樣及文卷，於北平圖書館，……忽檢得「香妃陵宮圖說」全部，按其地域，乃今北京城南陶然亭畔之香塚也」。但東門草認爲這一記載，頗爲可疑，因爲北京圖書館館藏目錄，沒有所謂「香妃陵宮圖說」。我則肯定一定有此「香妃陵宮圖說」，否則唐紹華先生何以能見及其附有之說明文字。

最後，東門草先生說：「關於陶然亭『香塚』的傳說頗不少，『香妃』只是其一。『寒蝶筆記』和『芸窗瑣記』二書，說埋的是北京名妓李蓉君。還有人說是一些遺老爲懷念故國而埋的漢裝。總之，言人人殊，究竟埋的是什麼玩意，恐怕永遠是個謎了。」

二、

七十九年三、四月間，我幸運的看到了郎世寧繪畫的「寶月嘗荔」與「氷嬉娛親」二幅繪有「香妃」畫像的眞蹟，乃連同我多年蒐集到有關「海西八珍」的資料，撰寫了「郎世寧的『海西八珍』和『香妃畫像』」一文，於七月廿一日起，一連十天，在「大成報」發表，爲了配合文字，有關「香妃畫像」也鑄版刊出，頗受各方注目，名作家夏元瑜教授看後，特打電話給我，認爲我所寫的文字資料，及刊出之香妃畫像圖片，他從未看過，他願意提供一些珍藏五十年的「香塚」照片給我，作爲研究參考，因聽說大陸上已將「陶然亭」重加整修過，「香塚」業已剷平不再存在，這些民國廿八、九年所攝之照片，已再也無法看到。

香塚照片經過放大翻印後，碑上之字蹟，十分清晰，果眞是「浩浩愁、茫茫刧……」當時我想，若有機會去大陸，一定親自去北京造訪「陶然亭」，把「香塚」的來龍去脈，究竟埋的是什麼人，作一次深入的探討，從根來解開它的奧祕。想不到七十九年十月間「亞運」結束後，我果然有了去北京之機會，在匆促的行程中，我特抽空安排了一天的時間，去遊覽了今日北京的「陶然亭公園」。

我專程拜訪了該公園管理處，向之說明了來意，並拿出我寫的「香妃考證研究」一書，請他們指教，陶然亭辦事處的劉小姐，聽了我的述說，頗覺新鮮與有趣，她說，陶然亭現已無「香塚」，有關「香妃」的事蹟，她因年輕，也沒有我知道的多，不過，她很樂意的提供給我一本，現已絕版的「陶然亭」書籍，其中對於「香塚」之歷史記述或可供我作爲研究之參考。歸來後，將該書仔細的研讀了一下，果眞找到不少別人所未見之記載，玆從陶然亭興建之年代先後爲序，作如下之說明：

依據「燕都叢考」歷史記載，陶然亭原址，最早在「宋」仁宗年間（公元一〇二三年至一〇六三年）有位淸法和尙，在此先創建了一座「三聖庵」。

到了「元」朝，遼金年代，有人在此建立「慈悲庵」，早年叫「招提勝境」，後也稱爲「觀音庵」，是矗立在一片蘆葦池塘中的孤廟，廟內有南北殿房三間，周圍一片圍牆，香火當時並不興盛，供奉的是「準提菩薩」，有一金代石幢，是金太宗完顏晟天會九年（一一三一年）的遺物，如今已有八百多年歷史，仍保存著。

到了「明」朝，正德十六年（一五二一年）又有人在此創建了「淸慈庵」，在「畿輔通志」上有此記載，到了明朝永樂年間，此地開始創設了「黑窯廠」，專門營造北京城裏宮殿和城垣廟壇的磚瓦，當時工部衙門，在北京共設立了五大窯廠，分別是：方磚、細瓦、琉璃、亮瓦、和黑窯廠。「日下舊聞」中解釋說：「黑窯廠爲明代製造磚瓦之地，曰黑窯，別於琉璃、亮瓦二窯也」。

到了「清」朝，初期，這五大窯廠，仍舊燒製各式磚瓦；到了康熙卅三年（一六九四年），除了琉璃廠、亮瓦廠，其餘三廠，均被裁撤，於是黑窯廠的舊址，就成了京都人士登高眺望的遊覽風景區。當時擔任水部專責監督窯廠作業之江藻，就在此「窯台」附近，蓋了一座小亭，依據唐朝詩人白居易之「更待菊黃家釀熟，共君一醉一陶然」詩句，定名爲「陶然亭」，第二年，清康熙卅四年，江藻調升爲工部郎中，因爲升了官，將小亭拆掉，改建成三間敞軒，這三間敞軒，造在「慈悲庵」的西廂，他常約三五好友，在此飲酒賞玩風景。依「清順天府志」記載：「陶然亭坐對西山，蓮花亭亭，陰晴萬態。亭之下，菰蒲十頃，新水淺綠，涼風拂拂，坐臥皆爽，紅塵中清淨世界也」。

這是「陶然亭」初建時之光景。當時清朝每三年在京城舉行會試，全國各地舉子，均來京趕考，北京城內除了市肆廟觀、皇宮禁苑，也無其他遊覽之處，於是大半都來到城南之「陶然亭」飲酒賦詩。考試前，求籤問卜，希望能金榜題名；考試後，高中的，來還願，接受同伴祝賀，暢飲一番，落第的，來此追悔嘆息，重新考慮今後的打算，……就這樣「陶然亭」，成了文人南來北往必遊之勝地。

「陶然亭」雖築在高地，但附近因有「黑龍潭」及「涼水河」，以地勢低窪，水道年久失修，淤塞後，附近就成了水塘，後來就被人稱爲「南下窪」、「野鳧潭」。依清光緒「順天府志」記載：「南下窪，其曠也，皆下洼也。蔬圃外，多荒塚。康熙五十九年曾下令禁止城內叢葬，乾隆後，乃漸弛。」

康熙卅四年建「陶然亭」時，雖風光一時，相隔廿五年後，該地已是荒塚纍纍，迫使朝廷明令禁葬，但百姓視同具文，到了乾隆廿五年又相隔四十年，該處已成了「義園」、「義地」，亦就所謂「亂葬崗」，依譚嗣同所寫「城南思舊銘」所記，該地已是：墳上加墳，疊起了無數層，觸目累累，皆是破棺、枯骨、紙錢、香灰，佈滿丘壑。其破落之情景，可以想見。

以此來推測，香妃被太后賜死後，下葬在「陶然亭」之南下窪，是十分可能的，因為當時一些無主的孤墳，均葬在該處。

三、

現在，我們進一步來研究，香妃被下葬在陶然亭之「香塚」後，又被挖出移葬至新疆之「香娘娘廟」，這一事實，有無可能，及可信之佐證。

首先，我要提出的，是我曾在唐紹華的文中，提及奉命建築「香塚圖」的「樣子雷」店家，曾留下有關的文字記載，而民國卅一年，魏子丹寫「香妃小記」文中，也提及「樣子雷」後裔「因貧出售家藏各項工程燙樣及文卷於北平圖書館，其中有『香妃陵宮圖說』全部」……之文字。七十九年十月，我去北京，在一本「故宮札記」的書籍中，找到了一篇「宮廷建築巧匠——樣式雷」的文字記述。

原來，「樣子雷」應改寫為「樣式雷」，才正確。

據朱啓鈐寫的「樣式雷家世考」一文記載：樣式雷之始祖，本江西人，至明初洪武年間，即以工匠身份服役，明代末年，由江西遷至江蘇金陵，到了清代初年，傳至雷發達及其堂兄雷發宣時，這時，康熙朝正在重建太和殿，雷氏兄弟遂以工藝，應募到北京，參加了京殿建造的巨大工程。據說當時太和殿的大樑，由於榫卯不合，懸而不下，皇帝無法準時主持上樑典禮，管理工程的大官，情急之下，乃給雷發達穿上官衣，帶著工具，攀上架木，在他的良工巧藝下，斧落榫合，上樑成功，使皇上能在「吉時」完成上樑典禮儀式。康熙帝高興之下，當即「敕授」雷發達爲工部營造所長班。以後，雷發達之長子雷金玉，繼承了父職，並投充內務府包衣旗，供役圓明園楠木作樣式房掌案，以內廷營造有功，封爲內務府七品官，食七品祿，一直至清代末年，舉凡宮殿、苑囿、陵寢、衙署、廟宇、王府、城樓營房、橋樑堤工，裝修、陳設、日晷、銅鼎、龜鶴、燈節鰲山燈切末、煙火、雪獅，以及在慶典中，臨時支搭的樓閣等點景工程，均由「樣式雷」一手承辦。

近三百年來，「樣式雷」所設計建造之：北京故宮、頤和園、玉泉山、北、中、南三海、承德的離宮，以及陵寢地下宮殿，從明樓墜道，到地宮石床金井，均有十分精細的建築圖樣，及燙樣保留下來。（所謂燙樣，即實物照比例縮小之模型，燙樣的屋頂可以取下，屋內之床榻傢俱裝飾均一應俱全）至清代結束，此項圖樣檔案，共有數千件之多，燙樣有百十餘盤，於民國廿一年，由雷氏之後裔賣出，在這衆多之圖樣中，有「香妃陵宮圖說」全部，就可證明，當時確有香妃其人，並爲其建造「香妃陵」之事實。

其次，說到挖墓移葬之事，在清朝，可謂司空見慣，不足爲奇。革命先烈秋瑾女士，於光緒卅三年六月初六日，遭處決後，當時曝屍七天，無人敢出面辦理殮葬，因恐被株連入罪也。後由其義姐吳芝瑛、徐自華不顧安危，先將其遺骸草草收殮，暫厝一破廟中，過了一段日子，才埋葬於西子湖畔，事隔不到半年，墓成舉行祭奠追悼，不愼爲清廷所悉，皇上下諭，要嚴辦吳芝瑛，後幸獲一基督教徒洋夫人之力保，始倖免於難。浙江巡撫張某遵奉朝廷指示，將秋瑾墓剷平，將其靈柩自墓中挖出，棄之於地，後爲秋瑾之母，將靈柩迎回故鄉紹興，再度暫厝於破廟，久久不敢落葬。清廷後又嗾使湖南巡撫，將其靈柩運往湖南秋瑾生前之故夫王子芳處，命其葬於湖南湘潭……以此例來看，「香妃」之遺骸自陶然亭之香塚挖出，移葬至她的故鄉新疆的喀什噶爾，也是十分自然且合乎常情的安排。

最後，我要說的是，陶然亭之「香塚」，自香妃之靈柩移葬後，該處至清朝末年，又間隔了一百五十年，在此一百五十年內，很可能又埋葬了其他的人，或文物，到民國以後，這才有前述之諸種不同的傳說。

我現在有兩張「香塚」的實景照片，其畫面是截然不同的。一張是我在「陶然亭」一書上看到的，此照拍攝之年代不詳，可能是在清朝，也可能是在民國卅八年以前。畫面上，二塊石碑是分開矗立著，碑後是平地。（參閱本書前圖片）另二張是夏元瑜教授所贈予我的，是攝於民國廿八、九年間，二塊墓碑併立，後有一座圓形的墳堆，（參閱本書前圖片）這就說明了「香塚」，在不同的年代中，有了不同的改變。如今，中共於一九五二年（民國四十一年）將陶然亭重加整修爲「陶然亭公園」，「香塚」早已剷爲平地，二塊墓碑亦已找不到踪跡了，不過，在新建的「陶然亭紀念館」中，我仍看到了「香塚」與「鸚鵡塚」石碑的照片，可證實以前，該地確有這兩塊石碑及墳墓之存在。

四、

據北京旅遊社出版之「陶然亭」一書記載，「香塚」在陶然亭內錦秋墩的南坡，過去，該處有一花壇，花壇前，有一花神廟，可能景觀甚美，曾有一位由杭州漂泊流浪到北京的孤身才女名吳小英者，在亭內留有詩句，立下遺言，希望死後，能長眠於此陶然亭畔，北京一代名妓賽金花，於民國廿五年死後，也葬在香塚的北側，另有一名「醉郭」之文人，死後也葬在該處附近，著名之翻譯家林琴南，還特爲之寫了碑文，據民國廿三年北平某報之報導：「北平窯台附近的婦女」一文中記述，該處環境衞生惡劣，患病和死亡率極高，一些孩童常在亂墳崗上掏挖死人骨頭，然後再將死人骨頭賣給火柴廠做磷粉……」可見，該處墳墓之衆多。

民國四十一年七月，中共發動了好幾千的民衆，整修陶然亭興建爲現代化公園時，在挖掘湖底時，還挖出兩座春秋戰國時代的古墓、七座漢墓、及四座遼金墓葬，證實於該地所埋葬者，知名人士頗不少也。

但也就在那一年，這些知名的墓葬，均被剷平，如今，僅見賽金花之墓前石碑，仍然在「紀念館」內樹立著，其餘，均已蕩然無存。

民國六十七年，中共又在「陶然亭公園」內動工，重新修復了「慈悲庵」及其西側的「陶然亭小軒」，朱楹綠檻，彩棟雕梁，一概恢復舊時模樣，江藻所題之「陶然」兩個字，仍然掛於軒內，全部工程於六十八年十月竣工，現被列爲「北京市重點文物保護單位」，公開開放，供一般遊客遊覽。

公園內舖路築橋，經不斷綠化美化後，先後又開闢了「兒童樂園」、「電影院」等現代化設備，除「慈悲庵」、「陶然亭」等古蹟外，尚建有：涵碧亭、秋爽亭、望瑞亭、覽翠亭、澄光亭、倚新亭、及華夏名亭園等建築，原低窪之池塘，已合併爲東湖、南湖、西湖，湖上有小舟，可供遊客划船嬉水，並有水榭碼頭可以停靠。湖面共廣三百畝，佔全公園面積三分之一，徜徉其上，別有一番風光。（參閱本書前圖片）

「陶然亭」自宋迄今，歷經九百多年的演變，眞可說是滄海桑田，大不相同，現雖面目一新，但再也找不到「香塚」之遺跡，殊令人不勝感慨嘆息。

陸、從「禁城蒐秘」引起的論戰

姜龍昭

一、

五四運動以來，竭力提倡白話文的胡適博士，生前最喜歡做「考證」，他曾花了五年的功夫，考證「水經注」，翻查了無數的資料，結果證實考古學家戴東源先生並未偷了他人的書，來作自己的書，特寫了一篇「水經注考」的文章，爲死去的戴東原先生，洗雪了賊名的沉寃。

民國四十一年，他在臺灣大學，應邀作了三次：「治學方法」的學術演講，談到做學問，他提出了「四字訣」。

第一個字：是勤。勤是不躲懶，不偷懶。要上窮碧落下黃泉，動手動脚找東西。

第二個字：是謹。謹是不苟且，不潦草，不拆濫汚，一點一滴都小心求證，一字一筆，都不輕易放過。

第三個字：是和。和是虛心，不武斷，不固執成見，不動火氣，做考據，尤其是用證據來判斷古今事實的眞僞、有無、是非，絕不能動火氣。要和平，虛心，動了肝火，是非就看不清楚。

第四個字：是緩。緩是不着急，不要輕易發表，不要輕易下結論。凡是證據不充分或不滿意的時候，姑且懸而不斷，懸一兩年都可以，再去找新材料，找到更好的證據，再來審判這案子，這是最重要的一點。

我研究香妃的考證，十餘年來，也就依照着上述的四項要訣。

二、

民國七十八年四月，以撰寫清宮歷史小說聞名的高陽先生，去了一趟大陸，訪問了北京故宮博物院，蒙代理院長職務的副院長楊新先生，非常禮遇的接待，據高陽先生自己說：「故宮所有的部門，包括以庋藏辛亥革命以前史料為主的第一歷史檔案館的庫房，都為他無保留、無條件的開放。」回到臺北以後，他又接到在北京故宮博物院古建築組任工程師的姪子，以及在上海的姪女為他寄去大批文史書籍及雜誌，使他在整個夏天，一直沈溺在有關故宮的各種史料中，包括讀完了一百六十卷的「日下舊聞考」，覺得有許多極富趣味的知識，可與讀者分享，乃寫作「禁城蒐秘」這一專欄，其中，第一篇寫的就是「香妃的眞面目」，（附錄二）於七十八年十一月廿六日聯合報「繽紛版」副刊發表。

因為，他提及了「香妃」及有關「香妃的畫像」，使我滿懷興奮的心情，來研讀這一篇大作，誰知讀後，甚使我失望，因為他也贊同孟森先生的說法，認為「香妃容妃，其實就是一個人。」高陽先生的看法，我難以苟同，乃寫了「香妃不是容妃」一文，連同我才出版的「香妃考證研究」

一書，請聯合報轉交高陽先生請予指教。想不到，却因此引起了論戰，也吸引了不少讀者的關切。

高陽先生於七十八年十二月十九日發表了「三項鐵證，原來如此」一文，（附錄三）我於同年十二月廿六、廿七兩日發表了「我爲香妃說句話」，加以補充說明。七十九年一月一日，高陽先生又發表了「我也爲所謂香妃再說幾句話」一文，（附錄四）我又寫了「究竟有無香妃」，繼續再予補充。想不到，此文竟遭該版主編積壓不予刊登，使我頗感有被下令出場之無奈。

友人江述凡先生，頗爲贊同我的看法，他蒐集了一些新的論點，撰成了「高陽，請接招」一文，結果，聯合報也同樣封殺不予發表，他乃移送「世界論壇報」，於七十九年一月廿、廿一日分二天刊出（附錄五），該文並由「暢流」雜誌，及「千秋評論」轉載。

爲了使讀者大衆有一全盤的瞭解，我特將上述諸文及聯合報未刊登我寫之「究竟有無香妃」一稿，一併在此刊出，以免關心此次論戰的聯合報讀者，產生「有頭無尾，不了了之」的感覺。

究竟「誰是誰非」？我非常讚同胡適先生「緩」的說法，不要輕易下結論，姑且懸而不斷，懸一兩年都可以，再去找新材料，找到更好的證據，再來審判這案子，這才是最重要的，讀者，以爲然否？

意想不到的，沒有多久，我果眞找到了新的材料、新的證據，眞可說是：「皇天不負苦心人」了。我做夢也不會想到，我在一個月的時間內，同時看到了郎世寧繪的「寶月嘗荔」與「氷嬉娛親」二幅珍品，若再不承認世上無「香妃」其人，那眞是「睜着眼睛說瞎話」了。

附錄二：

香妃的眞面目

高陽

故宮首次開放於民國三年，只限於包括三大殿及文華、武英兩殿的「外朝」；乾清門以北的「內廷」，則仍爲溥儀的「小朝廷」。當時「外朝」是由袁世凱政府的內務部管理，成立「古物陳列所」，陳列品包括由「盛京」（瀋陽）清宮及熱河行宮所藏的文物，其中有一幅「香妃戎裝像」的油畫，懸於武英殿側的浴德堂，並有一篇「事略」，原文爲文言，譯成語體如下：

香妃故事動聽却失眞

香妃原爲回部的王妃，貌美而生來體有異香，回部稱之爲「香妃」。乾隆皇帝聽說以後，在討伐回部叛亂時，特爲叮囑將軍兆惠，探究眞相。回疆平定，兆惠俘獲了香妃，獻入深宮，乾隆特地在西苑建寶月樓，供香妃居住。樓外亦即紫禁城外的西長安街，造一座回子營，一切建築，俱如西域，藉慰香妃的鄉思。又武英殿之西的浴德堂，仿土耳其式建築，相傳亦爲香妃沐浴之所。

但是，香妃雖受殊寵，並不感恩，曾經從袖中抽出一把利刃對人說：「國破家亡，死志早決，但絕不願如弱女子徒受委屈，死得不明不白；一定要挑一個最值得的死法，以報故主。」旁人無不大驚，乾隆亦知香妃不宜接近，但心終難捨，只是嚴加防範而已。

這樣過了數年，皇太后亦知道了這件事，告誡乾隆不可再赴寶月樓，乾隆不聽。於是太后有一天趁乾隆爲有郊祭大典，住在齋宮時，召香妃入大內，賜死。

這段事略，是根據多少年來民間的傳說所寫成；稍明史學，並了解乾隆性情、作風者，都知道其中大有疑問。其後北大教授、名史學家孟森先生作「香妃考實」一文，澄清了「委巷荒唐之語」。茲就孟文的主要論據，稍作引伸，概述如下：

一、香妃之名不見官書，實爲乾隆的容妃。亦非回部王妃，而是回教中掌教之女；掌教在回語謂之「和卓」，遂以爲容妃之姓，清史稿后妃傳及唐邦治所輯「清皇室四譜」，皆作「高宗容妃和卓氏」。

二、和卓或作和卓木，回部叛亂的大小和卓木兄弟，大概是容妃之兄。兩和卓木先屈服於準噶爾，失其故土；乾隆二十年平準噶爾後，兩和卓木照共產黨的說法是「解放」了，不意復國以後，旋即叛亂，此種忘恩負義的行爲，自不容於乾隆，遣大軍討伐，於乾隆二十四年平定回疆，爲乾隆「十大武功」之一。

三、容妃入宮，約在乾隆二十一二年，不能再早，亦不能再遲。因爲「寶月樓」建於乾隆二十三年，而容妃初入宮的封號爲「貴人」，尚未擅寵，乾隆不可能特爲她建金屋；推測容妃之入宮，乃其兩兄爲感激皇恩而進獻。及至擅寵以後，由於容妃的語言、宗教、生活習慣，皆與滿漢蒙不同；尤其是飲食方面，宮內雖不用牛肉，但豬肉則爲主要食料，每年正月初二在坤寧宮「吃肉」，爲祭祀大典之一；皇后率妃嬪在東暖閣受胙分嘗，容妃如居住東西六宮，豈能例外，唯有移居別苑，才有豁免的理由。

容妃有圖難爲證

按：寶月樓在瀛台之南，原是一片長約二百丈，寬僅四丈的狹長空地，逼近皇城，建寶月樓以後，乾隆復命在京的回部移居西長安街，稱爲「回子營」，並有清眞寺一座，亦是爲了容妃在寶月樓上，朝夕禮拜之便。民國初年，袁世凱設公府於中南海，建新華門爲正門，寶月樓適當孔道，因而拆除；此一豔屑流傳的高樓，成了歷史的名詞。

據「清皇室四譜」，容妃先爲貴人，至乾隆二十七年五月始册封爲容嬪；三十三年十月進位爲妃；五十三年去世。而皇太后崩於乾隆四十二年，享壽八十六歲，太后卒於容妃之前十一年，則所謂「賜香妃死」之說，不攻而自破。

香妃即容妃，身世雖已明白，而所謂戎裝像則大成疑問。這幅像現藏外雙溪故宮博物院，但北平故宮亦有一幅，是民初一位叫俞滌凡的畫家所臨摹。此像在稍明歷史者，均表懷疑，明顯的破綻是，所著戎裝根本爲歐洲古代武士的甲冑；因此有人說，很可能是高宗最幼之女，嫁和珅之子豐紳殷德的和孝公主的肖像，但此說並無足夠的證據支持，無法成立。

五年以前，北平故宮博物院副院長楊伯達先生（可能便是楊新先生，楊先生是中國繪畫史專家），發現了容妃的眞面目；這樣便聯帶發生了一個問題，那相傳出於郎世寧手筆的「香妃戎裝像」又是怎麼回事？在介紹容妃的眞面目以前，先讓我來澄清這個問題。

顚倒歷史就憑一句話

北平故宮博物院研究員朱家溍先生，浙江蕭山人。他是清朝同治年間體仁閣大學士朱鳳標的玄孫，今年我去北平，初次識面時，曾敍世交；但先前我曾聽李翰祥談起過他，因爲他曾任「火燒圓明園」一片的顧問，做學問很紮實，絕不妄言，亦不輕下結論。

他曾寫過一篇文章，大意是他親口問過曾在「小朝廷」的內務府工作過，民國三年成立古物陳列所時，曾經手到瀋陽及承德，承辦起運文物，後來並擔任該所古物保管科科長的曾廣齡先生，這幅香妃戎裝像，是承德避暑山莊運回來的一幅油畫，畫上什麼標籤都沒有，原帳上亦只寫「油畫屏一件」。然則何以定之爲「香妃戎裝像」呢？曾先生的回答是：「總之是『官大表準』，當時文物運到北京後，內務部朱總長看見這幅畫像，就說『這大概就是香妃吧！』其實他也沒有甚麼根據，只是順口一說而已。」所謂「官大表準」，我記得是清末軍機大臣張之萬的故事，他的表上的時刻，與他人都不同，但以他的官大，時刻就以他的表爲準了。「內務部朱總長」即朱啓鈐；我友秦羽是他的外孫女。朱啓鈐另有一個外孫叫章文晉，曾任中共駐美大使。

至於這幅油畫像中的人物到底是誰？爲何會出現在熱河行宮？我認爲可以不必深考，視作當時「供奉」宮廷的西洋畫家的一幅習作好了。不過，我認爲不可能出於郎世寧之手，郎的畫筆細緻，遠逾此像。清朝自康熙至乾隆，傳教士而以畫名者，除郎世寧、王致誠以外，還有艾啓蒙、賀清泰、潘廷璋等人，由於流傳的作品不多，所以能明確分析他們的畫風的專家，少之又少，所以這幅香妃戎裝像的作者是誰，亦無從查考了。

容妃眞面目圖窮人現

楊伯達先生是從一個題名「威弧獲鹿」的手卷中發現了容妃的眞面目。此圖在清宮書畫著錄中，未見記載，據楊先生在一篇題爲「清代回裝嬪妃像」中的記述是：仿宋錦卷套，貼香色紙簽，題「威弧獲鹿」四字，附夔鳳青玉別子。白綾裡，繪仿黃公望淺絳山水，右下題「子臣永瑢恭畫」，楷體墨款。下鈐「子臣瑢」，白文篆印；「敬畫」朱文篆印，共兩方。右上鈐「乾隆御覽之寶」，橢圓篆朱文鑑賞章。

光是一個手卷的套子，便如此講究，楊先生據此判斷：「可知弘曆（按：乾隆皇帝御名）還是比較看重此卷，並妥善保存的。」信然。

最重要的，當然是畫的本身，楊先生記述手卷畫心是：絹地彩繪，長一百九十五點五公分；寬三十八點五公分，無鈐印款識，全圖以楓柞松柳，坡矻山崖爲背景，描繪乾隆皇帝馳騎扼弓而射，矢中鹿肩，即將倒斃，一回裝妃嬪騎馬緊追乾隆，並遞上一矢。如附圖所示（此圖在書前刊出），情況非常清楚。

楊先生的研判是，這是乾隆木蘭秋獮，一次獲鹿的眞實紀錄。宮內所藏乾隆獲鹿之圖尙多，但由妃嬪陪同射獵，尤其是回裝的妃嬪，僅此一件。

此圖「引首」用藏經紙，御書行楷「威弧獲鹿」四字，右上鈐「乾隆宸翰」朱文方章。照圖中的御容並以他圖比較來看，乾隆時年五十餘歲，而容妃則三十上下，約當由貴人封爲容嬪以後五六年內，兩者年齡相合。按：乾隆即位時二十五歲，照楊先生的分析，此圖中的情況，應發生於乾隆二十七年容妃封嬪以後，至乾隆三十五年，六十萬壽以前。

乾隆打仗靠容妃

當然，最要緊的是，容妃的服飾和容貌。原圖彩繪，照楊先生的描寫，容妃頭帶紅絨纓冬冠，身穿正黃色地「拜丹姆」紋長袍，外套立領褂子，胸前掛一長方形盒。衣服形式花紋，均出自回部，即維吾爾族。至於容貌的描寫是：面白淨，前額稍凸、目深陷、翹鼻頭、高顴骨、唇厚。照局部放大的側面像來看，容貌並非太美，但維吾爾婦女面相的特徵，則很明顯。如果說，乾隆後宮別無來自回部的妃嬪，則此回裝妃嬪像，可以確定爲容妃，也就是俗傳爲「香妃」的眞面目。

乾隆做過一篇「寶月樓記」，也在這座樓上做過許多詩，從那些詩中可以發現：第一、寶月樓是他的避囂之地，常在這裡思考重大的問題；第二、如果說他有寵妃，容妃應是其中之一。

容妃得寵的原因，細看這幅「威弧獲鹿」圖，便思過半矣！乾隆好武，精嫺騎射，「火器」則等於是他的祖父康熙所親授；他的生日是八月十三日，常常在熱河做壽，大宴外藩，行圍打獵。他的最寵愛的幼女和孝公主，十歲即曾跨「果馬」隨父行圍，而妃嬪中相從者，只有容妃，那就自然另眼相看了。

其次，大小和卓木叛亂時，正是初藏容妃於寶月樓時，回部的消息是封鎖的，所以她不會有甚麼家國之恨。兆惠平回部，前後只有兩三年的工夫，清朝自康熙至乾隆，將在外必受君命，否則斬於軍前的情況都發生過。乾隆常自詡「指授方略，萬里如見」，這必須對用兵之地的山川地理、風土人情，非常熟悉才行；回部爲中國極西之地，輿地書中，有關的記載極少，乾隆在這方面的知識，很可能來自容妃口中。就此層意義而言，則容妃不僅爲妃嬪，亦是助乾隆成「十大武功」的功臣，她的圖像應該出現在紫光閣中才是。

（七十八年十一月廿二日聯合報繽紛版發表）

柒、「容妃」不是「香妃」

姜龍昭

拜讀高陽先生「禁城蒐秘」第一篇，十一月廿二日發表在繽紛版的「香妃的眞面目」，讀後頗感失望，爲免以後再有人把香妃忠貞愛國殉節的事蹟否定，以訛傳訛，特寫此文，以向高陽先生就教。

十四年前，民國六十四年，我在中國電視公司策劃製作了「香妃」的國語連續劇，當時，對「香妃」的故事，曾翻閱了不少有關她的書籍、文章、劇本，以及郎世寧所繪的不同的「香妃」畫像，其中有中文，也有英日文，發現有三種不同的說法。

眞假香妃有三說

其一：香妃確有其人，爲回人小和卓木霍集占之妻，體有異香，爲乾隆平定回疆時俘獲，乾隆十分喜愛，欲納爲妃子，但香妃懷有國破家亡之恨，堅決不從，且身懷利刃，隨時準備自殺，以保名節，乾隆帝爲討好她，特築「寶月樓」、造「回回營」，仍難獲其芳心。最後，太后恐其有害於乾隆，乃乘乾隆去祭天時，賜白綾命其自盡，此一故事十分悲壯動人。一般小說家、戲劇家，均以此爲劇本題材。

其二：說香妃在清史並無有關她的文字記載，清史上只記載乾隆有一回人「容妃」，經過正式之册封，她並未被太后賜死，是太后死後十一年才死的，由此證明「香妃」的故事，是違背史實，無中生有的，歷史權威學者孟森先生首創此說，一般學者也認同此說。

其三：說香妃，確有其人、確有其事。因有香妃的畫像，墓塋可資證明，清史沒有文字記載，是因她未從乾隆，且被賜死，故沒有册封。至於容妃，亦確有其人，也是回和卓氏之女，霍集占之妻，因回人採多妻制，她從了乾隆，受到册封，故清史上有其名，二人並非同一人，不能混爲一談。

蝦蟆帳算在田鷄譜上

上述三種說法，第一種與第二種一說從、一說不從，但各有所本，而第三種，則同時承認了上兩種說法，且解開了其中的矛盾，比較之下更合情理。

眞理是越辯越明的，我首先要說的是清史上，從沒有文字記載：「容妃，即是香妃。」硬將二人混爲一人，是錯誤的，因爲香妃不從乾隆，未被正式册封，清史上無其名，但絕不能因而否定這個人。

我最先看到主張二人不能混爲一談的文章，是六十四年二月在「藝文誌」雜誌上胡旦先生寫的「香妃——究竟有無其人？」一文，他提出容妃是容妃，香妃是香妃，不能因二人同爲回人，就認定是一個人。

六十五年又有征鴻先生，在大華晚報發表「乾隆豔事話香妃」一文，他也贊成第三種說法。

我又去國立中央圖書館求證，究竟孰是孰非，意外發現，早在民國五十年，即已有南湖先生在中央日報副刊發表「香妃事蹟考異」一文，說明以容妃爲香妃是：「蝦蟆帳算在田鷄譜上，完全錯誤的。」

更在五十一年二月的「暢流」雜誌上，讀到陳作鑑先生寫的「香妃與容妃之辨」，陳先生廣徵博引，肯定證實了「香妃」與「容妃」，絕對是兩個人。

此外，我更找到了三項鐵證，爲前人所未發現的。

第一：我在日本昭和四十四年（民國五十八年）出版的鈴木勤所編之「中華帝國之崩壞」（日文）一書中，看到一張彩色圖片，是一串象牙的鑰匙牌子，共有四塊。第一塊牌子上寫「皇上鑰匙」，第二塊牌子寫「皇后鑰匙」，第三塊牌子寫滿文「皇太后鑰匙」，第四塊牌子寫「香妃鑰匙」。若果眞「容妃」即「香妃」，何以不寫「容妃鑰匙」？這些牌子，現存日本，不可能是僞造。

第二：我找到一張容妃陵寢掛在墓前饗殿的一幀遺像，這是民國三年徐相國之女，親至皇貴妃陵寢拍攝，與香妃戎裝像上的相貌，並不相同，證明二人絕非一人。容妃葬在皇貴妃陵寢，香妃因被賜死，葬在北京城南下窪陶然亭東的「香塚」，後又被移葬至新疆喀什噶爾，香妃之故鄉。該處回人現稱之爲「香娘娘廟」，如今被中共修建成一觀光古蹟名勝。

郎世寧筆下的香妃

第三：我看到蒐藏家李鴻球先生擁有的一幅郎世寧所繪的「武列行圍圖」，上有「高宗純皇帝偕香妃山莊行圍」之文字，係用金線繡在包裹該圖之龍緞上，絕非偕「容妃」山莊行圍。

爲了證實「香妃」確有其人，我花了三年時間再繼續多方蒐羅資料，於六十九年元月在「幼獅文藝」發表了「香妃之畫像」一文，據我所獲之資料，證實郎世寧身前曾爲香妃畫了十一幅畫像，香妃單人的有五幅。一幅「戎裝像」爲台北故宮博物院收藏，一幅「漢裝像」，爲蔣夫人宋美齡女士所收藏，一幅「採花圖」，爲日本人收藏，一幅「宴居圖」，爲香港張姓收藏家所有，一幅「種花圖」爲台北某一收藏家所有，聞現已遷住美國居住。

香妃與乾隆及其他侍從人員畫在一起的畫像共有六幅，其一爲李鴻球先生所收藏，二幅爲日本所收藏，一幅「木蘭獲鹿圖」爲法國巴黎居美博物館收藏，一幅流落在海外，一幅下落不明，可能爲國外博物館所珍藏。

高陽先生說，台北故宮博物院的那幅「香妃戎裝像」大有疑問。他說：「明顯的破綻是，所著戎裝，是歐洲古代武士的甲冑。」而我看到的那幅「武列行圍」畫像，以及「御苑春蒐」畫像，乾隆與香妃並轡出獵，香妃穿的也是那套戎裝，當時回疆因有「絲路」，穿歐洲式甲冑去打獵，並非是不可能的事。

「香妃的眞面目」一文中，特別附刊出了一幅「臣永瑢恭畫」的「威弧獲鹿」的手卷，高陽先生認爲發現了「容妃」的眞面目，文中對於該畫之裝裱，以及圖章印記，及大小均有詳細之記述，並引述故宮博物院副院長楊伯達先生的研判：「這是乾隆木蘭秋獮，一次獲鹿的眞實記錄，宮內所藏乾隆獲鹿之圖尚多，但由妃嬪陪同射獵，尤其是回裝的妃嬪，僅此一件。」

可惜的是，未有任何文字記載，說圖上回裝之妃嬪是「容妃」或是「香妃」。

香妃容妃都會打獵

我所獲得的有關「木蘭獲鹿圖」畫像的資料，是郎世寧所繪，並非永瑢所繪，其全名是「秋獮木蘭御妃扈蹕獲鹿圖」，與「春蒐大閱雯烏罕恭進四駿圖」，同裝裱爲一卷，統名之曰：「西鄙歸化圖」。秋獮（音洗），是秋天打獵之意；木蘭是滿州文muran一字音譯，漢文意譯爲「哨鹿」，即以哨聲仿鹿鳴，以引來雄鹿的一種獵法。此處之木蘭，係指木蘭圍場，該圍場成立較避暑山莊爲早，康熙皇帝，每年陰曆七八月間，均由滿蒙王公隨侍到木蘭圍場去打獵，乾隆時，此一位於熱河省之木蘭圍場，是他最喜愛的獵場。

此圖中，香妃全幅戎裝，一人騎馬疾駛，伏身張弓，追射小鹿，其奔追之狀，躍然紙上。此圖後有乾隆親題之七言律詩一首，後有東閣大學士三等誠毅伯伍彌泰題詩，詩中提及書中之女子爲「聖妃」，及繪此畫者爲郎世寧。

我曾於英文之「郎世寧宮廷畫專集」一書中，見過此畫，下注明現爲法國居美博物館 Musée Guinet 所收藏。

六十五年十二月此間「雄獅美術」月刊，曾派記者赴法國該博物館採訪，並拍攝該館珍藏此圖之照片在月刊上刊出，據該館表示，此珍藏之畫像是法國胡雷將軍逝世前，立下遺囑贈給法國政府的。最初收藏於羅浮宮博物館，一九四五年，始移交給該館，我猜想，當年一定是英法聯軍之役時，被法人所奪去之戰利品，此圖當較高陽先生所看到的那幅「威弧獲鹿圖」珍貴多矣，二圖不同的是打獵的均是「回妃」，一著回裝，一著戎裝；一未見有文字注明，爲容妃，一則見文字題詩爲「聖妃」，前者爲永瑢所繪，後者爲郎世寧所繪，而服裝與香妃個人打獵之戎裝像相同，顯見二人非同一人也。

我希望「香妃」「容妃」的說法，不再繼續錯誤的「傳播」下去，因爲是非，總要有弄清楚的一天。

（七十八年十二月十五日聯合報續紛版發表）

附錄三：

三項鐵證，原來如此！

——對「容妃不是香妃」一文的回應

高　陽

本版主編打電話給我說：「姜龍昭先生『容妃不是香妃』一文想已看過。姜先生在原稿後說，他有一本關於香妃的著作要送你，但尚未寄到，一寄到立即轉送，希望你有回應。」我說：「回應當然是有的，但不必等姜先生的著作寄到。英國有一個雜誌編輯退了一篇稿，投稿者去函抗議說：『我在第幾頁到第幾頁用膠水粘住，退稿一看，原封未動，足見你沒有看完，何以知道我的稿子不好？』那編輯答得妙：『一個蛋是臭的，你不必吃完了才知道。』姜先生的大作，我用他的『三項鐵證』就可以將它全盤推翻，無須再看他的著作。」下面談他的「三項鐵證」：

皇帝何用帶鑰匙？

第一項：四枚象牙鑰匙的問題（原文恕不照引，請讀者自行參閱十二月十五日繽紛版。）這是一項不明宮禁規制者所造的假骨董。所謂『皇上鑰匙』，試問此鑰匙是皇帝自己掌握，還是指皇帝所居宮殿的鑰匙？若是前者，皇帝莫非跟齊如山老先生那樣，親自將家中所有的鑰匙懸在腰間？宮殿鑰匙，例由各宮的總管太監掌管，帝后妃嬪是不管的；其重要宮門的鑰匙，則由「敬事房」掌管。如是後者，皇帝的寢宮不止一處，這把「皇上鑰匙」，到底是乾清宮呢？還是養心殿？

又，姜文中說「清史沒有文字記載，是因她未從乾隆，且被賜死，故沒有册封。」既未册封，何來「香妃」的封號？此種自己打自己嘴巴的矛盾，不知姜先生何詞以解？再者明清妃嬪封號，從無用「香」字這種不莊重的字眼者。」

第二項：香妃「葬在北京南城下之陶然亭東的『香塚』（高陽按：應作「南下窪」，亦曰「下窪子」，其地在先農壇以西）。在乾隆年間，只有陶然亭，並無香塚，而所謂「香塚」者，不過出土二尺的一方小石碣；相距尺許另有同樣的一方，題曰「鸚鵡塚」。「骨董瑣記」引「越縵堂日記」謂：「丹陽張春陔御史盛藻所作」。而「天咫偶聞」則進一步謂：「相傳香塚爲張春陔侍御瘞文稿處；鸚鵡塚則諫草也」。（高陽按：張盛藻字春陔，湖北枝江人，拔貢出身，同治二年補江南道御史，見「清朝御史題名錄」，李純客所記微誤。）

關於香塚的傳說甚多，或曰葬八大胡同名妓蒨雲；或曰葬湖北女子李窈娘。謂葬「香妃」亦是其中一說，但此說最不可信。珍妃之死，時人以詩詞悼誌者，不計其數；是故倘眞有「香妃」之如姜先生所說的「忠貞愛國殉節」事蹟，如此大好題材，豈有不付諸吟詠之理。但我讀過同光年間詠陶然亭的詩，有李慈銘、張之洞、梁鼎芬、鄭孝胥、黃節等五家，詩皆七律，但沒有一個字，提到所謂「香妃」。豈非是「香妃」子虛烏有的反證？

第三項：說郎世寧爲「香妃」畫過十一幅像，其中有一幅爲台北李鴻球先生所收藏，我曾爲李先生題過他的藏品，原想把他手中的「香妃」像，借來一觀，但看到姜文後面一段，心想不看也罷。

御筆豈肯亂題詩

十一幅「香妃」畫像中，以有乾隆御題七言律詩，及「東閣大學士三等誠毅伯伍彌泰題詩」這一幅最值得注意，但翻一翻「清史稿」伍彌泰傳，不禁啞然失笑，這幅僞畫就歷史來說，荒唐得豈有此理；但相信在藝術上，一定具有相當的水準，不然騙不過「雄獅美術」月刊的編輯。

現在指出荒唐之處如下：

㈠郎世寧歿於乾隆三十一年，而如有「香妃」打圍獲鹿之事，應在回部初平以後的二十五六年，至遲不會超過乾隆三十年，而伍彌泰授東閣大學士是在乾隆四十九年，這年分上的差異怎麼說？

㈡或謂畫在乾隆三十年以前，題在乾隆四十九年以後，則試問乾隆何以找出二十年前被賜死的「香妃」畫像，命大臣題詩？有甚麼明確的證據及理由？就算一時高興，不必找理由，但亦絕不會命伍彌泰題，因爲伍彌泰認不認識漢文都是疑問。遑論題詩；更遑論爲詩雖做得不好，但眼界極高的乾隆題詩？

伍彌泰何許人？蒙古正黃旗人、雍正二年襲伯爵，方在幼年，他從當佐領起，一直都是在軍旅中服務，一任理藩院尙書，只要懂蒙古文即可；乾隆四十八年授吏部尙書，協辦大學士、充上書房總諳達，更爲不通漢文的明證。

甚麼叫諳達？雖亦是皇子的老師，但只教騎射，在上書房是沒有座位的，與教漢文的師傅，坐而授書，身分不可同日而語。如果入閣拜相的伍彌泰，能奉旨題詩，他應該當上書房的「總師傅」，而非「總諳達」。

再舉一個反證：徐世昌所輯的「清詩滙」，計二百卷，收詩人六千一百五十九家，但翻遍雍、乾、嘉三朝的目錄，無伍彌泰之名，可知他不會做詩。

更舉一個反證：伍彌泰是和珅的外祖父，而伍入閣時，和珅正得寵；乾隆何不命和珅題詩，而要派伍彌泰這個差使？和珅亦會做詩，但清詩滙收其弟和琳、其子豐紳殷德的詩，獨遺和珅，因爲他的詩近乎「里諺村謠」。乾隆可以讓他當翰林院掌院，但從未叫他題過畫，做官與學問是兩碼事，這一點乾隆是最淸楚的。

假骨董裏眞考據

總而言之，有關「香妃」的文物，都是假骨董，北平專有這麼一班高手，造假來騙洋人及二百五的「專家」，如十幾年前，大陸的紅學專家將紅樓夢炒熱了以後，即有大批與曹雪芹有關的假骨董出現，爲我「捉賊捉贓」捉出來的有好幾起，大陸紅學專家，皆無異詞；今年初夏我在北平時，大陸紅學領導人馮其庸，爲我召集了兩次聚會（無周汝昌。這個胡適之先生『關山門』的『小徒弟』，似乎跟台灣投過去的馬璧那樣，在我從上海到北平，所接觸到的文教界人士，從無人提起過他們），對我的指斥藉曹雪芹來歛財的行徑之可鄙可笑，皆持肯定的態度。

「香妃」的傳說，流播里巷已久；及至「官大表準」的朱總長認爲此即「香妃」，而又由等於國立博物館的「古物陳列所」，公然陳列於武英殿側的浴德堂，並詳加說明，何能令好奇多金的西洋觀光客不信？於是假骨董大批出籠矣！

走筆至此，我認爲此重公案辨之已明，但猶有不得已於一言者，因爲姜龍昭先生最後的一段話，無異指著鼻子罵我造謠生事。如果他僅是罵我，我不在乎，高陽「名滿天下，謗亦隨之」，挨的罵很多，本乎有則改之，無則加勉之義，不作申辯。但是以對考據的基本修養尙不具備；於清朝的制度人物亦復茫然的姜龍昭先生，居然武斷輕率地說，容妃不是香妃，香妃另有其人，那是對孟心史先生及北平故宮博物院的專家們的一種侮辱。他們，或則幽明異路，或則形同敵國，皆不能直接向姜先生作何爭辯；不過，他們的蒙謗，事由我起，因此，我不得不向姜龍昭先生提出抗議。如果姜先生對我所駁的「三項鐵證」，能提出令人信服的反駁，高陽從此不搞考據，也不寫歷史小說了。

（七十八年十二月十九日聯合報繽紛版發表）

捌、我為香妃說句話

姜龍昭

我研究有關「香妃」的事蹟，前後花了十幾年工夫，近完成了「香妃考證研究」一書，原想請高陽先生給我指教，想不到的是他僅以「臭蛋」來比喻之，這似乎有點「過分幽默」，但拜讀了他的「三項鐵證、原來如此」一文後，我也有話要說，希望讀者能對此事，深入探討，作一個公正的論斷。

香妃稱呼來自回疆

首先，我所提的那串象牙鑰匙，高陽先生說，這是一項不明宮禁規制者，所造的「假骨董」；我不管這是誰掌管的鑰匙，也不問是那兒用的鑰匙，我只強調，我在日本的雜誌上，看到鑰匙的照片。高陽看也沒看到那些牌子，就一口咬定說：「這是假骨董。」這公平嗎？合理嗎？再說，日本人造這樣的假骨董，又有什麼用呢？

其次，高陽先生說：「明清妃嬪封號，從無用「香」字這種不莊重的字眼。」

這裡，我願向高陽先生作如下說明：

最先將「香妃」的故事，見諸於文字的，是在王闓運先生（晚清文學宗匠）所撰的「今列女傳」中，及後黃鴻壽著「清史紀事本末」卷廿一，記述「準部及回部之平定」，文末有「編者曰」之記載：「又霍集占妃香妃者，高宗聞其美，兆惠陛辭時，囑為生致之。」可見香妃為霍集占小王爺之妃，該時即已名香妃，並非乾隆所册封。

民國三年故宮博物院開放供人參觀，浴德堂懸掛有郎世寧所繪之「香妃戎裝像」（此像現在外雙溪故宮博物院保藏中），像下有「香妃事略」；上明白寫著：「香妃者，回部王妃也，美姿色，生而體有異香，不假薰沐，國人號之曰香妃。」

以上所說「香妃」，可見並非是乾隆所封。

再進一步說明，香妃是回人，漢人叫她香妃，據親自去過新疆的唐紹華先生說，新疆維吾爾族人提及「香妃」，都叫她瑪弭兒阿孜沁，說她是波羅弩丁人孜沁的女兒，在一場民族戰爭中，被滿人擄去北京，查考「地方史」上確有一位叫「瑪合雄」，姓阿孜沁的貴族，他的兒子為阿帕阿孜沁，做過康熙帝的御醫。

香妃墓有史可考

香妃按突厥字母拼音法，直譯音為「姫月夷妲氏」，意義是形容最眞最善最美，亦可解作最圓最亮最美之光，如以維吾爾族語的音直譯，則為「伊帕爾罕」，「伊帕爾」是香，「罕」是女人的通稱名尾。

因此，在平劇中她叫「沙天香」，在話劇中叫「馬天香」，在電視劇中叫「伊帕爾」，在小說中又叫「璣月依妲什」，在電影劇本中叫「羅披亞」，事實上，都是一個人。

民國卅二年二月梁寒操先生曾親訪「香妃墓」，據其記載稱：「場上大小墓數約廿餘，香妃之高曾祖考兄嫂姪輩，均葬於此，是一家族墳場，香妃之墓甚小，僅附乃父墓側，寢宮東南角猶存祭旗靈轎，因西北亢旱，物尚完整，轎中藏狹長木櫝二具，爲兄妹二人遺體同時運回故鄉，轎頂四周有竹蓆爲簷，藉避雨雪，可斷爲來自中原無疑。」歷史學家黎東方教授亦曾去過該處，訪問守墓的回人，他向黎教授說：「這便是香妃乘坐回來的轎子。」黎東方問守墓的回人：「香妃葬在那裡？」他說：「就葬在這裡。」

梁寒操在疏附後又遇見一阿洪，（即回教之牧師也），以「香妃姓氏世系考錄」給他看。知香妃實名「馬漢爾阿孜沁」，漢人呼曰「香娘娘」，父名群和加，爲教中名宿，有言出自烏孜別克族者，母名帕的夏阿孜沁，祖名和甲莫名和加，曾祖名依大葉提拉和加，人稱之爲登士烈巴克和加，高祖名馬漢馬提於蘇甫和加……這世系考錄，我想不會出自阿洪假造吧！

香妃之兄圖的和加，漢人稱曰圖圖公，曾護妹入京，死於北平。圖圖公妻名「底下代漢阿孜沁」，爲清某大臣愛女，漢人稱曰圖夫人，圖夫人於香妃娘娘葬後，捐巨款修此墓場，並建清眞寺、廣園及購田爲寺產。

此一「香妃墓」，十七世紀後又不斷修築、擴建，現包括了主墓室、四座禮拜堂和一所教經堂的一組大型建築群組，成爲當地出名的遊覽勝地，若仍堅持要說香妃並無其人，能使人信嗎？

無詩流傳出於顧忌

高陽先生引同光年間，李慈銘、張之洞、梁鼎芬、鄭孝胥、黃節等五位名家的七律詩，均沒有一個字提到所謂「香妃」，就肯定香妃爲「子虛烏有」。同光年間的詩人，仍是滿清時代，他們當然有所顧忌！若以清朝的詩人無詠香妃之詩，就咬定沒有香妃其人，則何以晚清的文學宗匠王闓運又會把「香妃」列人「今列女傳」中來撰述呢？

我現在來說的是第三項印證，也就是名收藏家李鴻球先生所藏的那幅郎世寧所繪的「武列行圍圖」。

是「香妃」不是「容妃」

李老先生曾告訴我說，此畫當年是他在大陸出高價向一字畫商購得，由其美國友人保管，不過他手邊有一套照原圖拍攝的黑白照片，係分段拍攝，我曾見過。有關該畫之資料，亦是他親口告訴我，他說全畫是一長的横卷，畫由藍綢黃裡的綢布包袱包裹，裡之中央書「神品上」三字，下蓋木質龍紋大印，中書「原藏古香齋移奔（音舉，密藏也）靜寄山莊苑苑字第拾壹號」等字，解開包袱，爲古銅色團龍錦套，簽書「御製山莊行圍圖」，脫去錦套，即爲全卷，裹首用金線繡雲龍緞，簽繡雙龍，中繡「高宗純皇帝偕香妃山莊行圍」，此畫軸之兩端及帶插，俱用翠玉刻花，極爲細緻。這裡我特別要強調的，就是上面繡的這行字，明明是偕「香妃」山莊行圍，並非「容妃」，這當是證明有香妃其人，最有力的「物證」。

展圖首見乾隆御書「武列行圍」四大字，中蓋「乾隆宸翰」印，次爲漢、滿、蒙、回、藏五體文所書「灤陽觀圍圖」，中蓋「古希天子」小圓印。次即全圖，圖中乾隆偕香妃戎裝乘馬徐行，香妃戎裝式樣與單人之「香妃戎裝像」完全相同，可證明出諸郎世寧手筆也。

圖之中央蓋「古香齋寶」，末尾下端書「海西臣郎世寧榮繪」之款，圖後題跋，首爲乾隆御書詩，次爲梁詩正之頌讚駢文，中有注云：「皇上與聖妃觀獵於灤陽，循舊制也。」又次爲沈德潛五言律詩，殿卷爲滿文跋語。

爲求證這幅畫是否「假骨董」，我特與李老先生家人聯絡，不幸的是，他已於數年前過世，這幅畫被美國友人轉售他人，已不知去向，眞是十分可惜。

伍彌泰蒙詩漢譯

我前文中提及「木蘭獲鹿圖」後面有乾隆親題的七言律詩一首，另有東閣大學士三等誠毅伯伍彌泰題詩一節，高文指出，乾隆香妃打獵在乾隆廿五六年，而伍彌泰授大學士，是在乾隆四十九年，似乎不可能相隔了廿幾年，再叫伍彌泰來題詩。再說伍彌泰是蒙古人，可能不通漢文，再查徐世昌所輯的「清詩匯」計兩百卷，亦無伍彌泰之詩，因此證明伍彌泰不會做詩。

我現在要申辯的是，郎世寧所繪的「香妃畫像」，多半在乾隆廿五六年間完成，但有些畫是若干年後，重加裝裱的，如乾隆五十五年，他八十歲過壽時，香妃早已死去多年，但乾隆對她一直念念不忘，有一幅香妃個人的「宴居圖」，畫像上蓋有「八徵耄念之寶」的印章，亦是郎世寧所繪，並書有「御賞郎世寧繪香妃宴居圖萬壽聖典重裝奴才耆齡監工」等字，即是一例。「木蘭獲鹿圖」完成於乾隆廿五六年，過了廿多年，又重加裱裝，請伍彌泰題詩，可能是蒙文，或滿文，予以漢譯的，也是可能的，因伍彌泰他處很少看到他的詩，確是事實。

乾隆蒐藏的那些郎世寧所繪的畫像，除了大小印章外，多半在裝裱時，在畫後都有大臣在後面題詩，並且例有漢、滿、蒙、回、藏等五種不同文體的文字。我所認識的只是漢字，其餘四種文字，都看不懂，伍彌泰的詩，是否蒙文漢譯，或由他人代爲捉刀所寫，我不得而知。

最後，我要聲明的是，我強調「容妃不是香妃」，香妃確有其人其事，並不是在罵高陽。我只是引用我所看到的一些文字資料、物證、人證，來證明一件事。孟森先生過去弄錯了，我們不能跟著盲從，再繼續錯下去。

（七十八年十二月廿六日聯合報繽紛版發表）

附錄四：

我也爲所謂「香妃」再說幾句話

高陽

姜龍昭先生還要「爲香妃說句話」，越說越奇，也越說越荒謬，只怕連他自己都不知道在說些甚麼？譬如，旣肯定「香妃」爲「霍集占小王爺之妃」，乾隆囑兆惠「生致之」，而後文又說「香妃之兄圖的和加」，「曾護妹入京」，豈非又是個自己打自己嘴巴的矛盾？

雖然姜先生引了好些例證來支持他的說法，但稽諸可靠的記載，則殊不然，如說有一「阿洪」，向梁寒操先生出示「香妃姓氏世系考錄」，但乾隆年間戍守新疆的旗人七十三，著「回疆風土記」（中華版古今遊記叢鈔卷四十二）則謂：「回子無姓氏宗譜」。至於「香妃墓」及「香娘娘廟」，同時及稍後之人，如七十五著「新疆紀略」；洪亮吉著「伊犂日記」；倭仁著「莎車行記」；林則徐著「荷戈紀程」，描寫風土極詳，而皆無一字涉及。請問讀者，你是相信年代久遠、記述傳說的梁寒操的話呢？還是求證於名士、名臣的洪亮吉、倭仁、林則徐的親身經驗？

倘謂爭辨的焦點是郎世寧所作，伍彌泰題詩的那幅「木蘭獲鹿圖」，說伍彌泰的詩「可能是蒙文，或滿文，予以漢譯」；以及「乾隆蒐藏的那些郎世寧所繪的畫像，除了大小印章外，多半在裝裱時，在畫後都有大臣在後面題詩。並且例有漢、滿、蒙、回、藏等五種不同文體的文字。」直可謂奇談之尤，根本就不必作甚麼辨解了，不過我還是想告訴姜先生，我們的「故宮文物」月刊，連載過一篇韓北新先生所作「郎世寧繪畫繫年」的文章，凡是郎世寧存在清宮的作品，每一幅都有詳細的紀錄，你不妨檢查一下，你所說的，郎世寧爲香妃所作的十一幅畫像，在不在內？韓先生是何說法？

大約三十年前，我作了一個考據，請胡適之先生看；適之先生以微帶呵責的語氣說：「這種考據做不得的。」我明白他的意思，「大膽的假設」必須有一個「有可能」的前提，如果根本無此可能，先存成見於胸中，則「求證」必不能「小心」，經不起駁斥，豈非枉抛心力，自討苦吃？

現在我又多明白了適之先生的一層意思，像這種無中生有的考據，往往會發生誤導讀者認不清歷史人物及眞相的後遺症。乾隆一代英主，極重威儀及中國傳統的倫理道德，他常譴責科舉出身而行止卑汚的臣工：「此豈讀書人之所應爲？」若謂承平之世能殺其夫（霍集占）；奪其妻（所謂「香妃」），此不但不是讀書人之所應爲，而且何以服藩屬之心，而能令其帖然效順？果然如此，以後幾次甘回，陝回作亂，天山南北路及青海的藩部早就起而響應了，乾隆又有何英主令名之足稱？

最後要作個聲明，關於「香妃」的問題，在我來說，辨之已明，不必再談；姜先生如仍有話說，我不想再奉陪了。

（七十九年一月一日聯合報繽紛版發表）

玖、究竟有無「香妃」

姜龍昭

我一向很欽佩高陽先生，近卅年來在聯合報上連載了不少歷史小說，他自己說：「高陽名滿天下」，眞是很了不起。不過，他與我並不相識，他竟很清楚的知道我「對考據的基本修養尙不具備，於清朝的制度人物亦復茫然」，我眞猜不透，他是從何考據得知。

這次，我與他對「香妃」這個人物，發生不同的看法，各抒己見，並非「筆戰」，只是討論一個史實，希望能得出一個結論。我相信是非自有公論，所以，我希望，對「香妃」有研究的人士，也能共同參予硏討，大家都來發表意見。

基本上，高陽先生認爲孟心史（即孟森）先生的觀點是對的，認爲：「只有容妃，沒有香妃其人」，因爲考證清史上，不見有香妃的記載。傳說「香妃被太后賜死，是與史實不符的」。

而我的看法是「容妃是容妃，香妃是香妃，」是兩個人，不能混爲一人，抹煞了『香妃』的存在。」

南湖先生，胡旦先生，征鴻先生也都與我持同一看法。

近世學人中，有不少人讚成孟心史的說法，也有不少人，採取與我相同的說法，在孟心史，未發表他的「香妃考實」一文以前，絕大部份的人，都是同意有香妃其人的說法。

「乾隆與香妃」這一段羅曼史，是清朝禁宮中的一段「秘聞」，在正史上，當然不可能記載，也無一史官敢下筆記載，但，這是事實。過了一段時日，遲早會被傳播出來。一個君王一生中，除了后妃以外，難免沒有其他的戀情，一旦這段戀情中斷了，史官當然不能記載。乾隆自香妃死後，情感難以宣洩，乃只能以詠詩及看香妃的畫像來解思念之情，難怪他寫了不少首吟寶月樓的詩，香妃的畫像，被視作至寶；到了八十歲還要拿出來重新裱裝。實因當時無照片可看也。

乾隆一生，有三個皇后、十四個妃、及十個嬪與貴人。（限於篇幅，我不將她們的芳名一一列出）其中有一回人容妃，這是正史有記載的，另有一香妃，因未經册封 正史沒有記載。但是否因此，就可肯定沒有「香妃」這個人了呢？

「香妃」的史實，最早見諸於文字記載的，是王闓運所撰的「今列女傳」中，他是清道光年間之進士，也是晚清文學宗匠，到民國五年，八五歲時才去世，他生平有記日記之習慣，所寫「湘綺樓日記」，數十年未輟，而家庭瑣事、教訓兒女，亦一併詳敍。民國三年三月，袁世凱曾以自用花車，迎請他晉京，掌「國史館」，他故意不赴任。過「新華門」時，嘆息說：「吾老眼昏花，額上所題，得非『新莽門』乎，何題此不祥之字耶？」，可見其敢言之一斑。

這以後，黃鴻壽著「清史紀事本末」卷廿一，亦有香妃史實之記載，民國十年六月商務印書館出版的「中國人名大辭典」，亦持此同一說法，及後出版之「辭源」注解亦相同，民國十二年，江東楊雲史，居京師四十年，作「香妃外傳」，對於香妃被太后賜死之記載更詳。另有吳濤先生，也著文為

「香妃」辨誣。到了民國廿五年，中華書局出版之「辭海」，亦持此相同之說法。

民國三年，故宮開放供人參觀，浴德堂懸掛出「香妃戎裝像」，這些都是滿清推翻後，到了民國，大家才這樣去說。最近我更知道：日本平凡社刊行「東洋歷史大辭典」第三卷第廿頁，香妃條，亦採取此一說法。在美國的國會圖書館刊印英文本「清史名人錄」上卷，在「兆惠的傳」裏，亦記述有「香妃」的事。這是民國卅二年政府派去新疆，擔任外交專員水建彤先生所說，他留在新疆工作五年，曾編寫「伊帕爾罕」(即香妃)詩劇，因被譯成英文，爲回教界讚譽爲是中國唯一「伊斯蘭教」的文藝作品。

到了民國廿六年春，孟心史先生，爲答謝北大教授學生慶祝他七十壽辰，特撰寫了「香妃考實」一文，才出現「無香妃」之學說，從此「香妃」，是虛構的，無中生有的說法，就一直誤導下來，以迄於今。

甚至明明故宮博物院古物保管科科長曾廣齡說：「那幅香妃戎裝像是『官大表準』」，當年運到北京後，內務部朱總長順口說『這大概就是香妃吧』，並不準確的」說法，高陽先生，也深信不疑了。

事實上「官大的表可能不準」，但是，「官大的表，也可能有準的」。

現在我們介紹孟心史先生。根據他的弟子吳相湘教授所發表的「我的業師孟心史」一文說，他埋頭研究明清之際歷史的成就，特別是發現滿清皇室著意隱諱的他們祖先的許多史實，使他獲致這一學術領域中，最高權威的榮譽。孟先生出生於一八六八年，六十三歲始受聘爲北京大學歷史系教授，因北大與國立「北平圖書館」的資料，加上「故宮博物院」明清檔案的公開，使他完成了不少著述，其中以「明元清系通紀」最爲鉅製，是他一生學養的結晶。至於「香妃考實」一文，是他七十歲時所撰，他自己在文前寫了這樣的一段開場白：「森以年齒日增，老將知而耄及，方切愧悚，乃蒙同仁同學獎飾逾恒，無以爲報，願作一較有興趣之文，以供撫掌。特拈此題，冀承刮目，惟題佳而文恐不稱，尚祈垂諒。」

民國廿七年一月，他七十一歲即以病重逝世，距他撰此文，尚不滿一年。

細讀該文，多半以清朝正史爲資料，來考證說明，高宗有回妃。以清史稿后妃傳：「高宗容妃，和卓氏回部臺吉和札麥女，初入宮號貴人，累進爲妃，薨。」爲主要的論據，否認爲皇太后賜死之事實，最後提及容妃死後葬在「純惠皇貴妃園寢」，對於民國三年故宮開放懸掛「香妃戎裝像」之事，僅在文末說：「民國以來，三殿開放，任人遊覽，乃於浴德堂中，供『香妃像』，使人聯想其賜浴情狀，尤爲穢褻。」

他把清史以外，民國成立後所有一概其他的文字資料，都未有提及，當然更不會把日本，英文的書藉列入參考，供香妃像認爲穢褻，新疆的香妃墓他也未去看過，這樣的考據文章在民國廿六年，可能很使人「信服」，到了民國七十九年的今天，可能是「落伍」了，但偏偏仍有人相信他說的是對的；眞是「錯誤的後遺症」，十分可怕。

現在，我要強調的是，最能證明，香妃確有其人，最有力的證據，該是「香妃的墓」，及郎世寧所繪的「香妃畫像」。

民國廿六年，孟森之文發表後不久中國抗戰爆發，一般人以路途遙遠，交通不便都無機會去新疆查證（孟森自己年老也未去過新疆）名書法家梁寒操先生爲明究竟，有無香妃其人於民國卅二年二月去了新疆，看到了「香妃墓」以外，並自一阿洪處看到了「香妃姓氏世系考錄」。高陽先生說：「回疆風土記」（中華版古今遊記）上謂：「回子無姓氏宗譜」。

我相信一般回子無「姓氏宗譜」，因漢人用漢字，有姓氏宗譜，而回人因回族發音譯音之不同，不像漢人這據容易有宗譜，再說宗譜，也不一定每一人家都有，存有率不高，但我有說明梁先生看到的是「世系考錄」，且其中講的很清楚：「香妃父名群和加，爲教中名宿」。有名望的家族，有「世系考錄」，是不可信的嗎？

高陽先生又說：「香妃墓」及「香娘娘廟」，……七十五著：「新疆紀略」、洪虎吉著「伊犂日記」；倭仁著「莎車行紀」，林則傑著「荷戈紀程」，描寫風土極詳，而皆無一字涉及。

「香妃墓」在香妃的故鄉，「喀什噶爾」城，現名「疏附」，在「疏勒」西北，與新疆之「伊犂」，「莎車」並不在同一地方，當然不可能述及，如台南有赤嵌樓，你說有人寫的「台北日記」「台中行紀」無一文字提及「赤嵌樓」，就證明台灣無赤嵌樓，不是很可笑嗎？

「香妃墓」不特梁寒操去過，黎東方教授去過，民國卅二年政府派去新疆工作的水建彤先生更去過，他在新疆住了五年，是研究「香妃」的權威專家，他寫的「香妃」一書中，就記載着：「新疆喀什

又有『香妃陵』，陵寢還陳列香妃和族人的棺，很像古羅馬人的墓室建築」（此書民國四十三年十二月在香港出版）

郭嗣汾先生編著的「細說錦繡中華」一書，也刊有「香妃墓」的圖片，民國六十四年，我製作「香妃」電視連續劇時，訪問台北的「新疆辦事處」，他們也告訴我說有「香妃墓」，並介紹「香妃」的後裔馬賦良先生與我認識，他說他就是香妃家族的後代子孫。

民國七十一年七月十八日「民生報」刊出連陸史先生所撰「香妃墓」一文，並有彩色圖片刊出，若高陽先生，仍不相信。我好友朱順官先生，他也是研究「香妃」的專家，他可以提供一段最新「香妃墓」的錄影帶給你看，若聯合報有場地出借，可將錄影帶公開放給大家看，以使人明白，究竟高陽先生說的洪亮吉、倭仁、林則徐等人的著作可信，還是我說的可信。

我所說關於郎世寧所繪的有關「香妃畫像」資料，大部份，係由名蒐藏家李鴻球老先生所提供，因爲他擁有郎氏的畫，且喜愛蒐藏郎氏之珍品，對「香妃」之事蹟，有深入研究過。那首伍彌泰題的詩，也是他告訴我的，我本人也不會寫古詩，當然不可能是我所假造來冒充，我曾在前文將該詩抄出，惜被編者刪除，詩中有一句「奉詔某題事有光」，可能是皇上要他題詩，他不敢不題，是否請人捉刀代寫，也有可能的，至於郎世寧繪「香妃像」，現輔大校長羅光主教於民國五十八年五月十五日在故宮博物院，曾就『郎世寧其人其畫』發表過一篇「專題演講」，他說：「郎世寧所畫的西畫，現在保存的，只有故宮博物院的『香妃圖』，香妃圖以油畫在朝鮮紙上，形態和顏色很像十七世紀的西洋新古典畫。……有人懷疑這幅畫不是郎世寧的眞筆，我則相信，這幅畫非郎世寧本人，當時沒有別人可以畫得出。他的徒弟艾啓蒙和他相差太遠，何況郎氏作『香妃圖』的事，當時耶穌會士，有詳細的傳述，可參閱民國廿五年北平出版：『Adam Maurice L'oeuvre architecturale des anciens J'esuits au XVIII Siecle』一書。

民國六十四年「雄獅美術」月刊派出專人，去法國「居美博物館」採訪，拍攝了郎世寧等十一位畫家共同完成的「木蘭狩獵圖」共有四個長卷，其裝裱之形式與李鴻球所有的畫相類似，十分講究，並用「玉石卷扣」，雄獅美術月刊第七〇期，有詳細的介紹報導。

高陽先生提出說：「韓北新先生作有『郎世寧繪畫繫年』的文章」，我很高興獲得此一線索，當設法與韓先生聯絡，並向之請教。

最後，高陽先生說：「乾隆一代英主，極重威儀，及中國傳統的倫理道德。不可能在承平之世，殺其夫，（霍集占）；奪其妻（所謂「香妃」）。」這一點我很難以苟同。

乾隆自號「十全老人」，其十全武功爲：兩平準噶爾，一定回疆，二度掃平金川，一綏靖台灣，一降復緬甸，一征服越南，兩勝廓爾喀。

在我看來，他是專門欺負弱小民族的侵略主義者。十次戰役中，兩次打「準噶爾」，一次打「回疆」，都是以大吃小，以槍炮火器對付只會使用長矛刀槍的「回教民族」。

據我所獲的資料，當年滿州清兵進入新疆的庫車，姦殺淫擄，共屠殺了兩萬突厥人，兆惠之清軍，用槍砲一人可以控制卅個突厥騎兵，葉爾羌一役，又殺了三萬回人，而清兵死的一千不到，清軍使用的火槍和開花彈，使回民無法招架，才祇好降服。從乾隆十九年打起一直打到乾隆廿四年，回疆全部平定爲止，共殺了回教民族十幾萬人之多。此外，他除了已擁有衆多后妃嬪貴人之外，還要「三游江南」去製造風流韻事，這樣的皇帝，能稱得上是「一代英主」？不可能殺人夫，奪人妻嗎？我不是故意在抬槓，在滿州人的心目中，乾隆可能眞是「一代英主」，但在回教民族的心目中，他却十足是個「無耻暴君」，立場不同，當然說法各異，讀者朋友……你願公正的站在那一邊呢？

新疆居民種族，以維吾爾族人數最多，次爲哈薩克人，再就是烏孜別克、塔塔兒、柯爾克斯、塔蘭其、塔傑克等突厥語系諸族。語言各不相同，香妃之故鄉「喀什噶爾」，在清代時，設有「喀什道署」，就有九種語言的譯員，所以他們很難用漢文來寫「姓氏宗譜」，但可能有用突厥或其他文字寫的宗譜，我們看不到。去新疆五年的水建彤先生，曾在新疆一小書店中，找到一本書，書名「穆聖後裔傳」（即回教創始人穆罕默德後裔）是阿剌伯文手抄本，他出了大價錢買了下來，回到家仔細翻閱，突然在在封底上看到一行中文字，上寫著：「內有香妃事蹟」，水建彤用突厥字母音法，才讀出「香妃」音爲「璣月衣姐什」，他對香妃眞是下了功夫，寫到這裡，親愛的讀者，你還認爲孟森先生說的對嗎？

附錄五：

高陽，請接招！

江述凡

自幼愛打架，但最恨那種「打了人一拳，回身就跑」的下流腳色。

近來報上在一個無趣也不值得爭論的「過氣」題目上大打出手，一個眞假不明，或有或無的回疆美女——香妃。雙方出拳均不高；高陽是「花拳綉腿」，姜龍昭則是笨手笨腳，看來急煞人也。

雖然一直想爲「香妃」問題說幾句話，但苦於患重感冒而不能動筆。讀高陽先生元月一日發表之「我也爲所謂香妃再說幾句話」，驚見其在文末似乎有點想作「卅六計走爲上策」之意，高陽在文內除了以其慣用的手法如：「荒謬」！「自打嘴吧」來謾罵一番之外，另外又提出了幾篇從未涉及香妃而毫不相干的名臣遊記，於是就率爾下了結論：「……辯之已明，不必再談，如仍有話說，我不想再奉陪了。」（註一）。就一個屬於旁觀的第三者而言，我認爲這是高陽先生「虛晃一招」的「金蟬脫殼」之計——他想溜之乎也。

高陽是個聰明的「老賊」，他終於感到對手笨拳笨腿的「綿功」，不僅使自己累了一身汗，最後更會弄成灰頭土臉的下不了台，這從哪裡說起？姜某是何方無名卒，論筆下應屬「八流」角色，自己如何敗得起呢？

無論怎麼說，高陽雖以「考據」自許，但還是以寫「歷史小說」而「名滿天下」。他闖名立萬的大部頭巨著「少年遊」，爲他爭來的第一頂烏紗帽，卻是他自己都始料不及的「通文縣丞」（註二）。他只顧著埋首去抄寫他與瓊瑤女士都慣抄的「白香詞譜」裡，南宋詞家李清照的「聲聲慢」去了，甚至忽略去「考據」小說中最主要的時究竟是以宋徽宗、周邦彥、李師師和李邦彥等爲主角的北宋時代（註三）。在他連南北宋都不分的「考據」扯淡裡，叫滿天下的讀者們，還能不把他的大名永記不忘嗎？不談了，不然我還能把其近作的「考據老鼠屎」弄出一大堆的。還是談「香妃」要緊。

北大史學家孟森教授根據「正史」的記載，發表了一篇極爲重要的文獻「香妃考實」（註四）。其中有兩項有關的結論：

一、「寶月樓」建造並完成於乾隆廿三年，這是乾隆帝爲了「藏嬌」而特設的「金屋」。

二、雖然相傳此「嬌」就是香妃，但證諸正史，卻只有「容妃」的記載。遍查史籍，從來就沒見過「香妃」這個人的片紙隻字，加以這兩個人的背景和家世出身頗多有雷同之處，所以孟先生認爲「容妃」就是「香妃」，其理也是說得通的。

孟心史是當年的大史學家，其引用之史料皆斑斑可考，所以上述兩點結論自爲各方所推崇。「容妃」即「香妃」，自然也成爲了大家能共同接受的確論矣。

誰知在過了十三年之後，孟教授的及門弟子吳相湘氏根據史料，從內務府「進膳底檔」作了個另一角度的查考，而發表了「香妃考實補證」（註五）。沒想到這一個補證，卻徹底地將孟師的第二項結論摧毀了——因「容妃」並不住在「寶月樓」，而一向是與其他妃嬪同居於後宮，除飲食之外，亦並無特異之處。換句話說，那寶月樓內所藏的「嬌」，的確是另有其人的——可能是張三，也可能是李四，但斷然不會是「容妃」。這是出自於內務府的正式資料，一點弄不得假也。但問題是這位眞正的「寶月樓主」究竟是誰呢？官式記載歷來「諱」最多，後人根本就無法從官式記載裡找到正面的答覆和證據。雖然官文書缺乏資料，但民間的傳言都言之鑿鑿地，指出這個「嬌」，根本就是不能上「正傳」的「香妃」。當然「容妃」即「香妃」的說法，也就隨之而不攻自破了。不過，既然這是以民間傳言爲本的說法，我們可以信之，也可以不予採信。有趣的是除了「香妃」之外，至今並無其他女人的名字，被扯在寶月樓中，豈非不解之謎麼？

從乾隆的多首詩作中分析，寶月樓裡當然有個「嬌」，這個「嬌」，雖然隱約其名，但相信應是：

一、是一位不便居於後宮，生活習慣較爲特異的一位「回女」。

二、是乾隆帝「愛之入骨」，而刻骨銘心的一位美女。

三、皇上可能始終未能與其「成其好事」。

今日我們若談到乾隆，自然會冠之以「英主」的形容。但「英主」卻並非絕不好色，而證諸乾隆帝的一生事蹟，他可以說是一位名實相符的標準「風流鬼」。至於在戰爭中擊潰敵人之後，其「擄人財貨，淫人妻女」之種種劣行，根本自來就被視爲戰勝一方當然的戰利，與其是否爲「英主」是無關的。尤其乾隆與香妃的這段佳話，深深符合了我國慣說的：「妻不如妾、妾不如婢，婢不如偷，偷不如偷不著……」乾隆對傳說中的這位「香妃」，始終窮追不捨，而偏偏又追不到手，乾隆的刻骨銘心，倒的確是有心理過程的。

孟心史先生的「香妃考實」，犯了「非正史不足採」的嚴重教條主義的刻板錯誤，所以他很自然地以「削足適履法」，硬把容妃指認爲「香妃」了，這不是「指鹿爲馬」而何？由於這種誤導，使以後隨之而來的所謂「考據家」——包括高陽先生在內，都認定了「容妃即香妃」的說法。

吳相湘教授之「補證」發表於民國卅九年，雖未敢明目張膽地指其孟師「容妃即香妃」的錯誤，但卻間接地指出「容妃」並不住在「寶月樓」，事實上也就說明了她並不是乾隆帝經之營之，爲其築金屋而藏之的「寶月樓主」了，時至今天，高陽不提這些重要關鍵而談枝節皮毛，豈非故意避重就輕嗎？

高陽認爲：「姜龍昭先生對考據的基本修養尙不具備，於清朝的制度人物亦復茫然，居然武斷輕率地說，容妃不是香妃，香妃另有其人，那是對孟心史先生及北平故宮博物院的專家的一種侮辱……」這一段文字充份地說明了高陽對「考據學」的無知。任何後人的推翻前賢，都應被視爲一個進步的成就，而不應視爲侮辱。否則如諾貝爾獎得主的楊振寧、李政道、丁肇中及李遠哲等人的推翻前賢定律，豈不都是罪人嗎？只有歐洲黑暗時期的教閥們才會對新科學家如迦利略，以視爲邪說異端，而處之火燒死刑。高陽頗有點教閥之味道哩。

「香妃」的問題，其走「正史」之行不通，我們可以孟心史教授爲例，其主要的困難原因是「香妃事蹟」正史不載使然。所以我們現今也就只能求諸於民間傳聞而不能委諸於史料了。但是，如果我們仔細地用點心，將這些傳聞，加以重新組合與分析的話，也可以得到下列的初淺認知：

一、回疆美女被驅往北京的，人數應該是相當多的，因爲至今健在的北京「回回營」，根本就是一條人烟稠密的大街，男女老幼均有，在白皮膚的阿刺伯種的回女之中，是不乏美女的。

二、「香妃」也好、「容妃」也好，其與「大小和卓木」的眞正關係，至今還無人敢十分確定：可能是兄妹，也可能是妻妾，但是，這並不影響「香妃」這個傳說人物的存在。

三、以乾隆帝的好大喜功與剛愎自用性格，他對「香妃」的情有獨鍾，及「必欲到手」的佔有心理，以及他作在「香妃」身上的種種所謂「不合祖宗章法」的行爲，任何人都是奈何不了他的——包括皇太后在內。傳說太后趁乾隆在宮外齋戒之當夜，急將「香妃」召入慈寧宮而迅速予以賜死，以今日的眼光來看，那根本就是個標準的「謀殺」案。乾隆雖痛心，但「人死不能復生」，如今又不能不替太后表示「尊者諱」，所以「香妃」事蹟，就史書不載了。朝官們人人爲了自保，也可能就此不敢再談「香妃」了，但是，史書不載並不能代表其絕無其事。相反，民間的傳聞卻越來越多了。

「寶月樓」、「香塚」、「香娘娘廟」、「香妃戎裝圖」甚至於姜龍昭提到的「香妃鑰匙」……這些「香妃」的證物，可能有的是眞，可能有的是假，當然也不排除其全部都是假的這個可能。但有趣的是：不說張三、不提李四，相關的傳說卻永遠環繞在「香妃」這個回疆美女身旁打轉。其中意味著什麼呢？

高陽先生的「少年遊」被強烈批判事件，足以說明了「考據」，並不單是指寫「歷史小說」，這二者其間之差距是很大的。高陽先生的清史弄得挺熟，寫點清史小說倒是蠻好的，但那究屬歷史小說而非考據，高氏曾揚言要「封筆不寫考據」了（註六），其實他從未寫過什麼「考據」，又何從「封筆」呢？

高氏自認是「名滿天下」（註七），這實在是個大誤會，他只不過是在歷史小說的「小衆世界」中打了一輩子滾。如要談「大衆世界」的話，我們在七十年代有崔苔菁，八十年代末則有許曉丹。高氏的「知名度」究能與上述兩位的哪一位相比呢？

談「考據」，高陽先生與「歪批三國」的侯寶林都是我所景仰的。但高陽的三篇香妃近作有過多的「不遜之辭」，下筆實在有欠謙虛，如果想請他稍加改善的話，恐怕也很難，以當年的拳王阿里爲例吧，他說：「一個人偉大到了我這個樣子，一定還要保持謙虛，那實在是太難了。」

在結束本文之前，我願重中幾個重要結論如下：

一、「寶月樓」是乾隆帝爲了「藏嬌」而築的「金屋」。

二、「容妃」並不住在寶月樓，所以她絕非那個「嬌」。

三、截至目前爲止，能與寶月樓扯上關係的，相信只有「香妃」而已，但事蹟卻絲毫未見正史或「官文書」。

四、「容妃」雖亦爲回女，亦出身於「和卓木」世家，但她並非「香妃」。

五、「容妃」與「香妃」二女，皆爲「和卓木」世家的親屬，關係相近。

草此文以就教龍昭與高陽兩位先生，敢請「放馬過來」！

註一：詳見聯合報七十九年元月一日之高文。

註二：「中國笑話書」七十一種，一四二頁，「通文縣丞」條：某素不知文，而效顰強作能文之縣丞。

註三：詳見高著「少年遊」四三四頁。

註四：孟森作「香妃考實」，民國廿六年發表於「北大國學季刊」六卷三期。

註五：發表於民國卅九年八月六日，姜龍昭著「香妃考證研究」一書收爲附錄二。

註六：七十八年十二月十九日聯合報高文之尾段。

註七：同上。

（七十九年一月廿日、廿一日「世界論壇報」發表，暢流雜誌、千秋評論轉載）

附錄六：

郭志誠先生來鴻

郭志誠

去年冬在報端見高陽文，否定香妃其人，談後爲之一笑，數十年以來高先生以歷史小說爲文載於大小報副刊，小說本可憑空設造，本無可論以眞僞，何況他大都以宮庭故事爲體材，不計事實，此是其取巧聰明之手法。但是論及香妃有無是史實，他竟盲加論斷，誠爲可笑。斯人狂亟昧亟矣。近應知友白君之求，一覽我的收藏，其中一件大手卷，名爲御製寶月嘗荔圖。畫家是郎世寧，畫香妃嘗荔枝，卷首有乾隆御題寶月嘗荔四大字。十全老人大印、及一干常見乾隆帝慣用印章，後有漢、滿、回、蒙、藏五種文字讚文，其中兩篇漢文，一爲兆惠，一爲蔣溥，文中均有香妃字樣。足證香妃確有其人也。耑此

恭頌

撰祺

郭志誠 印 謹啓

九七年三月五日

附錄七：

香妃辨疑

周燕謀

乾隆時之香妃，久有傳說，謂乾隆帝之征霍集占也，命兆惠督師，聞回部和卓木（兄曰大和卓木，名布拉呢敦，弟曰小和卓木，名霍集占，傳說者未晰言其大或小也）之妻貌美而體香，密囑必生致之，及班師，果獲以獻，納諸後宮，封爲妃，而妃抱國破家亡之恨，堅不從，身懷利刀，使帝不得近。某年南郊大祀，帝宿齋宮，太后召妃諭之曰：汝旣立志甚堅，不願從帝，我今全汝志，妃再拜謝，就別室自縊，及帝得報還宮，已無及。民國後且有人根據此說，編爲「香妃恨」一劇演出，事遂播於衆口矣。而考其實，則有不然者，乾隆時，確有回妃其人，據清史稿后妃傳：高宗諸妃末云：「又有容妃，和卓氏，回部台吉和卓麥女，初入宮，號貴人，累進爲妃，薨。」又東華錄，乾隆二十七年五月，封霍卓氏爲容嬪，時正在平定回疆以後，至三十四年十月，晉封容嬪霍卓氏爲容妃，查和卓木、和卓麥，漢字譯音相同，乃回部之職號，非姓亦非名，史稿根據宮史，惟和卓、霍卓，何以兩歧，且回部並無台吉，何以舛誤。官史記載，有所避諱，自不待言。故宮有回妃畫像（畫用西法），戎裝劍佩，貌美而英武，熱河避暑山莊藏有郎世寧所繪各手卷（裹首用金線蟠龍凸起），名爲海西八珍者：一爲大宛貢馬圖，中繪帝乘馬，妃騎以從，固其國俗然也，兆惠諸人皆待立，畫馬多匹，極生動。一爲太液採蓮圖，繪一巨舟，帝中坐，妃倚窗，舒腕擷池蓮，並有內侍等乘舟隨之，二卷余皆獲披閱，妃之貌與宮中懸像同，恐像亦出郎世寧筆也。故宮西華門內，咸安宮東，有浴德堂者，其浴室爲土耳其式，圓頂甚高，中央有孔穴，可以通光，全用白瓷磚砌造，聞亦專備妃用者。妃思故鄉，爲特建寶月樓（民國後於其下開門，即今之新華門），而於前街安置隨妃東來之回族（其地名回回營），一切風俗習慣，概從其舊，街心建一磚臺，有磴道可登，最上一層爲方亭式，與寶月樓遙對，俾妃登樓時，得與故鄉人相晤。民國後，余過西安街，猶屢見之，今磚臺已夷爲平地矣。

乾隆帝好色荒淫，屢有傳聞，見諸私人筆記，回妃無論是某人之妻或女，兆惠據之，護送入都，謂非仰承意旨，其誰信之。妃入宮後蒙寵眷，則係事實，體香與否，已不可考，或又謂回妃之外，另有香妃其人，無徵不信，不能臆爲之辨。

（六十六年五月出版「清宮秘史」續集摘錄）

拾、「寶月嘗荔」「冰嬉娛親」

——郎世寧「海西八珍」的出現

姜龍昭

高陽先生於民國七十九年一月一日，在聯合報上發表了「我也爲所謂『香妃』再說幾句話」一文中，他特別告訴我說：

「我們的『故宮文物』月刊，連載過一篇韓北新先生所作的「郎世寧繪畫繫年」的文章，凡是郎世寧存在清宮的作品，每一幅都有詳細的紀錄，你不妨檢查一下，你所說的，郎世寧爲香妃所作的十一幅畫像，在不在內？韓先生是何說法。」

爲了研究「香妃的畫像」，我覺得，這是一個很寶貴的線索，乃電話故宮博物院聯絡，找到了韓北新先生，原來，這是一個筆名，韓先生本名陳萬鼐，是該院的秘書，他確曾寫過「郎世寧繪畫繫年」一文，於民國七十七年十月，發表於「故宮文物」月刊第六十七期，一共連載了六期，至七十二期始刊載完畢。當即向該刊郵購，仔細拜讀全文。

韓北新先生表示，他曾看過我出版的「香妃考證研究」一書，對於其中我十年前發表的「香妃的畫像」一文，甚爲欽佩，因其中若干資料，是他所未有前聞也。

拜讀韓北新之大作後，我覺得他眞是研究意大利畫家郎世寧作品的權威專家，他以編年體裁，將郎世寧生前所繪之作品，依據：此間外雙溪國立故宮博物院蒐藏之作品目錄、中國古代書畫目錄、日本石田幹之助著、鈴木敬編之郎氏作品表目、圖錄外，並蒐羅了「海外遺珍」的照片圖版，以及「郎世寧傳考略」等學術論著，一一以完整、有系統的文字詳加介紹與說明，撰寫此文，可眞是花了相當的工夫與心力。

遺憾的是，該文中雖有提及「香妃戎裝像」及香妃與乾隆畫在一起的：「御苑春蒐圖」、「大宛貢馬圖」、「扈蹕閱鞠圖」外，其餘，我所知道的「漢裝像」、「採花圖」、「宴居圖」、「種花圖」、「太液採蓮圖」、「木蘭獲鹿圖」等均未有提及。

郎世寧雖在清宮躭了四十三年，畫了不少畫像，但他自己本人，並無一完整精確的作品統計資料。研究他作品的有心人士，雖有不少「郎氏作品目錄」發表，但細加查證，可以發現並不周全，主要原因是他的作品，大部份受到「英法聯軍」、「八國聯軍」、「中日戰爭」等影響，被人搶掠、偷盜、珍藏在海外世界各國，有些被私人蒐藏，更不願公開透露，因此，你縱然想「上窮碧落下黃泉，動手動脚找東西」，也不一定能如願以償，找到有關的訊息。

民國六十九年，我以三年的時間，蒐集了不少珍貴的第一手資料，撰成「香妃的畫像」一文，於「幼獅文藝」月刊發表，當時，我找到有關香妃的畫像，單人的五幅，非單人的與乾隆等人員畫在一起的畫像，計有六幅。

誰知，我不斷尋覓翻閱有關「香妃」的書籍，在一本已絕版的「清宮秘史」續編中，讀到有一篇「香妃辨疑」的文章（附錄七），其中有一段如下的記載：

「熱河避暑山莊，藏有郎世寧所繪各手卷（裏首用金線蟠龍凸起）名爲「海西八珍」者，一爲「大宛貢馬圖」，中繪帝乘馬，妃騎以從，固其國俗然也。兆惠諸人皆侍立，畫馬多匹，極生動。一爲「太液採蓮圖」，繪一巨舟，帝中坐，妃倚窗，舒腕擷池蓮，並有內侍乘舟隨之，二卷余皆獲披閱，妃之貌，與宮中懸像同，恐像亦出郎世寧筆也。」

「清宮秘史」著者：周不密，可能是筆名，爲求證實，經函該書出版社詢問，信被退回，原來出版社已關閉，後輾轉託人打聽，始知作者名周燕謀，與監察委員陳翰珍先生相熟稔，再由陳委員處，得知周先生之電話，與之取得聯絡。周先生說，他寫此書，迄今已十餘年，該書中提及之「大宛貢馬圖」、及「太液採蓮圖」，確係民國四十年前後在臺灣植物園內之歷史博物館公開展出時見過，畫中詳細之細節，則已不復記憶。

至於「海西八珍」，「海西」是郎世寧的自稱，他的畫，多半落款寫上「海西郎世寧繪」或「寫」等字樣。至於「八珍」，是八幅畫有香妃同樣裝裱格式的「長卷」，裏首均用金線蟠龍凸繡，每一幅畫前，均由乾隆親筆書寫畫名的四個大字，內有：漢、滿、蒙、回、藏等五種不同的文體，我先前看到的「武列行圍圖」，畫前即有乾隆親書「武列行圍」四字，可見是「八珍」之一。

如今，我雖已蒐集到了「八珍」中的六幅：「御苑春蒐」、「武列行圍」、「大宛貢馬」、「太液採蓮」、「扈蹕閱鞠」、「木蘭獲鹿」。但尚缺兩幅，究竟現在何處呢？我曾再度電詢韓北新先生，他也茫然無法作答，我並希望韓先生賜知，在臺灣是否尚有其他高明之士，可以知道有關「海西八珍」的資訊，我欲向之請教，韓先生表示，他也難以查詢。

意想不到的事發生了，今（七十九）年三月間，聯合報意外轉來一封讀者來信給我。原來是珍藏有「海西八珍」畫像之一的主人郭志誠先生，他來信（附錄六）告訴我說，他蒐藏有一幅郎世寧親繪的「香妃畫像」，圖名爲「寶月嘗荔」，裹首用金線蟠龍凸繡。郭先生在信中說：「該畫卷首有乾隆御題：「寶月嘗荔」四個大字，蓋有「十全老人」大印，及一干常見乾隆帝慣用印章，後有漢、滿、蒙、回、藏五種不同文字讚文，其中兩幅漢文，一爲兆惠，一爲蔣溥所寫，均有「香妃」字樣，足證：「香妃確有其人也。」

經與郭先生多次電話聯繫，他告訴我說，此一國寶級之珍品，過去一直爲畫主藏於英國之大英博物館保管達十餘年之久，致外間鮮有人知，七十八年始由他以新台幣一千八百萬元之高價購爲己有，現收藏於保管箱中，不輕易示人觀看，以免損壞，後因我係學術性之研究，始蒙首肯於七十九年三月廿九日，於臺北養和軒，得見此畫，那天，我約了王方曙、朱順官兩位至友同去，並拍攝了彩色照片。

孰知「海西七珍」出現後不久，意想不到的幸運，接踵而至，我又遇見了另一友人劉台柱先生，談起香妃畫像，他說，他也有一幅郎世寧先生繪的「香妃畫像」，係不久以前，甫自大陸北京，輾轉託人帶來臺灣，其大小裝裱規格，均與「寶月嘗荔」圖相同。我猜想，那一定就是唯一未見到的「海西第八珍」了。他說該畫名「氷嬉娛親」圖，圖中除了香妃以外，還有乾隆與皇太后同在一起，觀賞宮中官兵溜氷射箭等特技。

諺云：「踏破鐵鞋無覓處，得來全不費工夫。」想不到，我與高陽先生的一番論戰，竟讓我意外的看到了尋覓了十多年的「海西八珍」中的最後「二珍」。

七十九年四月五日，我約了郭志誠先生、劉台柱先生，還有陳維沅、張政維等好友，一起觀賞了「寶月嘗荔」與「氷嬉娛親」二幅人生難得一見的瑰寶，當時，我的興奮、喜悅之情，眞非我這枝笨筆，能形容於萬一。

爲了使更多的人，相信「香妃確有其人」的事實，特向大家作以上之陳述，至於該兩幅畫之詳細資料，請閱刊在本書中之郎西寧的「海西八珍」與「香妃畫像」一文，與書前之彩色圖片。

拾壹、「香妃畫像」及「海西八珍」

姜龍昭

一

關於意大利畫家郎世寧（Giuseppe Castiglione）在華居留期間，究竟在清宮畫了多少幅作品，留傳後世，並無精細明確的統計資料，「故宮文物」月刊，自七十七年十月發行之六十七期起至七十二期，接連發表了韓北新先生所撰的「郎世寧繪畫繫年」一文，可說是比較完整，且有系統的一項文字資料。韓先生將郎世寧先生之作品，依據：國立故宮博物院收藏之郎氏作品目錄、中國古代書畫目錄、日人石田幹之助著、鈴木敬編之郎氏作品表目、圖錄外，並蒐羅了「海外遺珍」的照片圖版，以及「郎世寧傳考略」等學術論著，採取編年體裁，一一向讀者詳加介紹，可謂歷歷如數家珍，韓先生撰寫這篇文章，確是化了相當的工夫與心力。

筆者因深入考證「香妃」之生平事蹟，認爲郎世寧所繪之「香妃畫像」，是證明「香妃」確有其人之最佳佐證，亦是澄清「香妃」與「容妃」完全是兩個人的有力依據，民國六十四年，我製作「香妃」國語電視連續劇時，最先曾向新疆籍的立法委員阿不都拉先生請教，他告訴我說，他知道共有三幅，除「香妃戎裝像」係單獨一人外，尚有兩幅香妃與乾隆畫在一起的畫像。以後，我在商務印書館出版的「中國人名大辭典」「香妃」條下，看到有一注謂：「奉天宮中藏高宗（乾隆）獵鹿圖，帝與一女並轡，女持箭遞與帝，云即香妃也。」

後在讀到吳相湘教授於民國卅九年發表的「香妃考實補證」一文之註解：「湖南瀏陽李韻清先生（世界書局前總經理）珍藏郎世寧手繪巨幅彩色「武列行圍圖」，乾隆香妃並轡行進。」我覺得這是一個線索，經賈亦棣先生介紹，認識了李韻清（鴻球）先生，承他告訴了我不少寶貴的有關「香妃畫像」的詳細資料，及後我又在日本的「美術雜誌」及大型的畫刊書籍，以及英文印行的「郎世寧宮廷畫專集」，找到了更多的資料，民國六十九年（也就是十年前）我以三年時間所蒐集到的資料，完成一篇「香妃的畫像」的文章，長一萬餘字，連同一些找到的畫像圖片，在「幼獅文藝」月刊上發表，當時，我肯定香妃之單人畫像，共有五幅，與乾隆及其他人畫在一起的畫像，則共有六幅，一共是十一幅。

十年後我又不斷蒐集有關香妃畫像的資料，發現研究清史，著有「清宮秘史」一書的作家周燕謀先生說，郎世寧所繪「香妃之畫像」，單人畫像除外，共有八幅，有所謂「海西八珍」之說，這八幅畫均是長卷，裝裱採用同一規格，其中有兩幅，他曾親眼看過，而我卻只知有六幅，缺少了二幅的資料，再度翻查韓北新所寫之「郎世寧繪畫繫年」全文，亦沒有是項記述，頗感悵書。

今年春，爲「香妃不是容妃」的問題，我與高陽先生，在聯合報繽紛版，展開了一場頗爲熱鬧的

「論戰」，一些文壇好友，對此問題，亦極爲關注，我提出了不少可靠的人證、物證，證明「香妃」絕非「容妃」，也提及了「香妃畫像」，但高陽先生擇善固執，仍堅持他的看法，後該報因不願繼續刊載此一話題之文章，而不了了之，但，仍有江述凡先生，在「世界論壇報」、「千秋評論」、「暢流雜誌」上發表了不少文章，均贊同我的說法。

七十九年三月間，忽接聯合報轉來一封陌生讀者郭志誠先生的來信，他說蒐藏有一幅郎世寧的香妃畫像，係用一千八百萬元之高價購得，畫上有「香妃」之文字，足以證明香妃確有其人，並非虛構，經過多次電話聯繫，郭志誠先生，應允我觀看他的畫，滿足了我的願望。

意想不到的事，接踵而至，「海西八珍」的第七幅畫出現後不久，我又遇見另一友人劉台杜先生他說他也有一幅「香妃畫像」，與郭志誠先生所有的，是同樣大小裝裱的，唯圖名不一樣，他的那幅叫「氷嬉娛親圖」，而郭先生的那幅，則是「寶月嘗荔圖」，我夢寐以求缺兩幅的「海西八珍」，竟然湊齊了，這份欣喜之情，我眞難以用筆墨來形容。

最近，新疆的「喀什」，亦即香妃的故鄉，又發生了反共統治的行動，中共當局已派出軍隊去鎭壓，「新疆」與「台灣」的距離，已越來越近，有關香妃身世之新資訊，也不斷源源出現，這裡，我就將我所知郎世寧所繪「香妃畫像」的有關資訊，記在下一回，以爲韓北新一文之補充，若有舛誤之處，尚祈高明之士賜教指正。

二

清正史上，無「香妃」之名，因「香妃」未順從乾隆，未獲册封，且又被太后賜死，史官自然不敢把她的名字，記載在后妃傳上；清史稿后妃傳上，記載的只有「容妃」，因「容妃」順從乾隆，先由貴人，升爲嬪，再升爲妃，於乾隆五十三年才去世，享壽五十五歲。

一般人，因郎世寧繪有「香妃戎裝像」，無法否定她的存在，就誤認爲「香妃」，就是「容妃」，把兩人混爲一談，事實上，「香妃」是「香妃」，「香妃」賜死後，才有「容妃」之介入，二人絕非同一人，我所看到的「香妃畫像」，部份畫後之題詩，均明白寫的是「香妃」，並非「容妃」，同時，很奇妙的，郎世寧爲「香妃」畫了很多幅畫像，却從未爲「容妃」畫過一幅像。吳相湘教授也在清史檔案中查出「容妃」是與其他嬪妃一樣，同居「後宮」，並無特異之處，而我在「寶月嘗荔圖」後的詩文中，清楚確定，「香妃」是住在「寶月樓」中，特別受到乾隆的寵愛。茲再將兩人之身世，不同處說明如下：

「容妃，依清史稿后妃傳稱：「名和卓氏，父名和札麥，係回部台吉（爵位）」，一七三四年九月十五日，出生於葉爾羌，一七五五年她哥哥圖爾都，因不屈於叛亂頭目霍集占，全家被迫遷至伊犁。三年後，乾隆派兵平息了叛亂，宣召這個家族的有功之臣進京受封，一七五九年正月十五日，乾隆在犒賞宴會中，看中了她，選入後宮，二月初四封爲貴人，皇太后很喜歡她，後封她爲嬪，其哥圖爾都被乾隆封爲輔國公，並將自己喜歡的宮女巴朗賞之爲妻，乾隆一七六五年第四次南巡時，點名要她兄妹陪伴，一七八八年四月十九日容妃因病逝於北京，時年五十五歲。」

上述之文字資料，可能是中共方面所查出，因其年代均用公元，而非乾隆年號。與實際之史實，還略有些微出入。

而香妃，我依據民國卅二年，梁寒操親赴香妃之故鄉喀什噶爾，根據他訪問當地一回教之牧師，阿洪所提供「香妃姓氏世系考錄」之記載，是這樣的：

「香妃，出生年代不詳，維吾爾族人，父爲回教中名宿，出生於喀什噶爾，本名「馬漠爾阿孜沁」，亦有人叫她「買木日艾則木」，因其體有異香，又叫她「伊帕爾罕」，按「阿孜沁」，係維族夫人之意，「伊帕爾」是「香」的解釋，「罕」是女人通稱名尾。她父名「群和加」，母名「帕的夏阿孜沁」，祖父名「和甲莫名和加」，曾祖父名「依葉提拉和加」，人又稱他爲「哈士烈巴克和加」，高祖父名「馬漢馬提於蘇甫和加」，所謂「和加」是貴胄公子之意，現葬「香妃墓」之墳場，原名「哈士烈的瑪札」，「瑪札」回語是「大靈寢」之意，後才改名爲「阿巴和加瑪札」，此一「哈士烈的瑪札」初建於明崇禎十三年（公元一六四〇年），後因其子也葬在此，其子之聲望和地位，比父還高，乃改爲「阿巴和加瑪札」，現香妃死後也葬於此，因此又名「香妃墓」或「香娘娘廟」矣，因歷年不斷擴建已爲「家族墳場」。若依次推算，香妃當是「哈士烈巴克和加」之曾孫女，同時，也是回族小和卓木「霍集占」的愛妃。香妃之哥，名「圖的和加」，曾與妹一起被俘入京，乾隆爲討好香妃，對之優渥有加，漢人稱之爲圖圖公，其妻爲滿清某大臣之愛女，人稱圖夫人，香妃與兄屍骨運回新疆時，曾出巨資，囑族人爲之購地修墓。」

另據民國七十五年此間出版之巨型畫刊「放眼中國」書中第六册「西出陽關」一書，第一五一頁介紹香妃之事蹟稱：「香妃入宮後，乾隆對她百般寵愛，可是香妃思鄉情切，不到一年就死了。」

依清史稿記載，兆惠平定回疆之日期，爲乾隆廿四年十月，得勝回朝，在午門獻俘慶功，是在乾隆廿五年正月，而香妃被太后賜死，據我查證是在乾隆廿八年冬至祭天之後，故推算郎世寧繪香妃之畫像年代，多半在乾隆廿五、六年間，當然一幅畫，不可能一揮而就，需相當時日，也可能香妃死後才完成的，然不可能相隔太久，當可肯定。

從上述之身世資料中，我們可以看出，香妃與容妃雖同是回疆人，同信奉伊斯蘭教，但絕對是兩個人。

容妃出生在葉爾羌，該地現改名爲「莎車」，香妃出生在喀什噶爾，該地先改名爲「疏附」，與「疏勒」較近，現中共改名「喀什」，只要打開新疆之地圖，就可知兩地相隔十萬八千里，又「伊犂」現改名爲「伊寧」與「喀什」亦相隔甚遠，且二人之父親名字也不一樣，一是霍集占的對頭，一是霍集占的愛妃，二人之哥哥名字也不一樣，娶的太太，一爲乾隆的宮女巴朗，一爲滿清大臣的愛女，二人死後葬的地方也不一樣，最大的不同點，是香妃體有異香，才有「伊帕爾罕」的別號，而容妃，在清史或其他文字資料上從未見有體有異香之記載。

「故宮文物」月刊中，也錯將「容妃」與「香妃」誤認爲一人，這是不正確的，特別需要在談「香妃畫像」前，加以說明的。

十幾年前，我製作「香妃」連續劇時，台北新疆辦事處，曾介紹一位名馬賦良的新疆學者來與我見面，他自承是「香妃」的後裔，爲了歸向漢化，二百年後香妃的後裔，多半改姓爲「馬」，因香妃發音爲「瑪漠爾」之故，他實是證明香妃確有其人，最有力的人證，惜他現已去世，子女又在美國，無法聯繫，頗以爲憾。

三

現在，我言歸正傳，就我所知郎世寧畫「香妃畫像」的情形，一一向大家作一番報導。

我仍分作兩部份來談。第一部份，先談「香妃」個人單獨的畫像，據我所蒐集到的資料，共有五幅，可能有漏列的，仍歡迎有識之士，加以補充。

第一幅：「香妃戎裝像」

這是一般人見得最多的「香妃像」，許多畫集、書報、雜誌上，都有刊登過這幅畫像。原畫像縱一四〇公分，橫五二·八公分，但「故宮文物」七十期一二一頁卻說此畫縱九四公分，橫五二·五公分，可能是以未加畫框來計算的。

畫中香妃頭戴鋼盔，身披胄甲，手握短劍一把，神采奕奕，貌極美艷，有英武氣概。迄今二百餘年，望之依然栩栩如生。是畫右上方並無「乾隆御覽」之印章，左下方僅有中文「臣郎世寧繪」之字樣，係以油畫畫在朝鮮紙上，具有十七世紀西洋新古典畫的風格。香妃全身的表情，深沈嚴肅，顏色雖複雜，但很調合，有不少人懷疑這幅畫，不是郎世寧的眞筆，費海璣教授也這樣說，但據對郎世寧作品有研究的天主教羅光主教表示，他相信這幅畫，當時在清廷，除了郎世寧，沒有別人可以繪出這樣的西洋畫像，郎氏的徒弟艾啓蒙，和他相差甚遠，難以僞造。再說，郎氏作香妃圖的事，當時耶穌會士，曾有詳細的英文傳述。

據名蒐藏家李鴻球（韶清）老先生稱：此畫原先藏於北京之「古物陳列所」，民國初年，清室按優待條件，仍居住於內宮，總統府設於中南海，乾隆專爲香妃築造之寶月樓，改爲新華門，就原有之太和殿、文華殿、武英殿三殿，設立了「古物陳列所」，將原在奉天、熱河等兩地之行宮，及中南海各處之重要文物，均移置該所，此一畫像係由寶月樓所移來，按乾隆帝五十六年登寶月樓，曾題有下列的一首自警詩。詩云：

「液池南岸嫌其遠，構以層樓擋路中，

卅載畫圖朝夕似，新正吟咏昔今同，

俯臨萬井誠繁庶，自顧八旬恐脞叢，

歸政五年亦近矣，或當如願昊恩蒙。」

是詩中「卅載畫圖朝夕似」之句，即指此一畫像，因香妃是乾隆廿五年入宮，此圖完成於乾隆廿

五、六年間，廿八年香妃已被賜死，乾隆五十六年寫此詩時，說卅載前，推算應是乾隆廿六年，睹物思人，垂垂老矣的乾隆，能不感傷不出諸詩乎？

故宮博物院成立後，該畫就由古物陳列所，再移植於浴德堂，時在民國三年，當時前往觀賞過的民衆甚多。展出時，在畫像下面，還附有香妃事略，文字如下：

「香妃者，回部王妃也，美姿色，生而體有異香，不假薰沐，國人號之曰香妃，或有稱其美於中土者，清高宗聞之，西師之役，囑將軍兆惠一窮其異，回疆既平，兆惠果生得香妃，致之京師，帝命於西內建寶月樓（即今之新華門）居之。樓外建回營，毳幕韋韝，具如西域式，又武英殿之西浴德堂，仿土耳其式建築，相傳亦爲香妃沐浴之所，蓋帝欲藉種種以取悅其意，而稍殺其思鄉之念也，詎妃雖被殊眷，終不釋然，嘗出白刃袖中示人曰：「國破家亡死志久決，然決不肯效兒女子沒沒徒死，必得一當以報故主。」聞者大驚，但帝雖知其不可屈而卒不忍舍也。如是者數年，皇太后微有所聞，屢戒帝弗往，不聽，會帝宿齋宮，急召妃入，賜縊死，上圖即香妃戎裝畫像，佩劍矗立，赳赳有英武之風，一望而知爲節烈女子，原本現懸浴德堂，係郎世寧手筆。」

民國廿六年，發表「香妃考實」一文之孟森（心史）先生，在「香妃考實」文後，也刊出了這段文字，但他在文末加注云：「此像之由來，不似近日故宮整理所得之正確，相傳爲得自熱河行宮，早有影印片流行，或者所傳非誣，則亦祇可信其像，而事略則盡於書紀載不符，無非委巷荒唐之語」。孟森先生，是祇信其像，不信其事略。

撰寫清朝歷史小說的高陽先生，於民國七十八年四月，曾返大陸一行，他訪問了中共北平故宮博物院，蒙該院代理副院長楊新先生熱誠接待，認識了現任北平故宮博物院研究員朱家溍先生，他是清朝同治年間體仁閣大學士朱鳳標的玄孫，曾任李翰祥拍攝電影「火燒圓明園」一片之顧問，做學問很紮實，據高陽先生說，他曾親口問過：曾在「小朝廷」的內務府工作過，民國三年成立「古物陳列所」時，曾經手到瀋陽及熱河承德承辦起運文物，後來並擔任「古物陳列所」保管科科長的曾廣齡先生，這幅「香妃戎裝像」是承德避暑山莊運回來的一幅油畫，畫上什麼標籤都沒有，原帳上亦只寫「油畫屏一件」。

然則何以定之爲「香妃戎裝像」呢？

曾廣齡先生的回答是：「總之是『官大表準』，當時文物運到北京後，內務部朱總長（啓鈐）看見這幅畫像，就說『這大概就是香妃吧』，其實他也沒有甚麼根據，只是順口一說而已。」

高陽先生對「官大表準」的解釋，說這是清末軍機大臣張之萬的故事，他的表上的時刻，與他人都不同，但以他的官大，時刻就以他的表爲準了。

高陽先生所言，認爲那幅畫像，只是朱總長順口一說，並無根據，事實上，不一定正確。但我從日本現在所珍藏郎世寧所繪的「御苑春蒐圖」上，以及李鴻球先生藏有的「武列行圍圖」上，均看見香妃穿的是同一樣式的戎裝，我可以肯定的說，這幅畫像上的人，絕對是「香妃」無誤。

按邏輯學來說：官大的人，表不一定準，但有時，也應有「準」的時候也。

高陽先生又說：「現在的北京故宮博物院，仍有一幅『香妃戎裝像』，但標明是民初一位名叫俞滌凡的畫家所臨摹。」

又有東門草先生，近於立報七十九年四月十八日，發表「香妃及其墓塋」一文，其中述及民國十七年，有名楊令茀女士，曾在東北奉天「故宮博物館」的協中齋，展出過她在北京摹繪的「香妃戎裝像」，像下配以「香妃事略」，六天展出期間，觀衆達十幾萬人之多。

孟森先生言，當時有此畫之「影印片」流行，臨摹之畫像，爲數必然可觀，自可斷言。民國卅八年大陸淪陷後，此畫眞蹟能幸獲携運來臺，現由臺北外雙溪故宮博物院收藏在庫房裏，間或展出，供民衆閱覽，眞是不易，故宮博物院曾一度將此一油畫像，製成郵卡發售，銷路頗佳。

傳說，郎世寧作此畫像時，爲求傳神，並表現香妃體有異香之特色，曾在油畫之顏料中，滲入了名貴的香料，使看畫的人，能聞及香味。民國六十四年十二月，我因製作「香妃」之電視連續劇，曾往故宮博物院，徵得該院同意，將該畫自庫房中取出，拍攝照片，配合播出，故有幸親眼看過此畫像，爲了求證是否有香味，還特地用鼻子去仔細的聞了一下，大概年代相隔太久了，香氣已消失。

民國七十七年又展出一次，我又去看了一遍，據我的仔細觀看，我相信，此畫不可能是僞造的贗品。

民國七十六年十月廿一日，此間「民生報」香港記者葉惠蘭發出如下的一則電訊：

「中國近代義大利籍清宮畫家郎世寧爲乾隆皇帝寵妃『香妃』所繪半身戎裝像，最近在大陸西安重見天日，經有關專家鑑定此爲郎氏眞蹟無疑。這幅『香妃像』是夾雜於已故大陸平劇『四大名旦』之一尙小雲私人藏畫中，被鑑別出來的。過去曾出現的郎氏油畫『香妃像』，無畫者款印，鑑賞家多以贋品視之。

尙家珍藏的『香妃像』，長六百五十公分，寬四百五十公分，具『乾宮精寶』之淸室收藏朱印，左下角有『臣郎世寧恭繪』題款，並有『郎』、『世寧』隸體印記各一方。

作者以中國傳統顏色繪於宣紙上，雖歷經二百餘年，色彩仍綺麗，絕無臨摹和仿製痕跡。畫面上香妃身佩鎧甲，手按刀柄，鼻挺目秀，英姿颯爽，手法寫實，極富立體感。郎世寧以別具一格的中西融合畫風著稱，是繼元代馬可孛羅，明代利瑪竇之後，又一位著名的中義文化交流使者。」

按此一新發現之「香妃戎裝像」，與此間故宮之「油畫像」，有下列諸點之不同：

一、大陸之畫像，長六百五十公分，寬四百五十公分，幾乎比此間之油畫像大五倍有餘，當然郎世寧之畫，可能有這樣大幅的，但若懸掛於「浴德堂」者，恐係此間之油畫像。

唯懸掛「浴德堂」之畫像，究係用朝鮮紙所繪之「油畫」，抑用宣紙所繪之「國畫」，則未見有文字之記載，但按畫之幅度大小來推測，當以油畫之可能性爲大，因國畫長六百五十公分，寬四百五十公分，再加上近三百字之「香妃事略」說明，殊少有可能也。

二、郎世寧之「香妃戎裝像」，（油畫此間保存者）英文本「郎世寧宮廷畫專集」中，也有此畫像，圖下之英文說明，亦謂此圖現蒐藏於中華民國故宮博物院，可證明此畫聞名中外，人所共知。

而天主教羅光主教，所說郎世寧所畫的西洋畫，現在保存的，只有故宮博物院的「香妃戎裝像」。

三、令人起疑的，是此一油畫像上，無「郎世寧」之印章，亦無「乾宮精寶」之清室收藏朱印。郎世寧之畫，多半均有「乾隆宸翰」或「乾隆御覽」等印章及題字，此畫獨付闕如，想必是因係油畫之故，無法蓋章。

四、大陸之「香妃畫」係用宣紙所繪，而油畫像，係用朝鮮紙，郎氏是否常用朝鮮紙繪西洋油畫，則不得而知。

爲了明白這兩幅畫的眞僞，最近，我在「故宮文物」月刊第六十五期廿四頁上，讀到鹿僑先生「談郎世寧的畫」一文，亦提及此一「戎裝像」。他說：

「故宮所藏『香妃像』是少數存世的故宮舊藏油畫，畫中香妃穿西洋戎裝，這和「御苑春蒐圖」上的香妃是很接近的。圖上臉部的描繪相當成功，五官的起伏非常自然，甲胄質感刻畫也很好，這是一件紙本的油畫，在馬國賢神父（Matteo Ripa）的回憶錄裏，說到他在清宮中，看到此油畫，是畫在加刷明礬水的高麗紙，而非帆布，香妃像可做一實證。香妃並非完整整張紙所畫，臉部下額的橫行處是紙張接縫處，再看手肘關節處已超出畫外，不免使人想到，這幅畫可能原是一件大畫，有所破損，目前所見是被裁切後保存下來的，否則以皇家的材料標準，畫人像不應該在最重要的臉部有接縫。」

我再次，仔細觀察那幅「戎裝油畫像」，發現臉部下額橫行處，果然有明顯的接縫處，這究竟是什麼原因，那就眞的令人費疑猜了。

不過，鹿僑先生又說：「清宮中，郎世寧曾教過油畫，曾有班達里沙、八十、孫威風、王琦、葛曙、永泰等六人跟他學過油畫，班達里沙曾有一幅「人蔘花」的油畫，現猶流存於故宮，另外，清廷中，有一名屈兆麟者，曾模倣郎世寧的「仙萼長春」，維妙維肖，晚清時，還有溥沂，馬晉等名家，好學郎氏之畫法」。可見模倣郎氏之作品，在市面上一定很多。

據日本研究郎氏作品專家石田幹之助所著：「郎世寧傳考略」一書所記：「故宮博物院藏有一幅，相傳爲郎世寧手筆之『香妃油畫像』，他說郎世寧的畫，大都爲絹本，少數是紙地。立軸、橫卷、畫册都有，但眞正屬於油畫的，這是絕無僅有的一例。」

依此來看，大陸發現尙小雲收藏之宣紙畫的「戎裝像」，其爲贋品的可能性是相當大的了。

第二幅：香妃漢裝像：

這是香妃穿著漢裝的一幅畫像，面貌姣好，神態溫柔，與着戎裝像時廻然不同，也是所有香妃畫像中，最具中國女性古典美的一幀畫像。此一畫像，早些年外間甚少有看到，據聞原畫由宋子文先生，向一古董商人出高價購得後，贈於先總統　蔣公夫人蔣宋美齡女士，懸掛於士林總統官邸夫人卧室中，若干年前舊金山廣東銀行，曾將之彩色影印，分贈友好，此畫始被一般人所知悉，民國六十年正中書局出版賈亦棣先生編寫之「香妃」話劇劇本時，曾將此畫彩色製版，印作封面，乃更形普遍起來。近發現坊間出版林語堂的「中國傳奇小說」譯本，亦用此畫作了封面，可謂無獨有偶。

我曾在英文本「郎世寧宮廷畫專集」中，看到此圖之彩色版，圖下之英文說明，謂此圖現蒐藏於中華民國蔣介石總統夫人之手中。可證明此畫亦聞名於中外，人所共知。

香妃畫像，除戎裝外，或着回裝、西洋裝，此是僅有之一幅漢裝像，從未見有一幅她着旗人所穿之旗裝像，香妃至死未從乾隆，在服裝上，這又是一項最好的明證。

「故宮文物」月刊第六期四十九頁上亦曾刊出此畫之黑白照片。

該一畫像，近在臺北某一畫坊中，也發現有畫家臨摹之作品，畫得與眞蹟極爲神似，更有利用印刷製版，大量翻印之影印品。原畫是畫在朝鮮紙上，或是宣紙上，是否有「臣郎世寧繪」之題款，印章，均不得而知，我曾兩度寫信給蔣夫人宋美齡女士，希望能有機會親眼目睹此畫，以增見聞，惜未獲回音，是十分遺憾的一件事。

第三幅：香妃採花圖：

這一幀香妃畫像，並非油畫，而是一幅中式的立軸，原畫現藏於日本，我先是在日本昭和四十四年（民國五十八年）出版的「中華帝國之崩壞」（日文）一書中，看到此畫之上半部製版圖，及後，又在日本昭和卌五年（民國四十九年）出版的「世界文化史大系」十八卷（日文）書中，看到了此畫的全圖，惜兩者皆係黑白製版，原畫應是彩色的，因香妃所着爲「藍緞外褂」。

據李鴻球老先生稱，此圖長五尺三寸，寬二尺七寸，與下述之「宴居圖」、「種花圖」，規格相同。畫像中香妃着回族之貴婦裝。按當時回疆地理誌記載：乾隆平定回疆之時代，該地因與波斯、阿富汗（愛烏罕）……等中亞細亞國家，常有商賈互相往返，一般回民之服裝，流行歐洲之西式西洋服，從此一畫像上，可以獲得證明，此種服式，滿清時之漢人，旗人均不可能穿着也。

是畫香妃坐於樹蔭下之石上，臉龐微側，輕綢長衣，藍緞外褂，束腰斂胸，戴帽插羽，右手扶花籃，滿盛嘉卉，左手持長鍬，斜睨御園景色，臉上略呈現疲憊之態。

是畫是否有郎世寧之落款，不得而知。

七十九年三月，我於郭志誠先生處，看到他所珍藏的「寶月嘗荔圖」，發現圖中香妃安祥的坐在「寶月樓」內嘗吃荔枝所穿着之西洋裝，與該圖上香妃所穿着之西洋裝，不特款式完全一致，且顏色亦為天藍色的，而頭上所戴的那頂西洋帽子上也同樣插有羽毛與珠寶，可確證是同一人也。「故宮文物」月刊第六期五十頁，也曾刊出此畫之黑白照片。惜，此畫現流落日本，無法看到原畫。

第四幅：香妃宴居圖：

這一幀畫像，與「採花圖」一樣，也是一幅立軸。其大小長短亦同。此畫我未有見過，連照片亦未曾看到過。唯據李鴻球先生稱：他曾親眼見過此畫，現為香港一張姓蒐藏家所有。（是否張元方，待查證）曾在「香妃」電視劇中，飾演香妃之張俐敏小姐稱，她有友人居住香港，擁有一幅香妃之畫像，恐即係此畫。

聞此一畫像上，蓋有「八徵耄念之寶」的印章，左下角書有郎世寧款，畫中香妃所著之回族服裝，與另一幅日本珍藏之：「長春園扈蹕閱鞠圖」相同，長裾遮足，頭戴草帽插羽毛，坐御花園古松下，後倚竹石，側傍雕欄，香妃右手提一竹籃，左手持一長鍬，神態閑適，容貌端雅，畫簽像繪龍米色箋，書有「御賞郎世寧繪香妃宴居圖萬壽聖典重裝奴才耆齡監工」等字。按「萬壽聖典」，係乾隆八十歲過壽的一項盛典，時在乾隆五十五年，香妃早已香消玉殞多年，乾隆因對之一直念念不忘，乃有將此畫重加裝裱之舉，此處文字上明寫郎世寧繪「香妃宴居圖」，而非「容妃宴居圖」，二人不能混為一談，又一明證矣。

按「長春園」與「綺春園」「靜宜園」係圓明園三大附園，乾隆期間，曾大興土木，予以擴建，供帝后妃休閒娛樂之用。「扈蹕閱鞠圖」係「海西八珍」之一，是圖上香妃所穿之服裝與「宴居圖」一樣，有抽紗披肩，深色外套，可能是一襲秋裝，該圖「故宮文物」月刊第六期四十八頁，曾有局部彩色放大之鑄版刊出。

第五幅：香妃種花圖：

這也是一幅立軸畫像，其大小，裝裱與「採花圖」、「宴居圖」相若。此畫我亦未有見過。

據李鴻球老先生稱：此畫，昔珍藏於熱河行宮，因畫上蓋有「避暑山莊」之印，可以確定。按熱河行宮，是乾隆帝夏天常去避暑之行宮，有不少文物畫像，原先均藏於熱河行宮中。此畫香妃所穿着之服裝，與「宴居圖」所穿着的，完全相同，惟顏色略異，而身上所戴之飾物，亦稍有區別，此圖與「採花圖」、「宴居圖」最不同之處，是香妃「站立」於柏樹之下，而非是「坐」的姿勢，同樣是右手提花籃，左手持長鍬，臉上有一幅雍容愉悅之象。

現此一畫像，據聞爲臺北某一蒐藏家所有，目前，此像之主人，已遷往美國居住，原畫可能亦隨之一同被携往美國，要一睹其風采，恐很難如願了。其他書報畫刊，亦未見刊出此畫之圖片。

以上五幅，皆是「香妃」的單獨個人畫像，是否尚有漏列的，要請海內外專家，提供資料，予以指正。

四

第二部份，我要介紹的是香妃與乾隆帝、太后或其他隨從人員畫在一起的畫像，這些畫像，大部份是長長的橫卷，採取同一大小格式裝裱，共有八幅，合稱爲「海西八珍」，均爲海西臣郎世寧所繪，但也可能是郎世寧與其他畫家合作，共同完成者。

依據考證香妃在清宮居留共三年，這些畫考證多半在乾隆廿五、廿六年間完成，爰以「春蒐、採蓮、秋獮、冰嬉」等不同之季節，一一分述如下：

第一幅：御苑春蒐圖：

此圖爲一長長的橫卷，現爲日本藤井齊成會有鄰館所蒐藏。我在日本昭和卅八年（民國五十二年）出版的一本美術雜誌（日文）上，曾看到此畫之黑白製版全圖，日本名美術家松村勇造，曾撰「乾隆皇帝與香妃圖」一文，予以介紹說明。又在日本昭和四十四年（係民國五十八年）十月出版，鈴木勤所編集之「中華帝國之崩壞」（日文）一書中，看到此畫之局部彩色製版，茲將該圖之全圖黑白製版、及其中乾隆與香妃並轡徐行之彩色製版，轉載於拙著「香妃考證研究」一書中，以供讀者一覽。另「故宮文物」月刊第六期四十八頁亦有該圖局部彩色製版刊出。

此圖之裝裱及格式，與「武列行圍圖」相同，展卷先有御書：「農隙春蒐」四大字，然後依次爲漢、滿、蒙、回、藏五體文所書之「御苑春蒐圖」，再次爲圖之全部，前半部爲圓明園之山水風景，圖之中央，始見乾隆香妃俱穿戎裝，騎在馬上，緩緩前行，乾隆在前，背上還背有箭囊，香妃則佩劍隨後，後有二宦官步行跟隨，另有三位大臣騎馬在後壓陣。背景爲圓明園之園林及正大光明殿、勤政親賢殿。圖之中央有「靜宜園」印，圖末有郎世寧落款，圖後有乾隆之詩跋，四庫全書總纂之紀昀（曉嵐）詩跋，大學士梁詩正、兵部尚書金大松、滿人格里阿、介福四人連署之詩跋，大儒沈德潛之詩跋。沈詩註云：「乾隆廿六年皇太后七十壽辰，奉詔進京，蒙賜閱此卷」。按乾隆廿六年十月辛未，上奉皇太后自熱河行宮還京師，十一月慶賀皇太后七十壽，乾隆時年五十一，香妃廿五年入宮，廿六年十月，尚未被賜死。所謂「春蒐」是春天打獵之意也。

此一圖卷，原藏於北平「靜宜園」，咸豐十年，英法聯軍之役，圓明園、靜宜園，皆被焚刼，此畫乃自宮中流落外間，據日本人自稱，此圖與另一「扈蹕閱鞠圖」，同在民國初年，爲一中國之高級官員，贈送與日本某高級軍事顧問者，並非掠刼奪取，日人爲自己臉上貼金的一種措詞吧！

此圖中，香妃騎在馬上，所着之戎裝，與單人戎裝像之服裝，完全一樣，唯所佩戴之刀則與戎裝像之劍並不一樣。據鹿僑先生考證，此圖由郎世寧與唐岱共同具名，按唐岱是當時內務府總管，故排名在郎世寧之前。

第二幅：武列行圍圖

此圖爲前世界書局總經理李韻清（鴻球）先生所珍藏，是當年在大陸時，出高價向一字畫商購得，六十四年我曾見過李先生手邊保存有之全圖黑白照片，因全畫係一長的橫卷，照片係採分段拍攝。據李老先生稱，該圖之裝裱，絲毫未有損壞，外用包袱，係藍綢黃裏，裏之中央，書「神品上」三字，下蓋木質龍紋大印，中書：「原藏古香齋移弆（音舉，密藏也）靜寄山莊苑苑字第拾壹號」等字，解開包袱，爲古銅色團龍錦套，簽書「御製山莊行圍圖」，脫去錦套，即爲全卷，包首用金線繡雲龍緞，簽繡雙龍，中繡：「高宗純皇帝偕香妃山莊行圍」，此畫軸之兩端及帶插，俱用翠玉刻花，極爲細緻。

展卷，首見乾隆御書：「武列行圍」四大字，中蓋「乾隆宸翰」印，次爲漢、滿、蒙、回、藏五體文書「灤陽觀圍圖」，中蓋「古希天子」小圓印，（註：康熙四十二年，在熱河省承德縣之武列山畔，建有一避暑山莊，專供皇上夏天避暑之用，又稱熱河行宮，武列山前，有灤水縈繞其側，故此圖名「山莊行圍」，亦名「武列行圍」，又名「灤陽觀圍」，其實則一也，所謂行圍，是打獵之意，一圖數名，係乾隆生活圖卷中習見之事，不足爲奇。）次即全圖。

圖中乾隆偕香妃戎裝乘馬，前爲大臣六人，亦均乘馬，次爲宦官四人步行，在帝妃之後，有校尉十人隨護，大隊人馬一路徐行，山間池畔，繪有麋、鹿、狐、兔、及羽禽之屬，或奔或立，或翔或鳴，宦者伺之，彈、射、嚷、驅，不一其狀。圖之中央蓋：「古香齋寶」印，末尾下端書：「海西臣郎世寧榮繪」之款，圖後題跋，首爲乾隆御書詩，次爲梁詩正之頌讚駢文，中有註云：「皇上與聖妃觀獵於灤陽，循舊制也。」又次爲沈德潛五言律詩，殿卷爲滿文跋語。

是圖中，香妃所着之戎裝，與其單獨之油畫「戎裝像」上之服裝，完全同一式樣，可證明此畫出自郎世寧手筆無訛也。

據李鴻球先生稱，此圖係嘉慶年間重新裝　，故外套雙龍中繡有「高宗純皇帝偕香妃山莊行圍」之字樣，這是證明畫中人，是「香妃」、非容妃之確據，也是鐵證。畫中蓋有「古希天子」之印，證明乾隆七十歲時曾取出此畫，重新御覽過。

相隔十餘年後，再與李鴻球先生連絡，其公子李鑒澄稱，已告去世，該畫被友人携去美國，脫手轉售他人，下落已不明，殊爲痛惜。唯李鑒澄稱，該畫在台保有期間，曾有黨國元老張群先生，國畫名家馬壽華先生，商界名流林伯壽先生等親自觀賞過，可以作證非贋品也。

第三幅：大宛貢馬圖

乾隆年間，邊遠地區弱小國家，爲表示向滿清王朝的臣服，均有進貢馬匹之舉。此其間，郎世寧也先後畫了不少的「貢馬圖」，先是乾隆廿二年，有「哈薩克貢馬圖」（此圖現存故宮博物院）按哈薩克在今新疆伊犂縣（今改名爲伊寧）西北，爲漢朝康居國地，皆奉回教，清乾隆中歸附中國，今其地大半屬於蘇聯。乾隆廿五年平定回疆後，拔達山，貢馬八匹，郎世寧曾繪有「拔達山八駿」長卷，惜此畫已佚失。乾隆廿五年，有大宛貢馬，郎世寧即繪有此一長卷，爲「海西八珍」之一。

此圖亦爲長卷，原藏於熱河之避暑山莊，其裝裱亦同。裹首用金線蟠龍凸繡，圖中繪乾隆帝乘馬，香妃亦騎馬以從。兆惠大將軍諸人皆侍立，進貢之馬多匹，均極生動。

按大宛，係漢西域諸國之一，北通康居，西南及南與大月氏接。該國自古以產馬聞名，漢張騫使西域歸來，爲武帝陳述，武帝即遣使以千金求其善馬，孰知該大宛國王非特不接受，並攻殺使者，奪取其財物。漢武帝盛怒之下，乃派飛將軍李廣出兵征伐而破之，該國才獻出馬三千匹。事見「漢西域傳」。

大宛國至清朝降服後，改爲浩罕國，今爲蘇聯屬中亞細亞阿茲柏克共和國之一邑。

此畫，曾有編寫「清宮秘史」一書之作者周燕謀先生親眼看見過，據說，大概時在民國四十年前後，曾在台北植物園之歷史博物館展出過，惜我未有親見。

依照韓北新先生「郎世寧繪畫繫年」一文，「故宮文物」月刊第七十期一二〇頁載，另有一幅，「大宛貢馬圖」現爲英國劍橋鄭德坤先生所收藏。「郎世寧宮廷畫集」英文本（一八三頁）刊出有全卷之黑白圖版，彩色圖版二張（一刊五七頁，一刊一三三頁）唯未見著錄。畫面繪茂密的林野大樹下，乾隆帝等四官員騎馬逡巡。林中有馬，馬泅泳，嬉戲、棲息，牧者數人，類似「百駿圖」架構，曾有人疑此畫是「僞託」。

查此幅「大宛貢馬圖」，畫中既無香妃，亦無「貢馬」之跡象，恐非「眞品」，可以斷言也。

乾隆廿八年，愛烏罕（即現今之阿富汗）亦曾進貢駿馬四匹，郎世寧曾繪有「愛烏罕四駿圖」，四駿者：超洱驄，青色；騋遠騮，赤黑色；月峭騋，黃白色；凌崑白、白色。是年「香妃」已被賜死，故無有「香妃」在畫中矣。

第四幅：太液採蓮圖

此圖爲「海西八珍」中，唯一以夏天遊湖採蓮爲背景之畫像。原亦藏於熱河承德行宮之避暑山莊，其裝裱規格，與其他七幅完全相同，曾有著「清宮秘史」一書作者周燕謀先生及其他人士，在台見該畫公開展出過，但我未曾親見。

按太液，係一池名，在北平西苑內，即元時之西華潭，爲玉泉山噴射出之泉水滙聚而成，池上跨金鰲玉蝀橋，池中有瀛台，橋之北曰北海，橋之南曰中海，瀛台之南曰南海。南海之南，即寶月樓所在地。爲燕京八景之一。太液池之面積極廣，夏天池中，開滿蓮花，清香撲鼻，景色宜人。慈禧太后做壽時，曾乘船遊覽，拍照留念。

是圖中，繪一巨舟，乾隆帝坐於船中，香妃則倚窗，舒腕擷採池蓮，全圖之背景，與春蒐，行圍、閱鞠、秋獮之情景，迥然不同，別具風格，圖中另有內侍等乘小舟，在巨舟後隨之，圖末有西臣郎世寧款，至於是否有漢、滿、蒙、回、藏等五體文之圖名，及乾隆或大臣之題跋及詩文，則不詳。此畫，目前下落不明，是否在國人之手，或爲國外博物館所藏，尚盼廣識之士，多予提供資料或線索。

第五幅：扈蹕閱鞠圖

此圖爲「海西八珍」之二，亦爲一長長的橫卷，原名爲「長春園香妃扈蹕閱鞠圖」，原圖現爲日本所蒐藏，我在上述之「美術雜誌」（日文）上，看到黑白製版之全圖，已將該圖之全部及其中乾隆與香妃併坐閱鞠之局部情景，在「香妃考證研究」書中分別製版刊出，以供讀者觀賞。「故宮文物」月刊第六期四八頁亦有局部乾隆與香妃之彩色製版刊出。

此圖之裝裱、格式，亦與上述之諸圖相若。所謂扈蹕，是隨從天子車駕之意，此處作陪伴皇帝左右解。閱鞠者，看球戲也，此球，非足球、籃球，是回民所流行騎在馬背上，持類似網球拍之拍子，所打之馬球是也。此種馬球，我國在唐朝時已有之，惟在清宮中，則尚未聞有此種球戲，推想或因香妃係回人，因其入宮而引入者也。圖的後半部三個騎在馬背上，手持球拍打球之宮女，皆着回裝，似可證明。在諧趣園殿前，陪侍乾隆端坐閱鞠之香妃，着回族貴婦裝，旁有一丫環捧盒侍候，乾隆身後，有二太監隨從，此外，並無其他妃嬪，或因香妃獨能解此種球戲，故與之同樂也。

此圖中，香妃所穿着之服裝，與前述香妃個人畫像「宴居圖」完全一樣，推想閱鞠之時間，可能在秋天，才有外套之穿着。

全圖前半部自長春園園門起，景象皆爲寫實，孔雀、名犬、良駒，皆繪得神采逼眞，歷歷可數，有宮女十餘人，皆着滿裝，其中或賞花，或觀魚、或戲禽、或調犬，姿態表情，均不一樣。圖中共繪有名犬十隻，即有名之十駿犬：霜花雞、睒星狼、金翅獫、蒼水虬、墨玉螭、茹黃豹、雪花盧、驀空鵲、斑錫彪、蒼猊犬。此十犬郎氏另有單獨之畫幅，郵政局曾發行過十駿犬之郵票，唯十犬在一幅畫上併列，恐不多見。

圖之前，同樣有漢、滿、蒙、回、藏五體文所寫「長春園閱鞠圖」，圖之中央蓋有「圓明園之寶」大璽，及「古希天子」印，末端有郎世寧款，圖之後爲題跋，首爲乾隆御題詩，由禮部侍郎金德瑛篆書，詩中有：「妃子姿容尤稱善」及「西臣中有郎世寧，畫筆生新法能變」等句，乾隆對於香妃之美貌、郎世寧之畫藝，直接加以讚美，此爲首見之於文字者，由此亦可推知其對二人寵眷之甚。次爲大學士劉統勳，兆惠大將軍之題跋，均以滿文書寫。按兆惠爲平定回疆，剿滅大小和卓木之大功臣，乾隆命其在此卷題跋，想必自有一番深意，此圖原藏於圓明園中，現與「御苑春蒐圖」，同爲日人所有，思之令人不勝痛惜。

英文本「郎世寧宮廷畫專集」中，亦有此一畫像之著錄。故宮出版之中文本「郎世寧作品專集」中，則付闕如。

第六幅：木蘭獲鹿圖

此圖亦爲長的橫卷，惟幅度無上述之諸圖長，其裝裱格式則一，全名爲：「秋獮木蘭御妃扈蹕獲鹿圖」，與「春蒐大閱愛烏罕恭進四駿圖」，同裝裱爲一卷，而統名之曰：「西鄙歸化圖」。

秋獮（音洗），是秋天打獵之意；春天打獵謂春蒐。木蘭，是滿州文 Muran 一字音譯而來，漢文意譯爲「哨鹿」，即以哨聲仿鹿鳴以引雄鹿的一種獵法。此處之木蘭，係地名，即木蘭圍場是也，其成立的年代，較承德之避暑山莊爲早，康熙皇帝時所造，自廿二年起至他逝世（一七二二年）那年止，每年都在陰曆七八月間，由滿蒙王公隨侍到木蘭圍場打獵，雖然雍正未曾到木蘭，乾隆卻將木蘭變成他最喜愛的獵場，木蘭秋獮的慣例一直維持到嘉慶初年，才變成不定期，到一八五一年秋獮盛典，才完全被放棄，此一位於熱河省圍場縣附近的御用獵場，始逐漸被開墾爲農田。

此圖中的香妃全副戎裝，一人騎馬疾馳，伏身張弓，追射小鹿，其奔追之狀，躍然紙上，完全十足的回疆女子，狩獵本色。

乾隆廿五年，兆惠平定回疆，俘虜香妃來歸，乾隆在午門受俘馘（音幗：不服之俘割下之左耳）時，曾親賦七言律詩一首。詩云：

「函首霍占來月窟，傾心素坦款天閶，
理官淑問寗須試，驃騎窮追實可臧，
西海永清武保定，午門三御典昭祥，
從今更願無斯事，休養吾民共樂康。」

此詩除載「御製詩集」及「國朝宮史」中外，並親書於此圖之後，當時，乾隆以兆惠打了勝仗，自己既得美女，又獲駿馬，雖是躊躇滿志，但內心深處，感於奪人之婦女，戳人之家族，或亦有歉於衷，詩中頗寓有懺悔之意。

其後，有東閣大學士三等誠毅伯伍彌泰題詩。詩云：

「眞人御極臨中土，爲鑾重譯皆鼓舞，
族獒越雉貢王庭，騏驥驊騮進御府，

（註：今上御極，四遠來臣，近愛烏罕復進獻駿馬。）

天師西指定天山，盡虜兕酋奏凱還，

爲築鳳樓名寶月，聖妃從此侍天顏。

（註：自天兵底定準噶爾、回疆二部，盡虜各部兕酋，誅阿穆爾撒納，函布羅尼特霍集占兄弟首級以獻，以時天子方納聖妃，因築寶月樓於太液池旁以居之。）

聖妃戎裝性好武，帶箭彎弓能射虎，

長揚羽獵秋獮時，同騎連鑣常作輔，

（註：聖妃英姿好武，常於羽獵秋獮時，隨侍扈蹕焉。）

今秋皇帝獮木蘭，邊草初肥氣未寒，

扈蹕郊原獨獲鹿，獻來御座博天歡。

獲得此鹿天顏喜，記勝留圖勅畫史，

西臣中有郎世寧，繪出形容嘆觀止，

上邀睿賞與天章，奉詔某題事有光，

四海於今霑雨露，更逢德澤遍遐荒。」

按伍彌泰，是蒙古人，據清史稿記載，他授東閣大學士是在乾隆四十九年，距香妃廿五年扈蹕打獵，已相隔廿四年，且他從未寫過詩，高陽先生認爲伍彌泰在此畫像後題詩，是不可能，且不可思議之事，由此推想，此畫可能出於「僞作」。但我蒐集到這首詩，是李韻清先生所提供之資料，他早年留學法國，親眼看過此畫。

此圖，曾刊登於前述之「郎世寧宮廷畫專集」（英文）中，我曾看見過，下註明，現爲法國巴黎之居美博物館（Musée Guinet）所蒐藏。

按法國之居美博物館，專門蒐藏遠東之藝術品，郎世寧與金昆、丁觀鵬、吳桂、余熙璋、程志道、李慧林、程梁、丁觀鶴、盧湛、陳永價等十一人共同繪製之「木蘭狩獵圖」四長卷，目前亦由該館所珍藏，據說是法國胡雷將軍（Henri Nicalas FRFY）於英法聯軍之役（一八六〇年）攻入圓明園後，所帶走之戰利品，在其逝世前立下遺囑，贈送給法國政府的，最初收藏於羅浮宮博物館，抗戰勝利那年（一九四五）才移送至居美博物館。

「木蘭狩獵圖」是描寫乾隆木蘭狩獵情景，上無香妃，「木蘭獲鹿圖」上，有香妃，是兩者不同處。唯同爲居美博物館所蒐藏。

「海西八珍」之畫，多半一再裝裱，畫上蓋上「古希天子」之印，有之；蓋上「十全老人之寶」之印者，有之；蓋上「太上皇之寶」之印者，亦有之。可見有些畫是乾隆七十歲時、八十二歲時、八十六歲時，拿出來一再觀賞時，再加裝裱，「木蘭獲鹿圖」雖完成於乾隆廿五、六年，其有伍彌泰之題詩，實不足爲奇，再說，伍彌泰，他雖從未寫過詩，但詩上有「奉詔某題事有光」之句，可見皇上奉詔要他題詩，即使他不會寫，也會請人捉刀代寫，如：兆惠也不會題漢詩，同一情形也。

高陽先生七十八年四月赴大陸北平故宮訪問，於北平故宮博物院副院長楊伯達先生處，看到了一幅「威弧獲鹿圖」，係「子臣永瑢恭畫」，畫中乾隆騎馬射箭，矢中鹿肩，後有一回裝之妃嬪緊隨於後，並遞上一矢。楊副院長認爲：「這是乾隆木蘭秋獮，一次獲鹿的眞實記錄，宮中所藏乾隆獲鹿之圖尚多，但由妃嬪陪同射獵，尤其回裝的妃嬪，僅此一件。」

因畫中之妃嬪，着回裝，高陽認定此即香妃。事實上，這是容妃，因香妃死後，乾隆秋天仍有秋獮打獵之活動，陪同打獵，當以容妃爲宜，因其他妃嬪，不擅騎射也。再者，畫者爲乾隆之六子永瑢，係純惠皇貴妃蘇佳氏所生，雖喜愛繪畫，但較諸郎世寧作品，相差仍有相當之距離，雖現僅存一幅，仍不可與「海西八珍」之「木蘭獲鹿圖」，相提並論也。

第七幅：寶月嘗荔圖

此圖現爲台北道達實業公司總經理郭志誠先生所珍藏，聞此畫一度曾保管於英國之大英博物館達十餘年之久，於七十八年郭君以新臺幣一千八百萬元之代價購得，我有幸於七十九年三月廿九日，於台北親見此畫，並拍攝彩色照片。此圖之裝裱，大小，與李鴻球先生之「武列行圍圖」，完全一樣，絲毫未有損壞，唯外用之錦套，係桔黄色綢裏，解開錦套，則爲古銅色團龍裝裱之全卷，裏首用金線繡雲龍緞，凸繡雙龍，中繡：「御題　郎世寧繪寶月嘗荔圖卷」，畫之兩端，俱用碧綠之翠玉爲軸。

展卷，首見乾隆御書：「寶月嘗荔」，四大字，中蓋「十全老人之寶」大印，次爲「寶月嘗荔圖」、之漢、滿、蒙、回、藏五體文書寫，上蓋「乾隆御覽之寶」，次即全圖。該圖縱一尺七寸，橫長四尺六寸。畫中香妃安坐於樓中一太師椅中，旁有一桌，桌上置有一盤，盤中有荔枝不少，左右各有一丫環站立，背景爲四個盤龍圓柱，後即南海，及瀛台，寶月樓中之陳設，除古董架外，另有花瓶、鏡台、香爐，十分雅緻。

查「寶月樓」築於乾隆廿三年春，落成於是年秋，其位置介於瀛台南岸，北對迎薰亭，亭台皆勝國遺址，乾隆時加以修葺，因太液池南岸逼近皇城，地狹未置官室，嫌其直長無屏蔽，乃鳩工造此樓。此畫中之香妃服裝，與其單人畫像「採花圖」上之西洋服，款式，顏色完全一樣。畫末有「海西郎世寧恭寫」字樣。及「古香齋寶」之圖印，畫紙上另有「江南織造廠奴才李誠恭製」之印章。圖後題跋，首爲乾隆御製詩，由蔣溥東閣大學士兼戶部尚書書寫，詩云：

「披圖疑在畫中央，宮嬪盈盈笑語揚。

寶月清光臨太液，荔枝香馥貢南方。

澄懷期與民同樂，佳果豈眞妃獨嘗，

四海承平民物阜，尙思威德及遐荒。」

詩中有三段註，文字如下：

「一、西臣郎世寧攜技來貢王庭，其傳神丹青之妙，別具匠心，而獨樹一幟，爰命其繪御妃寶月樓嘗荔圖，披覽之餘，眞覺此身之在畫圖中也。

二、寶月樓建於太液池之南，北望瀛臺，南矚闤市，旣近市廛，足遠觀而鮮塵囂之擾，爲禁禦中最可觀民風之地，爰命香妃居此，俟幾暇臨幸，時值嶺南初貢荔枝，思及唐代故事，敕繪寶月樓嘗荔圖，雖有今昔之殊，而置之座右，亦足以便觀覽，而稍存戒心焉。

三、古代仁君，多與民同樂，而休息之暇，雖不德竊欲則效爲，是圖雖寫嘗荔，而豈忍使妃獨嘗哉，亦思有以蘇吾民也。」

其中，特別值得注意的是，第二註中有「爰命香妃居此，俟幾暇臨幸」之句，可以肯定，住在寶月樓中者是香妃也，決非容妃。「俟幾暇」，作皇上日理萬機之暇解，臨幸，並不作香妃順從願作愛妃之解。

是詩，係蔣溥奉敕敬書。蔣溥，係江蘇常熟人，乾隆四年，爲內閣學士，十八年協辦大學士，廿四年授東閣大學士，兼管戶部尚書，廿五年充會試正總裁，廿六年卒，由此可證明，本圖繪成於乾隆廿五、六年。

御製書後，復有兆惠大將軍所題之五言詩，詩云：

「詩紀承平盛，圖開寶月樓，
分宮臨太液，嘉果貢皇州，
嘗荔傳佳話，留題仰聖猷，
賜觀增眼福，珥筆迓天府。」

詩中亦有二段註，文字如下：

「一、御敕臣郎世寧所繪，寶月樓香妃嘗茘圖，上邀天題，並有殷殷鑑戒之語，復命臣工賦詩題後，以紀洵承平之盛事也。

二、皇上經文緯武，邁古絕今，仁德普及於遐荒，雨露偏需於宇內，旣首定苗疆，復繼平西域，遠人向化，西臣越海而來朝，佳果初登巴蜀，乘傳而入貢，賢妃嘗茘，聖人敵前鑑之思，寶笈藏圖藝術開生面之筆，幸蒙賜觀，謹應敕敬題於後，用識欣幸，奉敕恭賦。」

按兆惠將軍不習漢文，乾隆知之，此詩是請人捉刀代寫也。

最後是梁詩正之頌讚駢文。是畫最珍貴者，是證明香妃確實住在寶月樓中，並非容妃住在寶月樓中，孟森先生在「香妃考實」一文中，提及乾隆「御製集中，詠寶月樓之詩，自廿四年始，時時成詠，可知其幸寶月樓之時甚多」，於此畫之發現可獲明證矣。

第八幅：冰嬉娛親圖

此爲「海西八珍」中，唯一以冬天在昆明湖上觀冰嬉爲背景之圖像。現爲台北劉台柱先生所珍藏，據劉先生說，此畫最近甫由友人輾轉自大陸携運來臺，我於民國七十九年四月五日親見此畫，並蒙允拍攝彩色照片。

此圖之裝裱大小，與「寶月嘗茘圖」，完全一樣，絲毫未有損壞，不同點是外用淡黃色綢裏之錦套，解開錦套爲古銅色團龍裝裱之全卷，裹首用金線繡雲龍緞、簽繡雙龍，中繡：「御賞冰嬉娛親圖卷」字樣，畫之兩端，亦用碧綠之翠玉爲軸。

展卷，首見乾隆御書：「冰嬉娛親」四大字，中蓋「乾隆宸翰」大印，次為漢、滿、蒙、回、藏五種文體寫的「冰嬉綵娛圖」，上蓋「古希天子」印章，然後即是全圖。

此圖較「寶月嘗荔圖」為大，且幅度亦較長，計縱二尺二寸，橫長十三尺二寸。畫右方有「養心殿鑑藏寶」之印章，中間有「太上皇帝之寶」大印，畫左方有「乾隆鑑賞印」、下方有「海西臣郎世寧恭寫」題款，畫紙最後，同樣蓋有：「江南織造廠奴才聯秀恭製」之圖章。

圖中右方是香妃騎在白馬上，身穿紅色繡花斗篷，內是否着戎裝，不詳。頭戴羽帽，完全冬天服裝打扮，另兩宮女騎黃馬隨後，另有太監二人隨立在旁，循石板路前進，為一蒙古包式之帳蓬，外有大臣等多人站立，後有牌坊矗立，再向前進，則為一較大之帳蓬，蓬內有乾隆，太后端坐於虎皮椅內，旁有大臣多人護駕，帳蓬下有地毯、台階，再向前進，則為已結冰之昆明湖，湖上有四名清兵在表演溜冰、射箭特技，一箭已中靶心，湖上有不少清兵，排列成行，在待命表演或觀賞，全畫出現之人物，約達六七十人之多，頗為壯觀。

按在圓明園之西，萬壽山前之湖泊，即為「昆明湖」，乾隆年間，在此修建了一個「清漪園」，此園後由慈禧太后大加整修，改名為「頤和園」。每屆隆冬季節，湖水結冰，帝后觀冰嬉之活動，即在此展開。清朝因注重武功，將冰嬉納入國俗，每年冬天要由各地挑選上千名善走冰者，入宮受訓，定期於冰上表演絕技，供帝后觀賞，冰嬉表演有速度滑冰、花式滑冰，冰球賽、冰上射箭比賽等花樣，屆時宮廷畫家，則奉命繪圖以誌其盛，本圖係郎世寧所繪，畫後有乾隆親筆御題七言律詩一首，其文如下：

「雪霽西山氣轉和，昆湖凍合水無波，

氷嬉博得慈心喜，共慶天倫樂事多，

幾餘西苑看氷嬉，競技爭長藝各奇，

笈使良工傅畫本，圖成開卷一題詩。」

詩之上方，蓋有「乾隆御筆」大印。

次爲嵩壽所題之五言詩，詩云：

「舜德八紘普，堯天庶績凝，時和逢歲稔，冬至水成氷，

教孝身爲率，興仁慶自增，娛親思備至，西苑閱奇能。

氷鑑昆湖澈，瑤山萬壽新，臣工群競技，皇上獨娛親，

時泰民同慶，陽回草自春，聖朝多樂事，載詠上楓宸。

臣嵩壽恭賦敬書」

詩上方，蓋有「養心殿鑑藏寶」之印章。

再次爲大學士傅恒之頌讚駢文，殿卷爲滿文跋語。

是圖皇太后、乾隆、香妃雖在同一畫像中，但隔了一段相當之距離，香妃之未獲太后之歡心，在此獲得證明，也很可能此年之冬天、乾隆去天壇祭天時，香妃即被太后賜死，故「海西郎世寧」所繪

之八珍香妃畫像，此爲最後之一幅，可以肯定也。

五

郎世寧從清康熙五四年進京，到乾隆卅一年逝世，在北京居住了五十年，歷事康熙、雍正、乾隆三帝，一共究竟畫了多少幅畫？可以說，已難以數計，經過了英法聯軍的刧掠，其作品流失至國外者，尤難加以統計。

據天主教羅光主教，在「郎世寧其人其畫」的演講稿中記載，他說：「郎氏畫品藏於故宮博物館者共五十幅，藏於倫敦者一幅，藏於巴黎者三幅，藏於東京者一幅，北平私人藏者兩幅，臺北張元夫先生曾藏兩幅，其他羅馬剛恆毅樞機曾藏有「護守天使圖」和「聖彌額爾天使圖」兩幅，但眞僞很難斷定，其他散佚者，已無法計算。」

依韓北新先生統計之資料，郎世寧作品，現藏於故宮博物院者，即達六十六件，此外，流失於國外者，計日本十幅、美國四幅、法國二幅，至於私人蒐藏者，實難以統計。

而有關香妃之畫像，即如「郎世寧傳考略」等學術性論著，亦乏完整之介紹資料。

又如「香妃戎裝像」而言，臨摹之作品甚多，贋品亦不少，認定頗爲不易。再如「海西八珍」各圖、圖上有的蓋上「古希天子印」，有的蓋上「十全老人之寶」，有的蓋上「太上皇帝之寶」，可見有些畫像，是畫成後，乾隆七十歲看了一遍，八十二歲自封爲十全老人時看了一遍，八十五歲當了太上皇帝又看了一遍，情況不一樣，圖印也不一樣，又圖後的題詩，有的是當時所寫，有些是重裝裱後所題，致年代亦有所出入。

總之，深入研究香妃之各種畫像，可以知道不少乾隆年間，正史上所未記載之知識與掌故，使我獲益匪淺，也使我更堅信，當年在寶月樓中，獲乾隆寵愛有加之香妃，確有其人，絕非一般人所言之容妃也。

——七十九年四月廿一日至卅一日在大成報發表

本文參考書目

一、羅光：郎世寧其人其畫。
二、宋宇：從兩幅聚瑞圖談郎世寧的作品。
三、李鴻球：香妃畫像手稿。
四、郎世寧宮廷畫專集（英文）。
五、鈴木勤編：中華帝國之崩壞（日文）。
六、世界文化史大系十八卷（日文）。
七、昭和卅八年出版「美術雜誌」（日文）。
八、劉鳳翰：圓明園興亡史。
九、黎東方：細說清朝。

十、雄獅美術月刊七十期。
十一、韓北新：郎世寧繪畫繫年，清代宮廷畫家郎世寧。
十二、劉家駒：十全老人與香妃。
十三、鹿僑：談郎世寧的畫。
十四、商務印書館出版：清代宮廷生活。
十五、清代七百名人傳。
十六、清史稿。
十七、高陽：香妃的眞面目。
十八：周燕謀：清宮秘史（正、續集）。
十九、東門草：香妃及其墓塋。
廿、「放眼中國」第六册「西出陽關」。
廿一、梁寒操：香妃遺蹟紀載。
廿二、孟森：香妃考實。
廿三、吳相湘：香妃考實補證。
廿四、羊汝德：傳教士畫家郎世寧。
廿五、黃鴻壽：清史紀事本末。

拾貳、香妃聞名世界實證

姜龍昭

一

中國歷史上，有不少美女，爲國內一般人所熟知者，有西施、貂蟬、王昭君、楊貴妃等所謂「四大美女」。

西施誕生在春秋戰國，貂蟬揚名於三國演義、王昭君的故事發生在漢朝，楊貴妃死於唐明皇時代，她們活躍的時候，西洋的攝影術，尚未發明傳入中國，因此，在外國人心目中，她們的知名度並不高。

在國際間，聞名的中國美女，當以出生於回疆，體有異香的美女「香妃」爲第一。我說這樣的話，並非信口開河，而是有所依據的。

香妃的故事，發生於清朝乾隆年間，最早記載這一故事，是在晚清文學宗匠王闓運所撰的「今列女傳」母儀節中，其內容如下：

「準、回之平也，有女籍於宮中，生有美色，專得上寵，號曰回妃。然準女懷其家國，恨於亡破，陰懷逆志，因待寢而驚宮御者數矣，詰問，具對以必死，報父母之仇，上益悲壯其志，思以恩義之，太后知焉，每召回女，上輒左右之。會郊祭齋宿，子夜駕出，太后乘平輦直至上宮，入便閉門，宦侍奔告上，遽命駕還，叩門不得入，以額觸扉，臣御號泣，聞於內外，太后當門坐，促召回女，絞而殺之，待其氣絕，撫之已冷，乃啓門，上入號泣，俄而大痞，頓首太后前，太后亦持上流涕，左右莫不感動泣下。」

按王闓運係清道光年間之進士，民國五年，八十五歲始去世，彼雖非乾隆時代之人，但與乾隆平定準噶爾、回疆之年代不及一百年，其所記載之事蹟，當有所本，決非胡亂編寫也。

其後，又有黃鴻壽著「清史紀事本末」卷廿一，記述「準部及回部之平定」文末亦有同樣之記載，不同處是，該女子已不寫「回妃」，明寫爲「香妃」矣。

民國三年，故宮開放供人參觀，其中浴德堂懸掛有「香妃戎裝畫像」，係義大利名畫家郎世寧所繪，該畫大陸撤守時，由政府攜運來臺，由此間故宮博物院收藏，畫展出時附有「香妃事略」，亦有類似的文字記載。

益證當時，確有其人其事。

民國十年六月，商務印書館出版「中國人名大辭典」，有關「香妃」之註解，亦與上同。民國十二年十月，有江東楊雲史者，曾居京師四十年，曾作「香妃外傳」、「天山曲詩」，對於香妃被太后賜死之記載，更爲詳細。

據說，香妃因不從乾隆被太后賜死後，先被草草埋葬於北京城南下窪之陶然亭東，立了一塊「香塚」的墓碑，及後，乾隆納另一回疆女子先爲貴人，後升爲册封之「容妃」，當時留在北京之回民，獲容妃之助，及皇上之恩准，將香妃之屍骨，自香塚挖出，併同其胞兄圖圖公之骸骨，一起千里迢迢運回新疆香妃之故鄉，喀什噶爾擇地埋葬，以示葉落歸根。十七世紀開始，該地即修建了一座「香妃墓」，又名「香娘娘廟」，及後不斷改建擴修，現已成爲回民敬拜香妃之名勝古蹟，迄今前往觀光膜拜之旅客，絡繹不絕。

因香妃未從乾隆，在清史上未被正式册封，故未有其文字記載，有文字記載的回妃，只有「容妃」，少數歷史學家考證歷史，否定有香妃這個人，硬指「香妃」即是「容妃」，把兩人混爲一談，這是極端錯誤的，因「容妃」死後，屍體埋葬在皇帝后妃的陵寢，根本是兩個人，若是一個人，不可能還會在新疆有「香妃墓」之可能。

這一點，是我在此要特別強調聲明的。

二

「香妃」死於公元一七五九年，迄今已有二百多年，她的故事何以能流傳於世，國際聞名，並非僅靠她的外在美，或體有異香，而有下列的諸種原因：

其一：香妃之美，美在她的內涵，可愛在她的人格，及對人生目標的執着。爲了志節，愛國、愛鄉，她犧牲生命也在所不惜，一般女子，都愛富貴榮華，乾隆爲了討她的歡心，曾在皇宮內築寶月樓，建回回營。她仍不爲所動，這是一般女子所做不到的，最後視死如歸，從容就死，以保名節，更是值得後人景仰，因此，回人爲之建造「香娘娘廟」，從未爲順從乾隆的「容妃」造一座「容娘娘廟」，其故亦在於此，國際人士，敬拜英雄，他們將「香妃」看作「聖女貞德」一樣的崇敬，並非僅因她外表是個美女而已。

其二：香妃能在國際間揚名，是靠着她在清宮時，正巧有義大利名畫家郎世寧爲她畫了不少畫像，郎世寧從未爲容妃畫過像，中國過去的美女，既無畫像，也無照片流傳於外，故印象是模糊的，而郎世寧的「香妃畫像」是寫實的，因此印象也就特別鮮明，郎世寧是耶穌會教士，他作「香妃圖」，耶穌會有詳細的傳述，藉著宗教傳佈的力量，「義大利」就知道中國有這樣的一個美女，郎世寧死後，英國出版了英文版的「郎世寧宮廷畫集」，其中有三幅「香妃畫像」，因此「香妃」之美名，傳遍了英倫三島。

其三：乾隆死後，中國先是發生了鴉片戰爭，封閉的門戶爲之洞開，及後英法聯軍打到了北京，咸豐皇帝倉皇逃至熱河，一些清宮蒐藏香妃畫像的寶庫，爲英法聯軍的官兵闖入，搶掠奪走者，不計其數。其中有一幅「木蘭獲鹿圖」，就被一位法國的胡雷將軍拿去，視之爲至寶，死時始獻給法國羅浮宮博物館蒐藏，六十五年十二月，此間「雄獅美術」月刊，曾派記者親至該館採訪，看到該畫，拍攝成照片，於該刊刊出。因此，「法國人」對「香妃」特別熟悉，「英國人」也不例外。

其四：民國廿六年，中日抗戰爆發，日本軍進入了北京城，另一批香妃畫像，被漢奸及古董商半送半賣的流落到了扶桑三島，日本有一些人特別愛好蒐集中國的古董文物，據我蒐集到的資料，至少有三幅以上的「香妃畫像」，現在在「日本人」的手中，他們不但視爲寶物，並且拍攝照片，刊在「

美術雜誌」上，大爲炫耀，所以日本人對「香妃」的故事，尤爲熟稔。

其五：大陸淪陷後，有些有錢的蒐藏家逃離了大陸，有人到了香港，有人到了台灣，也有人到了美國，據我所知，目前至少有一幅「香妃像」在香港爲人蒐藏，一幅在台灣被人存有，一幅隨主人去美，在美國保存着，因此「美國人」也知道中國有一位回疆美女，她的芳名叫「香妃」。

其六：香妃的故鄉，原名喀什噶爾，「喀什」意爲各種「顏色」，「噶爾」意爲「磚房」，合起來是「各色磚房」，顯示該地在新疆是一富庶之地域，現改名爲疏附。清代該地爲一重鎭，交通之中心，居民五方雜處，爲通往「蘇俄」、「阿富汗」、「印度」之要道，當時喀什噶爾設有「喀什道署」，署內設有九種不同語言的「譯員」，可見該地人種衆多之特色，十七世紀建有「香娘娘廟」後，各國來往之客旅，無不知有香妃其人，知名度之提升爲必然之趨勢，「蘇俄」、「阿富汗」、「印度」甚至中東之回教國家，不知中國有「香妃」其人者，鮮矣。

三

「香妃」國際聞名之原因，已如上述，現在再記述具體之實證：

其一：民國六十四、五年時，我在中國電視公司製作「香妃」國語連續電視劇時，即發現一些日文書刊，刊出了好幾幅現在日本之「香妃畫像」，並有文字說明，此外，並保存有一串「香妃鑰匙」文字的實物，可見其對「香妃」之存在，比中國自己人，還要肯定。中國演出「香妃」電視劇後，民國七十一年間，在日本就有合唱團及日本樂劇協會，在東京文化會館盛大公演「香妃」的日本歌劇，我曾看過該劇之「錄影帶」，其服裝道具之講究，男女主角演唱之高水準，可見其對該次演出之重視，及對香妃事蹟之注目與青睞。相形之下，中國尚未見有「香妃」歌劇之公開演出。

其二：法國除博物館蒐藏有「木蘭獲鹿圖」之眞蹟外，早在四十多年前，即有一名羅拔夫人，以法語編寫「香妃」之舞台劇，在巴黎之「藝術劇場」公演，名蒐藏家李鴻球先生，留學法國時，曾前往觀賞過。民國六十九年元月，我在「幼獅文藝」，發表了一篇「香妃之畫像」的文章，竟想不到三個月後，接到一位在法國執教的吳本中教授，來函與我討論有關香妃之事蹟，他在信中說，法國漢學家對「香妃」之法文翻譯，有多種不同之譯法，又有同事愛丁堡教授（法國人）著有「耶穌會神父在中國」一書，對香妃之故事，述之史實頗詳。可見「法國人」對香妃，不但認識，且有深刻之研究。

其三：郎世寧雖爲十七世紀之義大利畫家，但於清康熙五十四年來華，在皇宮供職四十三年，最後以七十八歲高壽死在北京，他身前畫了不少聞名於世界的名畫，香妃畫像僅其中之一部份，根據對郎氏作品有深刻研究的羅光總主教稱，郎氏的作品，現藏於倫敦者一幅，藏於巴黎者三幅，藏於東京者一幅，藏於羅馬剛恒毅樞機主教者二幅，其餘散佚，至於冒充之贋品，更難以計數，香妃沾他的光，揚名於國際，自在意料之中，毋容置疑。

繫於以上之說明，香妃之存在，應可說是中國人的光榮。

想不到的是一些研究歷史的學者，因着民國廿六年孟森教授發表的「香妃考實」文章，認爲「香妃」即是「容妃」，將二人混爲一談，否定其爲愛國忠貞守節之事實，抹煞了她的存在。

在「以訛傳訛」的情況下，迄今仍有這種說法，眞使人爲之氣結、嘆息不已，日前見高陽先生撰「香妃之眞面目」一文，依然也持此同一論調，乃撰寫此文，以爲地下的「香妃」辯正。

我衷心盼望，大家認淸眞相，勿再任此錯誤，繼續下去。讓「香妃」永遠活在中國人的心中，不僅是國際聞名，於願足矣。

（七十九年一月四日立報發表）

附錄八：

「香妃」及其墓塋

東門草

《台灣立報》今年一月四日《文藝薈萃》版載有姜龍昭先生所著《香妃——聞名世界實證》一文。讀後使人增益頗多。但姜先生的基本觀點，即「容妃」與「香妃」不能混爲一談，「香妃」另有其人，從史料的角度來看，筆者不敢苟同。故不揣淺陋，草擬此文，一來請教於姜先生，二來藉此機會略述一下「香妃墓塋」的概況。

誠如姜先生所說，最早記載「香妃」的是王闓運。此實爲後來「香妃傳說」之始作俑者，包括黃鴻壽之《清史記事本末》，題名《香妃戎裝畫像》之解說，易宗夔者《新世說・賢媛》等。然而，考之史籍，乾隆的三十六名妃子中，只有一名回妃，曰「容妃」。成書於乾隆三十六年（一七七一）之《清文獻通考》，其《帝系考》有云：「容妃和卓氏，台吉和札麥女。乾隆二十七年五月，封容嬪。三十三年六月，晉封容妃。」又《清史稿・后妃傳》云：「高宗容妃，和卓氏，回部台吉和札麥女。初入宮號貴人，累進爲妃，薨。」而「香妃」其人，史傳無載，殆爲附會衍生而無疑。此其一也。

然則，郎世寧所繪戎裝一幀，如何解釋呢？曰：仍爲容妃。郎世寧之畫，本無題名，民國三年，故宮博物館開放時，從承德行宮中調來參展的古物中，有一幅郎氏所繪女性戎裝像。當時，正值「香妃」說方熾，遂被指認爲《香妃戎裝像》，展出時，附有一段《事略》，其文之大要如下：「香妃者，回部王妃也。美姿色，生而體有異者，不假熏沐，國人號之曰香妃。或有稱其美於中土者。清高宗聞之，西師之役。囑將軍兆惠一窮其異。回疆既平，兆惠果生得香妃，致之京師，帝命於西內建寶月樓（原注：即今之新華門）居之……上圖即香妃戎裝畫像，佩劍矗立，糾糾有英武之風，一望而知爲節烈女子。原本現懸浴德堂，係郎世寧手筆。」至民國十七年，楊令茀女士在奉天故宮博物館的協中齋展出她在北京摹繪的香妃戎裝像，配以《事略》。影響更大，六天之內，觀衆達十幾萬人。這使「香妃」說傳得更遠更詳細。其實，細讀《事略》，並未言及材料之出處，只不過是王闓運所言的翻版而已。考寶月樓之建，在乾隆二十三年（一七五八）的春秋間，見乾隆所寫《寶月樓記》。文中有下列內容：「樓之義無窮，而獨名之寶月者，池與月適當其前，抑亦有乎廣寒之庭也。」「夫人之爲記者，或欣然於所得，而予以爲記，常若自訟，是宜已而不已。予亦不知其何情也！」前段文字，已略有「月中嫦娥」之意，則此樓之造，實係「金屋藏嬌」；後段文字，情愛已溢出言辭矣。所謂「宜已而不已」，是對這位回族女子尊寵不能自禁的複雜感情的表露。此後，乾隆寫過不少咏樓之詩。我們試看這首寫於乾隆五十六年（一七九一）的《寶月樓自警》：「液池南岸嫌其遠，構以層樓據路中。卅載畫圖朝夕似，新正吟咏昔今同。俯臨萬井誠繁庶，自顧八旬恐脞叢。歸正五年亦近矣，或當如願昊恩蒙。」詩中已有悼亡之意。而三年前即乾隆五十三年，正是容妃逝世之時。唐邦治《清皇室四譜・

后妃譜・高宗容妃》：「五十三年戊申四月十九日，卒。」特別値得注意的，是詩中「畫圖」一語，顯即郎世寧所繪之戎裝之女性圖。捨此容妃畫像，乾隆一朝，再無繪像遺世。此其二也。

民國六十六年（一九七七）秋，河北遵化縣清東陵東側第二排第一號墓，即容妃墓，其台階的條石被雨水沖塌，地宮通道陷落。有關部門淸理時，發現宮內早已被盜過，石門大開，棺右側被砍開一大洞，棺內空空。淸理人員在泥沙中找出一具頭骨。經考證，死者爲五十多歲的維吾爾族婦女。在棺槨的頭頂上，有金漆手書的阿拉伯文字經文：「以眞主的名義……」。這證明死者生前是信奉伊斯蘭教的。而乾隆的嬪妃中，信奉伊斯蘭教的僅容妃一人。在以前，已盛傳此即「香妃」之墓。可見，人們所云之「香妃」，實即容妃。此其三也。

下面談談新疆的「香妃」墓塋問題。

新疆喀什市東門外，有一處建築宏偉的墓群。建築均係伊斯蘭風俗，主建築爲一處外方內圓的穹窿式殿堂。整個陵墓廳堂裡的平台上，大大小小七十二座坆丘，都是用白底藍花的琉璃磚包砌成，十分晶瑩雅潔。傳說約五層樓高的墓頂上，原有一彎數十兩黃金鑄成的新月，在楊增新統治新疆時被盜。人們所言的新疆「香妃」墓塋，也在其內。其實，這座墓群，始建於明朝崇禎年間，最早葬的是伊斯蘭教白山派首領阿巴和加的父親。後來，該家族中的長者們死後，也都葬在這裡，人們通常稱爲和卓墳。

把虛構的「香妃」之墓附會在這裡，考其源流，大體上經過了兩個階段。一是清光緒十八年（一八九二），湖南人蕭雄《聽園西疆雜述詩》中描寫道：「在喀什噶爾回城北五里許，有一處香娘娘廟。廟形四方，上覆綠磁瓦，中空而頂圓……。」這是現在能查到的，最早把和卓坟說成「香妃墓」的記載。不久，這本詩集被收入《靈鶼閣叢書》、《關中叢書》和《叢書集成初稿》等，把和卓坟稱爲「香妃墓」就較普遍了。其次，當內地之野史稗文有些許「香妃」的記述時，一位維吾爾族的老學者將「香妃」譯成維吾爾文「伊帕爾汗」。這樣一來，新疆的一些人又將其與「阿巴和加墓」聯繫起來。經過這樣兩地交叉的多年流傳，「香妃」的故事也就更加定型並凄婉動人了。孟森先生的《香妃考實》發表後，特別是民國六十六年容妃墓的清理，人們的認識已大致趨向統一。現在，這座墓群定名爲阿巴和加墓，是重點文物保護單位之一，每年有數萬人前去參觀遊覽。

最後，將容妃的生平，大致敍述如次：

一七三四年九月十五日，她生於葉爾羌，家族爲和卓（對伊斯蘭教封建上層的尊稱），其父和札麥是伊斯蘭教部落的台吉（爵位），故容妃亦稱和卓氏。一七五五年，她哥哥圖爾都因不屈於叛亂頭目霍集占，全家被迫遷至伊犂。三年後，乾隆派兵平息了叛亂，宣召這個家族的有功之臣進京受封。次年（一七五九）正月十五日，乾隆在犒賞宴會中看上了圖爾都的妹妹和卓氏，選入後宮。二月初四，封她爲貴人。六月十九日，福建巡撫吳能功獻給皇宮的十八棵荔枝樹全結了菓。皇太后認爲這是和卓氏帶來的吉祥，格外喜歡她。封她爲嬪時，乾隆還封圖爾都爲輔國公，又將自己喜歡的宮女巴朗選給圖爾都爲妻。乾隆第四次南巡時（一七六五），點名要他們兄妹陪伴。一七八八年四月十九日，容妃因病逝於北京，時年五十五歲。

（七十九年四月十七、十八日立報副刊發表）

拾叁、「香妃」的歷史記述

——敬答東門草先生之一——

姜龍昭

很高興拜讀東門草先生在四月十七、十八日兩天的立報上，發表的「香妃及其墓塋」的文章，對於我一月四日在立報發表的「香妃—聞名世界實證」，提出不同的看法。

東門草先生對我說的「容妃」與「香妃」不能混爲一談及「香妃」另有其人，表示從史料的角度來看不敢苟同，他提出「香妃」其人，史傳無載，爲附會衍生而無疑。茲特先就此點，提出我的淺見。

香妃與乾隆的故事，發生於乾隆廿五年前後。這是宮廷間的一段愛情秘聞，也是涉及到帝皇的私生活，若無皇上的批准，史官誰敢記述事情的經過，寫在清朝的正式官書上，而令後世的人，來依此論斷滿清皇上的不是。

研究清史的人，都知道，滿人自入關以來，建立了滿清王朝，爲徹底消滅漢人、回人之「種族觀念」，尤其是「平定回疆」以後，對於滿、回之間的仇恨，屠殺等眞實的歷史記述，多半偏向滿人，不是隱蔽不述，就予避重就輕的歪曲改寫。如香妃因身懷「國破家亡」的深仇大恨，不從乾隆爲妃，被皇太后賜死的這一件事來說，香妃並未犯了什麼滔天大罪，只是不肯做乾隆的妃子而已，就被賜死，就回民的立場來看，是十足滿人以權勢殺害回族弱女子的鐵證。正史可以把「香妃」記在清朝的官書上嗎？當然不能。

但紙是包不住火的，這一件事在清朝的正史上，雖無人記述，但到了道光年間，距離乾隆時代已一百餘年，隔了三個朝代，仍由文學宗匠王闓運在筆記中傳說了下來。民國成立，滿清王朝被推翻以後，憑着有義大利郎世寧繪「香妃戎裝像」及新疆有「香妃墓」的鐵的事實，使大家都知道了當年，確有香妃其人的存在。

這時，記述「香妃」的文字，一再重覆出現，有中文的、日文的、英文的、甚至阿剌伯文的，這些資料，我都有蒐集到出處，限於篇幅，此處暫不贅述。一直到民國廿六年，清史權威學者孟森（心史）只是在北京大學為了答謝他的師生慶賀他的七十誕辰，發表了一篇「香妃考實」後，因為他完全依據「清史稿后妃傳」的記錄：「高宗容妃，和卓氏，回部台吉和札麥女，初入宮號貴人，累進為妃，薨。」認為正史上只有容妃是存在的，且又查證容妃是太后死後十一年才去世，故否定香妃為太后賜死之事實，把香妃不從乾隆的事實推翻，認為一般人弄錯了，其實香妃就是容妃。

孟森先生寫作的基本態度他自認是：「言清代史，非從官書中求之，不足徵信。」雖當時已有香妃戎裝像之公開展出，他也表示，只可信其像，不可信其記述之事略，又他本人並未去過新疆，只知北平有一香塚，就斷然認定，無香妃其人。孟森先生的文章，後來民國卅九年有他的弟子吳相湘，發表了「香妃考實補證」一文，贊成老師的說法，確定無香妃其人，因吳相湘先後任教於台大、文大等學校歷史系，致使學歷史的人，都相信老師所言甚是，未有對「香妃」之眞實情事，作深入之探討。

我們知道：「歷史」本身是一客觀存在的事實，透過人類的筆尖，用文字記錄下來。這些文字，第二天見報，是「新聞」，經過若干事日發表出來，是「報導文學」，再經過若干年代後，流傳下來後，就成了「歷史」。

客觀眞實的「事實」，變成「歷史」之前，有兩種因素，可以使「事實」變質或被歪曲。其一是人的主觀看法　因爲人在記述事實之前，必先經過人腦的過濾，那些事他可以這樣記，那些事他可以那樣記，完全操縱在他的主觀意識裡，他可以寫此人是「擇善固執」，也可以說此人是「老頑固」，被記述的人，從無申辯的機會。其二是當時客觀環境的影響，專制帝王的時代，史官只是他的部屬，且「君要臣死，臣不敢不死」，沒有律師爲他辯護，香妃被太后處死，若史官記在官書上，縱然乾隆不生氣，太后也不會同意這樣寫。所以，清正史無「香妃」之史籍可考，是我們應該可以了解的。

關於歷史的可信性，我們遠的不說，就把去年六月四日北平發生「天安門」的事件來說：中共國務院的發言人袁木，在新聞媒體上，公開宣佈「天安門廣場，一個人也沒有死亡」，這是正確的嗎？再如抗戰期間，日本軍閥在「南京大屠殺」，殺了我軍民廿餘萬人，但日本經過竄改的歷史教科書上，却說，只殺了二、三千人，這究竟你要相信誰說的歷史對呢？

「香妃」與「容妃」，本來是兩個人，香妃被太后賜死後，乾隆才從牢獄中找出霍集占的另一老婆拿來洩憤，這個女人，因怕同樣被處死，乃順從乾隆，做了容妃。因他兩同是回族人，一因未從，未被册封，故正史上未有記載；一因從，被正式册封，故正史后妃傳，才有她短短不到三十字的記載。

想不到貞潔節烈的「香妃」，因着一位學者的考證，只肯依據「官書」，其他一概不予置信的情況下，使後世的人懷疑她的存在，這眞是很令人痛心的。在此，我特提出說明，有關「香妃考證」的研究，我從民國六十四年製作「香妃」連續劇後，經十餘年之鑽研，已出版了一本專著「香妃考證研究」，由文史哲出版社於七十八年九月出版，歡迎東門草先生賜閱後批評指教。

（七十九年五月十五日立報發表）

拾肆、「香妃」之戎裝像

——敬答東門草先生之二——

姜龍昭

再來探討一下畫像問題。

東門草先生在「香妃及其墓塋」文中，提及民國三年，故宮博物院開放時，從承德行宮中調來參展的古物中，有一幅郎世寧所繪「女性戎裝像」，當時正值「香妃」說方熾，遂被指認為「香妃戎裝像」，其實是「容妃畫像」。

若是東門草先生所言甚是，何以掛此畫像下面所附的「事略」上，不說這是「容妃」，而是「香妃者，回部王妃也。」王闓運所撰的「列女傳」中文字是：「準回之平也，有女籍於宮中，生有美色，專得上寵，號曰回妃……」明明寫的是「回妃」，並非「香妃」，若說是翻版，難道會把主角的名字弄錯，故意讓後人弄不清楚嗎？可見「香妃戎裝像」中的人，絕對是「香妃」，決非「容妃」。

這一幅畫像，許多畫集、畫報、雜誌上都有刊登過，原畫我六十四年製作「香妃」連續劇時，曾去故宮看過，還拍了照片，後來七十七年展出，又再去看了一次。該畫縱一四〇公分、橫五二·八公分，香妃頭戴鋼盔、身披胄甲、手握短劍一把，神采奕奕，貌極美豔，有英武氣概，望之栩栩如生。是畫因是油畫，無「乾隆御覽」之印章，左下方僅有中文字「臣郎世寧繪」之字樣。

此畫係以油畫畫在朝鮮紙上，故具有十七世紀西洋新古典畫風格。香妃全身的表情，深沈嚴肅，顏色雖複雜，但很調合。有人懷疑這幅畫，不是郎世寧的眞蹟，但據對郎世寧作品有深入研究的天主教羅光主教表示，他相信這幅畫，當時在清廷中除了郎世寧，沒有別人可以繪出這樣的西洋畫像，郎氏的徒弟艾啓蒙，和他相差甚遠，難以僞造；再說，郎氏作「香妃圖」的事，當時耶穌會教士，曾有詳細的英文傳述。

據名蒐藏家李鴻球先生告訴我說，此畫原先藏於北京之「古物陳列所」，民國初年，清室按優待條件，仍居住於內宮，總統府設於中南海，「寶月樓」改爲「新華門」，就原有之太和殿、文華殿、武英殿三殿，設立了「古物陳列所」，原在奉天、熱河兩地之行宮以及中南海各處重要文物，均移置該所，此畫係從「寶月樓」移來。李鴻球先生曾見過該畫之展出，在台國大代表王方曙先生亦見過該畫之展出。乾隆「寶月樓自警詩」中「卅載畫圖朝夕似」之句，即指此畫像，因其最爲逼眞傳神也。

北平「故宮博物院」成立後，該畫就由「古物陳列所」，移置於「浴德堂」。民國卅八年大陸淪陷後，此畫幸獲攜運來台，現保存在外雙溪故宮博物院庫房，曾展出多次。此間故宮博物院曾將此戎裝像，製成郵卡發售，銷路頗佳。傳說，郎世寧繪此畫像，爲求傳神，表現香妃體有異香之特色，曾在油畫之顏料中，滲入了名貴的香料，使看畫的人，能聞及香味。我於六十四年前往觀賞時，特地用鼻子去聞了一下，大概年代相隔太久，香氣已消失了。

東門草先生說，民國十七年有楊令茀女士，曾在奉天的「故宮博物館」中，展出一幅她摹繪的「香妃戎裝像」，我未之所聞，但據高陽先生，在「香妃的眞面目」一文中說：「北平故宮亦有一幅，是民初一位名叫俞滌凡的畫家所臨摹。」可見摹繪的「香妃戎裝像」，爲數不少。

民國七十六年十月廿一日，此間民生報刊出的一則消息說：最近在大陸西安又發現一幅郎世寧所繪之「香妃戎裝像」，經專家鑑定爲郎氏眞蹟無疑。這幅畫是夾雜於已故大陸平劇「四大名旦」之一尚小雲私人藏畫中，被鑑別出來，該畫長達六百五十公分、寬達四百五十公分，具「乾宮精寶」之清室收藏朱印，左下也有「臣郎世寧恭繪」題款，並有「郎」「世寧」隸體印記各一方，作者以傳統顏色繪於宣紙上，雖歷二百餘年，色彩仍綺麗，絕無臨摹和仿製痕跡，畫面上香妃佩鎧甲、手按刀柄、鼻挺目秀、英姿颯爽，手法寫實，極富立體感。

對於這一消息，我曾反覆研究，此畫與故宮蒐藏者，不同之處，是幅度大小。大陸尚小雲之畫較此間之畫約大五倍，浴德堂所懸掛者，附有文字「事略」說明，不可能是大幅的。

再者，此間之畫係用朝鮮紙之油畫，而大陸之「香妃像」，係用宣紙所繪，故才有「乾宮精寶」之印章，而油畫上，當然無法蓋印。

最近，在七十七年八月出版的「故宮文物」月刊上，讀到鹿僑先生「談郎世寧的畫」一文，亦提及此「戎裝像」，他說：「故宮所藏「香妃像」，是少數存世的故宮舊藏油畫，畫中香妃作西洋戎裝，這和「御苑春蒐圖」（註：此畫現爲日本珍藏）上的香妃是很接近的。圖上臉部的描繪相當成功，五官的起伏，非常自然，甲冑質感刻畫也很好，這是一件紙本的油畫。在馬國賢（Matteo Ripa）神父的回憶錄裡，說到他在清宮中，看到了油畫，是畫在加刷明礬水的高麗紙，而非帆布，「香妃像」可做一實證。香妃並非完整整張紙所畫，臉部下額的橫行處，是紙張接縫處，再看手肘關節處已超出畫外，不免使人想到，這幅畫可能原是一件大畫，有所破損，目前所見是被裁切後保存下來的，否則以皇家的材料標準，畫人像不應該在最重要的臉部有接縫。」

鹿僑先生並說，郎氏在清宮中，曾教授過油畫，門生不少，但精者不多，郎世寧繪之「香妃戎裝像」，可謂世界聞名，描摹之作品甚多，可以想見，但不論眞假，從未聞有人說，畫的是「容妃戎裝像」，這是可以肯定的。

（七十九年五月十六日立報發表）

拾伍、「香妃」的十三幅畫像

——敬答東門草先生之三——

姜龍昭

東門草先生爲「香妃」之來歷，特提及義大利畫家郎世寧先生所繪之「香妃戎裝像」，他的解釋是：「畫中之人，仍爲容妃，因郎世寧之畫，本無題名，因當時正直『香妃』說方熾，遂被指認爲『香妃戎裝像』。」又說畫像下之事略，並未言及材料之出處，只不過是王闓運所言的翻版。最後是抄錄一段孟森先生所寫「香妃考實」的文字提及乾隆於五十六年「寶月樓自警詩」中字句，說特別値得注意的，是詩中「畫圖」一語，顯即郎世寧所繪戎裝之女性圖，並肯定地表示：「捨此容妃畫像，乾隆一朝，再無繪像遺世。」

我覺得東門草先生，對香妃畫像顯然的缺乏硏究。

六十四年，我製作「香妃」國語連續劇時，曾向新疆籍的立法委員阿不都拉先生請敎過。他告訴我說，他知道共有三幅，除「戎裝像」外，還有兩幅香妃與乾隆畫在一起的畫像。後來，我在一本英文本的「郎世寧宮廷畫專集」中，知道不止三幅，至少有十幅。以後，經過多方蒐集資料，並訪問曾私人收藏有郎世寧畫「香妃畫像」的李鴻球老先生，蒙他告訴我，不止十幅，可能是十一幅，甚至更多。民國六十九年，我以三年蒐證所獲的資料撰成「香妃之畫像」一文，於「幼獅文藝」發表，文長一萬餘字，並刊出部分畫像之鑄版，意想不到，此文刊出後，六月間，竟接獲一位遠在歐洲法國大學執教的吳本中教授來鴻，表示贊賞。如今事隔十年，想不到，我在蒐查「郎世寧繪香妃畫像」究竟有多少幅的過程中，發現了「海西八珍」之說，原來，郎世寧所繪之香妃畫像，其單獨一個人的，我知道的共有五幅：除「戎裝像」現存此間故宮博物院外，尚有下列四幅：

其一、漢裝像：現爲先總統　蔣公之夫人蔣宋美齡女士所珍藏。

其二、採花圖：現在日本某一博物館珍藏，曾有日文雜誌鑄版刊出其圖片。

其三、宴居圖：名蒐藏家李鴻球先生曾親眼見過，現爲香港一張姓蒐藏家珍藏。

其四、種花圖：據聞爲台北某一蒐藏家所有，唯現因已遷往美國定居，畫也可能在美國。

至於香妃與乾隆或其他人合畫在一起的，十年前，我只知有六幅，意想不到，今年春，我與高陽先生在聯合報繽紛版，就「究竟有無香妃其人」展開論戰，接獲一位蒐藏有香妃畫像的郭志誠先生來信，說他有一幅香妃畫像，他在信中說：「該畫卷首有乾隆御題「寶月嘗荔」四大字，蓋有「十全老人」大印，及一干常見乾隆帝慣用印章，後有漢、滿、蒙、回、藏五種不同文字讚文，其中兩篇漢文，一爲兆惠，一爲蔣溥所寫，均有「香妃」字樣，足證：「香妃確有其人也。」

以後，經過多次聯繫，使我有幸親眼看到郭先生以新台幣一千八百萬元價購來的這幅國寶級名畫，更意想不到的，不久又遇見一劉台柱先生，也藏有一幅香妃畫像，使我得以看到了「海西八珍」的全貌。

茲將這八幅名畫的名稱，簡述如下：

其一、武列行圍圖：原爲李鴻球先生所蒐藏，其後爲其友人帶至美國，轉售他人。現在美國，但下落不明。我曾看過該畫之照片。

其二、御苑春蒐圖：現爲日本藤井齊成會的有鄰館蒐藏，日文「中華帝國之崩壞」一書中，曾有刊出該畫局部彩色製版。

其三、扈蹕閱鞠圖：現爲日本京都博物館所蒐藏，我曾在日本「美術雜誌」上，看到此畫之黑白製版，畫甚長，除乾隆香妃外，還有宮女。

其四、木蘭獲鹿圖：現爲法國居梅博物館所珍藏，該圖有乾隆題詩，及伍彌泰之題詩。伍很少寫詩，此詩爲其僅有之一首。

其五、大宛貢馬圖：該圖現爲英國劍橋鄭德坤先生收藏，民國四十年前後，曾在台北歷史博物館展出，「清宮秘史」作者周燕謀先生曾見過。

其六、寶月嘗荔圖：係香妃在寶月樓內吃荔枝之情景，畫後有乾隆題詩由蔣溥書寫，兆惠將軍也題詩，現爲台北郭志誠先生珍藏。我已看過。

其七、太液採蓮圖：此圖亦於民國四十年前後，在台北公開展出過，周燕謀先生也曾見過，現在何處珍藏，則下落不明。

其八、冰嬉娛親圖：有香妃騎在馬上，另乾隆、太后觀賞衆多兵士在冰上溜冰射箭之畫面，另有傳恒、嵩壽題詩，現爲台北劉台柱先生珍藏，我也已看過。

關於上述八圖之詳細文字，礙於篇幅，暫且打住。致於郎世寧先生一生之作品，故宮博物院韓北新先生，曾在「故宮文物」上，連載六期有詳細之記述，唯對「香妃」畫像部分之資料，則沒有我所蒐集到的詳細，因其作品大半流落在國外，且有些又不願公開，故頗爲不易也。

最後，我要向東門草先生請教的是，郭志誠先生珍藏的那幅「寶月嘗荔圖」後面，有一首乾隆題的詩，由蔣溥先生奉敕敬書，詩文如下：

「披圖疑在畫中央，宮嬪盈盈笑語揚；
寶月清光臨太液，荔枝香馥貢南方。
澄懷期與民同樂，佳果豈眞妃獨嘗；
四海承平民物阜，尙思威德及遐荒。」

最值得注意的是，詩中尙有小字注釋，其文字如下：「寶月樓建於太液池之南，北望瀛台，南矚衢市，旣近市廛，足遠觀而鮮塵囂之擾，爲禁禦中最可觀民風之地。爰命香妃居此，俟幾暇臨幸，時値嶺南初貢荔枝，思及唐代故事，敕繪寶月樓嘗荔圖，雖事有今昔之殊，而置之座右，亦足以便觀覽，而稍存戒心焉。」

另有兆惠將軍所題之詩文如下：

「詩紀承平盛，圖開寶月樓；分宮臨太液，嘉果貢皇州。嘗荔傳佳話，留題仰聖猷；賜觀增眼福，珥筆迓天府。」

詩後有小字注釋，其文如下：

「御　敕臣郎世寧所繪寶月樓香妃嘗荔圖上邀天題，並有殷殷鑑戒之語，復　命臣工賦詩題後，以紀洵承平之盛事也。」

上述兩段文字：清清楚楚寫的是「香妃」，並非是「容妃」，足證香妃雖正史未有記載，而獲乾隆之寵愛，住在寶月樓，是鐵一般的事實，惜孟森先生，未能看到此畫，才有不正確之論斷。

（七十九年五月十七日立報發表）

拾陸、寶月樓頭長憶香

——敬答東門草先生之四——

姜龍昭

東門草先生之「香妃及其墓塋」一文中，特別提及寶月樓上所懸掛之畫像，這裡我把寶月樓中究竟住的是容妃還是香妃，做一說明。

寶月樓，在太液池之南，現已拆毀，是樓興建在乾隆廿三年之春，完成於是年秋天。香妃、容妃被俘入宮，是在乾隆廿五年一月，廿四年十月平定回疆，午門樓獻俘是在乾隆廿五年一月。

孟森先生考證，乾隆詠「寶月樓歷年有詩，雖難指與妃有涉，但其留連寶月樓，與三海中他處不同，則已可見。」

這擺明寶月樓中住有一佳人，但官書上未有記載，此人之姓名。孟森因為否定香妃，故指此佳人是容妃，並指乾隆因對容妃念念不忘，故至乾隆五十六年他八十歲時，還賦了一首自警詩，詩中有一句「卅載畫圖朝夕似」。他說，此時容妃已死了三年，故有悼亡之意，東門草並認為悼念的是那幅「戎裝的女性圖」。

事實上，寶月樓內住的絕非容妃！關於這一點，孟森的弟子吳湘教授在卅九年發表的「香妃考實補證」一文中，說得最清楚。原來，他從乾隆廿七年間內務府的「穿戴檔」上記載：「圓明園富春樓松綠春紬紅裏袷帳一床，高七尺五寸，面寬六尺三寸，進深四尺九寸，刷高一尺，捧至御前；奉旨：裏邊賞人用。」小注：「容嬪」，此正册封容嬪之日。

按寶月樓在西內，非「裏邊」，可知容嬪，亦與其他妃嬪同居「後宮」，並無特異之處。吳相湘對老師之考證，均表贊同，唯特對容妃住在寶月樓之事，不敢苟同。因他找到了有力的佐證，如今我在郭志誠先生所擁有「寶月嘗荔圖」上，找到了住在寶月樓裡確是香妃的文字記載，可證明乾隆的自警詩，所悼念的是香妃，而非容妃也。

依據七十五年此間出版的巨型畫刊「放眼中國」，其中第六册：「西出陽關」，係專門介紹新疆的地理風光。其中亦有「喀什噶爾」之介紹文字，據其記述，回胞香妃之鄉親告稱，香妃被俘至清宮，不到一年即被賜死，運屍返回新疆，可證實：香妃於乾隆廿五年入宮，廿六年即被賜死，郎世寧繪「香妃戎裝像」，即可能在廿五年；廿六年被賜死後，仍掛在寶月樓上，到乾隆五十六年，距離恰好是卅年，故此他的「自警詩」中，才有「卅載畫圖朝夕似」之句。絕不可能悼亡才去世三年之容妃也。

再說容妃死時已五十五歲，細黃之長髮辮中，已有灰白頭髮，（見七十九年四月廿一日中央副刊「南疆邊城喀什」一文）（附錄九）是一老太婆，絕不可能令乾隆如此痴情難忘。

按乾隆生前，正式后妃有記載的，先後共有三個皇后：一、孝賢皇后富察氏、二、烏喇那拉氏、

三、孝儀純皇后魏佳氏。

十四個妃子：高氏、富察氏、金氏、蘇氏、忻妃戴氏、慶妃陸氏、以上六人是貴妃，愉妃珂里葉特氏、循妃伊爾根覺羅氏、舒妃葉赫納喇氏、穎妃巴林氏、豫妃、博爾濟吉特氏、容妃和卓氏、惇妃汪氏、順妃鈕祜祿氏。

嬪有七人：陳氏、柏氏、拜爾噶斯氏、霍碩特氏，另一個鈕祜祿氏、林氏、另一個陳氏。（注意同姓、同名者有二人）。

貴人計有三人：西林覺羅氏、黃氏，另一個富察氏。

從上述開列的名單中，可見乾隆一生中，有多少女人圍繞在他的周圍，他要什麼女人，就可到手什麼女人，唯獨他看中了香妃，香妃不肯順從，不願享受帝皇的榮華富貴，香妃之可貴、可愛、可受人尊敬，令人難忘之處也在此。

在孟森之「香妃考實」一文中，他引述乾隆廿五年夏有寶月樓詩：「輕舟遮莫岸邊維，衣染荷香坐片時；葉嶼花台雲錦錯，廣寒乍擬是瑤池。」

我推想，郎世寧之「太液採蓮圖」，即畫一巨舟，乾隆坐於船中，香妃倚窗舒腕擷採池蓮，此情此景，眞人間之一大美事也。

乾隆廿八年新年，乾隆又有「寶月樓詩」，此時寶月樓對街，已有「回子營」之建造，但香妃可能已被賜死，詩文如下：

「冬冰俯北沼，春閣出南城，寶月昔時記，韶年今日迎。
屏文新茀祿，鏡影大光明，鱗次盡回部，安西繫遠情。」

這亦是悼念香妃之詩也。

寫到這裡，使我想起近始發現，被我看到的那幅「冰嬉娛親圖」上，也有一首乾隆御筆親題寫的詩句，其文如下：

「雪霽西山氣轉和，昆明凍合水無波，冰嬉博得慈心喜，共慶天倫樂事多，幾餘西苑看冰嬉，競技爭長藝各奇，笈使良工傳畫本，圖成開卷一題詩。」

此詩可能寫於乾隆廿六年冬，時香妃尚未賜死。

乾隆卅三年、乾隆五十二年、乾隆五十六年，均有「寶月樓詩」，可眞見其對住在寶月樓上之香妃一直難以忘懷，且我看到的那些「香妃畫像」上，有的蓋上「古希天子」之印，有些蓋上「十全老人」之印，還有一幅蓋上「太上皇之寶」的印，可見他到了七十歲做了古希天子、八十二歲做了十全老人、甚至八十六歲，做了太上皇，那些畫像也還拿出來一再觀賞，並蓋上印章，其思念的絕對是住在寶月樓「幾暇臨幸」的香妃，因爲，他日理萬機之暇，並未眞正臨幸到香妃也。再說，當時照相尚未發明，他只能看「畫像」、「詠詩」，來表達他的緬懷，若說他思念的是年老色衰的容妃，則容嬪決不可能住在「後宮」也。

（七十九年五月十八日立報發表）

拾柒、「香妃」的墓塋

——敬答東門草先生之五——

姜龍昭

東門草先生提及容妃之墓，證實容妃是信奉伊斯蘭教者，而乾隆的嬪妃中，信奉伊斯蘭的僅容妃一人，以前盛傳此即「香妃」之墓，可見人們所云之「香妃」，實即「容妃」。繼而又談及新疆之「香妃墓」，說那是「阿巴和加墓」，人們通常稱「和卓墓」，叫「香妃墓」，是虛構附會的，這裡我也願加以詳細的說明。

香妃被太后賜死後，初被草草埋葬於北京南下窪的陶然亭東，當時人爲恐觸犯欺君，朝廷加罪，僅樹「香塚」石碑，不敢詳誌其事。但乾隆內心頗爲哀慟，因香妃未獲册封，不能葬在后妃之陵園，爲了有所補償，特命北京一家專門爲皇上設計營造皇宮后妃陵寢的「樣子雷」店家，要他比照「皇宮后妃陵寢」的形式，另覓一地，隆重厚葬「香妃」，結果這一店家奉命後，專心設計了一座「香塚圖」包括：草細圖。立體圖、平面圖等作法詳細說明，正計畫興建，誰知消息外洩，被皇后偵知，乃立命人將「香塚」拆毀，該「樣子雷」店家，仍保存有「香塚圖」圖樣，並有「文字說明」如下：

「滿高宗定回疆，納回酋長妻爲妃，身有奇香，高宗賜名爲香妃，寵冠後宮，太后偵知香妃胸懷復仇之念，恐於帝不利，乘帝赴熱河狩獵，乃賜香妃自縊，帝趕不及，悲痛之下，命在城南造『香妃塚』厚葬之，后偵之，命人拆毀，香塚遂平復。」

上述之文字，曾有編寫「香妃」電影劇本之唐紹華先生見及，在滿清時，將死人之墳地拆毀，並不希奇，如革命烈士秋瑾女士被砍頭後，原埋在杭州，後仍被挖出來，移葬至湖南，可以佐證。

香妃之屍體自香塚拆毀後，移葬何處了呢？前中廣公司董事長梁寒操先生，於民國卅二年，曾親自去到疏附（即喀什噶爾，香妃之故鄉），歸來後，寫有「香妃遺蹟記載」一文，述之甚詳。

原來，香妃之屍骨被挖出後，當時留京之回民，獲容嬪之助（此時尚未封爲容妃），獲得皇上之恩准，併同其兄圖圖公之骸骨，一併千里迢迢的運回故鄉去安葬，以示落葉歸根。按香妃之兄，名圖的和加，漢人稱之謂圖圖公，曾和香妃一同被俘入京，乾隆曾對之優渥有加，後病死於北京，圖圖公之妻，名底下代漢阿孜沁，係清朝某大臣之愛女，漢人稱之爲圖夫人，圖夫人爲追念香妃之死，特捐出一大筆巨款在疏附回城北四五里處，修葺此一大型家族墓場，即現一般人民稱之「阿巴和加瑪札」，「瑪札」維吾爾語是大陵園之意，也就是東門草先生所說的「阿巴和加墓」了。

此一大型的家族墓場，始建於明崇禎十三年（公元一六四〇年），原先是香妃的祖父、曾祖父的墓地，原名「玉素甫霍加墓」，其後因其子死後也葬此，而其子「阿巴和加」的地位和聲望，比父親還高，乃將此墓改稱爲「阿巴和加墓」。到了十七世紀，香妃也葬在此，一般人因此墓擴大重修，與前迴然不同，遂稱之爲「香妃墓」，或「香娘娘廟」了。因此清光緒十八年，始有此廟之文字記載。

此墓整體的建築，經過三百多年，不斷的改建，現已包括主墓室，四座禮拜堂和一所教經堂的一組大型建築群組，其中高禮拜寺的建築最爲華麗，墓室陵壁粉刷潔白，樸素而寧謐，正中的磁磚台上，縱橫排列着大小不等的墳墓，共七十二座，棺木上大部分蒙着彩色布幔，後排左起第二座棺木，即是香妃埋骨處，其旁爲其母，其餘是其父、祖父、曾祖父以及高祖母，共五代家族。

「容妃」死後，因其順從了乾隆，並獲正式册封，故葬在純惠皇貴妃園寢安葬，若硬說「容妃」「香妃」是同一個人，則那裡可能再冒出一個「香妃墓」來呢？

民國卅二年，梁寒操造訪過此墓，同年，歷史學家黎東方博士，也親自去看過此墓，他還看到墓旁的房子裡，擺了兩座中國式的綠呢大轎，是運二口棺木回來的轎子，守墓的人，還告訴黎博士說：「香妃就葬在這裏。」並解釋「阿巴克和卓」是「歷代和卓及其眷屬的公墓」之意。

及後，又有一位民國卅二年被政府派往新疆任外交專員的水建彤先生，也曾去該墓探訪，並蒐集有關香妃的資料，他居住新疆五年，完成了「香妃」的小說，及「伊帕爾汗」的香妃詩劇，此劇曾被譯成英文，被回教界讚譽爲是中國唯一「伊斯蘭教」的文藝作品。

民國七十二年間，日本NHK放送協會，曾出動一外景隊，去中國西北拍了一套「絲綢之路」的錄影帶，共十二卷，最後一卷中有拍攝「香妃墓」之鏡頭與畫面，是最眞實的參考資料。

最近，報載新疆喀什地區，發生暴動，中共當局已派軍隊去鎭壓，七十九年四月廿一日，中央日報副刊，刊出「南疆邊城喀什」一文，作者藍衫，對「香妃墓」也有詳細的介紹，他說旅遊界有一句話：「到新疆不去喀什，如同未到新疆」，而去喀什最主要觀光的名勝，即是那座「香妃墓」。若硬說「香妃」是虛構的人物，是牽強附會的被說成葬在這裡，恐怕要人相信是很難的。

（七十九年五月十九日立報發表）

拾捌、「香妃」的身世

——敬答東門草先生之六——

姜龍昭

東門草先生的「香妃及其墓塋」一文最後，他敍述容妃的生平如下：「一七三四年九月十五日，他生於葉爾羌，家族爲和卓，其父和札麥是伊斯蘭教部落的台吉（爵位），故容妃亦稱和卓氏。一七五五年，他哥哥圖爾都，因不屈於叛亂頭目霍集占，全家被迫遷至伊犂。三年後，乾隆派兵平息了叛亂，宣召這個家族的有功臣進京受封，次年（一七五九年）正月十五日，乾隆在犒賞宴會中，看上了圖爾都的妹妹和卓氏，選入後宮，二月初四封她爲貴人，六月十九日，福建巡撫吳能功獻給皇宮的十八棵荔枝樹全結了菓。皇太后認爲這是和卓氏的吉祥，格外喜歡她。封她爲嬪時，乾隆還封圖爾都爲輔國公，又將自已喜歡的宮女巴朗選給圖爾都爲妻。乾隆第四次南巡時，（一七六五）點名要他們兄妹陪伴，一七八八年四月十九日，容妃因病逝於北京，時年五十五歲。」

上述文字中，均用公元記述，是否依賴中共之資料，不得而知，不過有些地方是錯誤的：

其一、霍集占叛亂要謀獨立，是在乾隆廿二年，並非一七五五年。

其二、三年後，乾隆派兵平息了叛亂。推算是乾隆廿三年，事實上，乾隆派兆惠全部平定回疆，是在乾隆廿四年十月。（一七五九年）

其三、一七五九年是乾隆廿四年，這一年尚在打仗，正月十五日不可能有犒賞宴會，依據清史，兆惠獻俘凱旋，乾隆午門受降慶功是在乾隆廿五年正月，是否東門草記錯了。

現在，我再把香妃的身世和資料，向大家作一個說明：

「香妃出生年不詳，她是喀什噶爾人（該地後改名爲「疏附」，現在中共稱爲「喀什」，與葉爾羌（現名「莎車」）相距甚遠。維吾爾族人，本名馬漢爾阿孜沁，亦有人叫她買木日艾則木，或是伊帕爾罕。按「阿孜沁」是夫人之意，「伊帕爾」作「香」之解釋，「汗」是女人的通稱名尾。她父名「群和加」，母名「帕的夏阿孜沁」，祖父名「和甲莫名和加」，曾祖父名「依葉提拉和加」，人又稱他爲「哈士烈巴克和加」，高祖父名「馬漠馬提於蘇甫和加」、所謂「和加」是貴冑公子之意，葬香妃墓之墳場，原名「哈士烈的瑪札」，「瑪札」是回語大靈寢之意，後才改名爲「阿巴和加瑪札」，以此推算，香妃該是阿巴和加之孫女，她是霍集占之妃子。香妃之哥，名圖的和加，漢人稱爲圖圖公，其妻爲清某大臣之愛女，並非是乾隆喜歡的宮女巴朗。」

從上述的資料比對中，我們可以清楚的看出，容妃、香妃雖同爲回人，信伊斯蘭教，但二人出生地不一樣，一是霍集占的對頭，一是霍集占的愛妃，葬的地方，二人也不一樣，再談兩人還有一最大不同點是，香妃體有異香，有「伊帕爾汗」的外號，而容妃從未聞有異香之記載，究竟是不是同一人，可謂彰彰明矣。

我以上記述香妃之資料，係根據梁寒操親訪疏附，遇一阿洪（回族之牧師）出示之「香妃姓氏世系考錄」所記載，不可能出於杜撰，東門草先生所提供容妃資料，出自何處，未見說明，希能告知，以明來歷。

最近，我在商務印書館出版之「清代宮廷生活」畫刊中，看到了一幀「容妃地宮」的照片，上面也寫她生於雍正十二年（一七三四年），死於乾隆五十三年（一七八八年），十四年前，我從蒐藏家李鴻球先生手中，獲得一幀民國二、三年間，太倉陸文愼寶忠之媳婦，親至「容妃陵寢」用照相機攝得的一幀掛在陵寢饗殿的「容妃遺像」照片，以之與郎世寧所繪之「香妃戎裝像」來比對，越看越不像是同一個人。

如今，承東門草賜知容妃之身世，益使我深信「容妃」與「香妃」絕對是兩個人了。

按新疆總面積廣達一七一一九三一平方公里，等於台灣五十個之大，依照新疆地圖來看「疏附」之距離「莎車」，恐怕比「台北」到「鵝鑾鼻」還要遠，早幾個月，高陽先生和我抬槓說：「（見今年一月一日聯合報繽紛版）：「我也爲所謂香妃再說幾句話」一文）「香妃墓」及「香娘娘廟」，同時及稍後之人，如七十五著「新疆紀略」：洪亮吉著「伊犁日記」；倭仁著的「莎車行紀」：林則徐著的「莎戈紀程」，描述風土極詳，而皆無一家涉及，請問讀者，你是相信年代久遠、記述傳說的話呢？還是求證於名士、名臣的洪亮吉、倭仁、林則徐的親身經驗。」

高陽先生認定新疆無「香妃墓」之存在，並提出一些名著，來證明他的說法，殊不知，你打開新疆的地圖來看「伊犂」，現名「伊寧」，在新疆北方，「莎車」在南方，距「疏附」均極遙遠，當然不可能有香妃墓之記述，依此來否定說，新疆就沒有這個墓，不是滑稽又可笑嗎？

關於「香妃」，「容妃」，究竟是否應該認為一人，還是肯定她們是兩個人，我想大家到此應該有一清楚的結論。世界各國都知道中國有一個可敬可愛的「香妃」，而我們中國自已同胞，却硬要否定她眞實的存在，這不是有些愚昧，與不可思議了嗎？

（七十九年五月廿日立報發表）

附錄九：

香妃問題的再請教

東門草

姜龍昭先生對我的答辯文章，我從《立報》五月十五日至二十日的六天報紙上讀到了。我很高興。因爲從姜先生的文章中讀到了過去聞所未聞的資料，如「海西八珍」畫、畫上的題詩、注文等；同時，我也欽佩姜先生蒐集資料之勤奮、辯論條理之清晰。總之，讀了姜先生的答辯長文，獲益是頗多的。只不過，對於姜先生的基本觀點，即乾隆有個叫「香妃」的妃子，我仍無法首肯。孟子曰：「予豈好辯哉，予不得已也。」有就是有，無就是無，不能「假作眞時眞亦假，無爲有處有還無」；事情愈辯愈清，眞理愈辨愈明。人們對於「香妃」的認識，通過對文獻資料的發掘、整理、分析、論辯，一定會有所提高並趨向統一。我對論辯「香妃」問題的這一認識，想必姜先生和廣大讀者會同意的。

我並不肯定自己所持的觀點一定正確。但我願意擺出我所知道的資料，並加以分析，以求對「香妃」有正確的認識，作一點有益的工作。這就是我再請教於姜龍昭先生的原因。

一、冰凍並非一日寒

姜先生在答辯之一中有云：「我們知道，『歷史』本身是客觀存在的事實，透過人類的筆尖，用文字記錄下來。這些文字，第二天見報，是『新聞』，經過若干事日發表出來，是『報導文學』，再經過若干年代後，流傳下來的，就成了『歷史』。」甚麼是廣泛意義和嚴格意義上的「歷史」，這是個博大精深的問題，留待專家們去談論吧。但從以人類社會歷史發展過程爲對象的狹義的歷史學這一角度出發，姜先生所說的「客觀存在的事實」與「筆尖記錄」，恐怕不是都吻合。因爲，「筆尖」是受人支配的，而人是受思想支配的。由於偏見、好惡、取拾，或受時間、地域、認識等的限制，「筆尖」記錄的，就可能並非「客觀存在的事實」。歷史唯其應是「客觀存在的事實」，所以不能僞造、歪曲、抹煞，所以我們應當去僞存眞、爬羅剔抉，看記載是否合符「客觀存在的事實」。正是由於有些「記錄」不符「事實」，所以元朝劉因在《史》詩中感喟地說：「記錄紛紛已失眞，語言輕重在詞臣。」清朝趙翼《後園居詩》亦云：「乃知青史上，大半亦屬誣。」當然，歪曲地「記錄」下「客觀存在的事實」的做法，對於後來者，也是可以稱作「歷史」的。不過這「歷史」，與當日「客觀存在的事實」那是兩回事了。

如果我沒有理解錯的話，姜先生說上面那段話的意思在於：清末有人記錄了「香妃」，至今已近百年，因之也就是「歷史」，而我所不能同意的，正是清末以來某些「筆尖記錄」的「香妃」。

關於「香妃」的記載，據我所知，按出版時間，主要有下列幾種。

蕭雄《西園西疆雜述詩》（刊於光緒十八年）之《香娘娘廟》詩：

廟貌巍峨水繞廓，紛紛女伴謁香娘；
抒誠泣捧金蟾鎖，密禱心中願未償。

詩後有文，全文云：「香娘娘廟，在喀什噶爾回城北四五里許，廟形四方，上覆綠磁瓦，中空而頂圓，無像設，惟墓在焉。四周喬木聳蔭，引水爲池，環而繞之，清澈可鑒。近時彼都回婦，約於廟前新開八雜，以添熱鬧。八雜者，市鎮集場之謂也。以交易皆女流，漢人呼爲陰八雜。在八雜之第三日，居然以七日爲期，與男子集場相若。香娘娘，乾隆間喀什噶爾人，降生不凡，體有香氣，性眞篤，因戀母，歸沒於家。其後甚著靈異，凡婦人求子，女子擇婿，或夫婦不睦者，皆於八雜日虔誠祈禱。其俗不用香燭祭品之類，但手捧門鎖，盡情一哭，並取廟旁淨土少許携歸，調水飲之，聞往往有驗。」

從文字看，「香娘娘廟」實即後來人們所說的「香妃墓」。但値得注意的是：文中未說她是乾隆之妃，並說她「因戀母，歸沒於家」；而當地女子，是把她作爲神（娘娘）供奉的。

王闓運著《王湘綺先生全集》（一九〇七年刊印）之卷五《今列女傳·母儀》：「孝聖憲皇后，純皇帝之母也。始在母家，居承德城中。家貧無奴婢。十三歲入京師，値中外姊妹當選入宮，隨往觀之，門者以爲在籍中，既而引見……準回之平也，有女藉於宮中，生有美色，專得上寵，號曰『回妃』。上然準女懷其家國，恨其亡破，陰懷逆志，因侍寢而驚御者數矣。詰問，具對以必死以報父母之仇。上益壯悲其志，思以恩養之。太后知焉，每召回女，上輒左右之，會郊祭齋宿，子夜駕出。太后乘平輦直至上宮，入便閉門，宦侍奔告，上遽命駕還，叩門不得入。以頟觸扉，臣御號泣，聞於內外。太后當門坐，促召回女，絞而殺之，待其氣絕，撫之已冷，乃啓門。上入號泣，俄而大慟，頓首太后前。太后亦持上流涕。左右莫不感動泣下，海內聞者皆嘆息，相謂天子有聖母也。」

王氏之記敍，可疑者不少：一、未記出處；二、云爲「回妃」而非「香妃」；三、清代成例，由太監將全身脫光之女子用綢包裹，然後舉至皇上寢處，以防行刺。何來「因侍寢而驚御者數矣」？四、乾隆之母年輕時莫名其妙地混入了宮，可能嗎？五、乾隆母爲淩柱之女，「家貧」不知所據者何？六、旣是「海內聞者皆嘆息」，而朝野卻毫無記載。王氏此說，其實早已有人懷疑。金梁著《清帝外紀·清后外傳》之《后妃傳》注云：「王氏書，好任意出入。此所記回妃事，亦不詳所本。且準部元裔，不得概稱回女。其說已自相歧出，姑錄之，以廣異聞云。」可以這樣理解，蕭、王二氏，是「香妃」說的始作俑者。其後的記載，就舉不勝舉了（文不再錄）：《滿清稗史》中之《滿清外史》上卷（一九一三年中國圖書局版）、日本稻葉君山著《清朝全史》（一九一五年中華書局版）、黃鴻壽編《清史紀事本末》卷三十一（一九一五年文明書局版）、蔡東藩著《清史通俗演義》卷四（一九一六年版）、許慕義著《清宮歷史演義》（一九二四年版）、許嘯天著《清宮十三朝演義》（一九二五年版）、蕭一山著《清代通史》卷中（一九二七年商務印書館版）等。戲劇則有京劇《香妃恨》（一九三三年大東書局《戲考》第三十册）、三幕話劇《香妃》（顧青海著，立達書局《文學季刊》一九三四年三期）等。於是乎，「香妃」就越傳越完備，越傳越眞，越傳越廣了。

二、兄妹豈能成夫妻

姜龍昭先生在答辯之一中說：「『香妃』與『容妃』，本來是兩個人，香妃被賜死後，乾隆才從牢獄中找出霍集占的另一個老婆拿來洩憤，這個女人……做了容妃。因她倆同是回族人，一因未從，未被册封，故正史上未有記載，一因從，被正式册封，故正史后妃傳，才有她短短不到三十字的記載。」上述所本，實爲《清朝野史大觀。清朝遺聞》、《清宮歷史演義》、《清宮十三朝演義》，小說家言也，與史是不符的。因爲，根據兆惠的傳說，在乾隆二十四年（一七五九）十月，巴達克山汗素勒坦沙，獻霍集占首（蔡冠洛《清代七百名人傳》），足見「生擒霍集占並監押」爲虛構，何況外加兩個老婆！

我們還是引下兩則最基本的記載。《清史稿，列傳一、后妃》：「高宗以回女爲妃。」「容妃和卓氏，回部台吉和扎賚女。初入宮，號貴人。累進爲妃。薨。」《清皇室四譜、卷二、后妃譜》：「容妃和卓氏，台吉和扎麥女，初入宮賜號貴人，乾隆二十七年五月以克襄內職册封容嬪，三十三年十月晉容妃，五十三年戊申四月十九日卒。」這些孟心史先生早已引用過。在《清高宗實錄》第八二〇卷第十二頁，也有關於容妃的些許記載：乾隆二十六年十二月（一七六二年一月），太后將「貴人霍卓氏」封爲嬪，半年後正式册封。三十三年六月（一七六八年七月），太后封容嬪爲妃，十月正式「册封容嬪霍卓氏爲容妃」。這與《清皇室四譜》所記完全吻合。按清典制，皇室除皇后一人外，尚有

「皇貴妃一、貴妃二、妃四、嬪六、貴人、常在、答應、無定數（《清史稿》），足見她在宮中地位是很高的。

從上看來，有兩點值得注意：一是和（霍）卓家族的人，二是父親有「台吉」封號。能具備這兩個條件的人不多，這就是爲追溯容妃的若干情況提供了線索。

「和卓」一詞，原是對我國新疆及中亞、西亞等地伊斯蘭教封建上層的尊稱，有創教者后裔和宗教學者兩種含義。《藩部要略》第十六卷有關於「和卓」家族的記載：「有葉爾羌回人（維吾爾族）額色尹者，號額爾克和卓。其始祖白派猶帕爾，世爲回部長，居葉爾羌領其族。族統稱和卓。猶蒙古族統稱台吉也。」所以，《清史稿》及《清皇室四譜》稱容妃爲「台吉和扎麥女」。「台吉」，爵位或貴族泛稱。「和扎麥」並非人名，而是稱號，即「和卓木」，由「和卓」一詞，加詞尾「木」而成，意爲「我的和卓」，以表示親切和尊敬（見《西域同文志》第十一卷）。由於當時清代宮廷文人不了解維吾爾族姓名和稱謂，把人們的尊稱「和卓木」誤認爲名叫「和扎麥」。

《西域圖志》和《西域同文志》都記載說，圖爾都的父親叫阿里和卓。而圖爾都，是容妃之兄。這需作一點簡短的考訂。《皇朝藩部世係表》和《回疆通志》，均記載與妃平輩而且遷居北京的，只有瑪木特和圖爾都二人。現今新疆喀什市阿巴和加墓所存原來的資料，說「香妃」之兄漢名叫「圖地公」，即圖爾迪公。那麼，妃之父即是阿里和卓（艾力和卓）。乾隆欽定的《西域同文志》第十一卷和《西域圖志》第四十八卷，對容妃的世係有過記載（一說妃之父名帕爾薩，是非姑不論），霍集占與容妃同屬一個高祖瑪木提玉素甫傳下來。瑪木提有二子：伊達雅圖勒哈和卓（阿巴克和卓）和喀喇瑪特和卓。兩人又各傳一子，前者之子爲雅雅和卓，後者之子爲墨敏。這二人中，前者傳二子：霍集占、瑪罕木特；後者有六子，世係記其四子：長子木薩、三子阿里和卓（圖爾都及容妃之父）、五子額色尹（額爾克和卓）、六子帕爾薩。瑪罕木特有二子：波羅泥都（大和卓）、霍集占（小和卓）；阿里和卓有一子：圖爾都（容妃兄）。

由上述世係可見，霍集占（小和卓）與容妃共一高祖，是遠房兄妹（或姐弟），這樣的關係，能成夫妻麼？「容妃是霍集占的另一老婆」，實在是不經之談！

三、撥開迷霧看容妃

姜龍昭先生在答辯之六云：「東門草先生所提供容妃之資料，出自何處，未見說明，希能告知，說明來歷。」是的，我草擬《「香妃」及其墓塋》時，意在概括敍說，故資料未作註明，有的內容又按一般提法，不很確切。在此，我就能力之所及，將容妃的部分情況簡述如下：

首先談其兄圖爾都的情況，因這與她進京有關。《回疆通志・圖爾都列傳》，圖爾都「以不附族酋霍集占叛，從額色尹走匿布魯特（柯爾克孜族）境。布魯特稱和卓。乾隆二十三年（一七五八）聞大軍征霍集占抵葉爾羌，霍集占抗說喀喇烏蘇（墨水）。（圖爾都）陰以布魯特兵從額色尹，攻喀什噶爾，分賊勢。」容妃之兄圖爾都謀劃的這次戰役及其意義，在清故宮所藏乾隆二十三年十二月初平叛軍參贊大臣舒赫德的奏摺中，有詳細的文字印證：「將軍兆惠帶領大兵抵葉爾奇木（葉爾羌）地方時，哈什哈爾（喀什噶爾）一聞此信，大和卓木帶馬兵三千，步兵二千往救葉爾奇木。小和卓木帶馬兵四千，步兵六千，會同大和卓木前來打仗，將我兵遮圍三十餘日。因聞哈什哈爾所屬英阿薩爾城（今新疆英吉沙縣）突被布魯特搶掠，兩和卓木俱倉猝出營商謀堵御布魯特之計。是日晚間將軍帶兵奪取和卓木所築圍守地方，縱火焚燒，收取帳房六十餘架，將看守人衆剿殺過半，餘人殘敗逃竄。」由於圖爾都這一仗對兆惠轉危爲安，最終獲勝，起了重要作用，所以，乾隆二十七年（一七六二），圖爾都因「追論攻喀什噶爾功，晉封輔國公」（《回疆通志·圖爾都列傳》）。由於容妃一家參加了平定大、小和卓木之叛，「兆惠遣額色尹（圖爾都，容妃之五叔）等入覲」（《藩部要略》卷十六），進京後，「封額色尹公爵，授瑪木特爲扎薩克、頭等台吉」（《清高宗實錄》卷六九八），圖爾都九月從新疆出發，十二月初抵京，也被授爲扎薩克、頭等台吉（《藩部要略》卷十六及《回疆通志》本傳）。

根據清宮《內庭賞賜例》之五，乾隆四十九年「正月十四日，賞容妃五十歲千秋，係九月十五日千秋。」參《內庭賞賜例》之三：乾隆二十六年「九月十五日，和貴人生辰，恩賜銀一百五十兩。」略加推算，知她生於雍正十二年（一七三四），卒年《清皇室四譜》有載，年五十五。關於容妃進宮時間，孟心史先生以爲在乾隆二十年，這估計未免早得不合理。查清宮所存檔案之《賞賜底簿》，乾隆二十五年以前歷年賞賜的詳細名單中，上自皇后，下至答應，絕無「和貴人」、「容妃」之名。現在能查到的最早記載是乾隆二十五年六月十九日賜皇后等十五人荔枝時有「和貴人」（乾隆二十四年至四十四年《哈密瓜、蜜荔枝底簿》。這一年，她二十六歲。

關於容妃進宮的時間，也只有推算。乾隆二十四年十一月，兆惠奏言回部平定。又清宮檔案內，乾隆二十五年三月初二，傅恒奏摺云（原文爲滿文）：「已將有關遵旨付議賞給圖爾廸置產事宜，交清馥辦理。現擬將入宮之東大市六條胡同（按，今北京東四北北條）現有宮房二十二間賞給，令其居住……而今聖主既經加恩，命圖爾廸創立家業，當差行走，爲整備衣著、鞍騎及一應器具等項，請准自廣儲司撥銀五百兩賞給。」乾隆對圖爾都恩寵有加，恐怕只能從妹妹成了貴人來解釋。所以，容妃進宮時間，約莫在乾隆二十五年初。

進宮後，容妃一直受寵。這在檔案中可找到多處印證。乾隆二十七年五月十六日，乾隆奉皇太后懿旨，册封和貴人爲容嬪，五月二十一日授册，「命兵部尚書阿里袞爲正使，禮部侍郎五吉爲副使，册封霍卓氏爲容嬪。」（《清高宗實錄》卷一六一）。乾隆三十六年二月三日至四月七日，乾隆東巡，同行有：皇貴妃、慶貴妃、穎妃、容妃、豫妃、順嬪，乾隆還賞容妃奶油野鴨子（《山東照常膳底檔》）」記載舉不勝舉！現列下乾隆五十三年四月二十日，大學士和珅傳旨將容妃遺物分送，僅珠寶金銀一項即有：「金鳳五隻，共嵌東珠九十顆，寶石三十五塊；金福壽面簪三塊，共嵌正珠十五顆，寶石九塊；金松靈祝壽簪一對，嵌正珠四顆，寶石九塊；金萬事如意簪一對，嵌正珠十顆，寶石十六塊；金蜻蜓簪一對，嵌正珠六顆，寶石八塊；金喜寶蓮簪一對，嵌東珠六顆，寶石十塊；金秋葉鶴簪一對，嵌東珠十顆，寶石六塊；金寶蓮結子二塊，嵌寶石二塊；金九蝠挑牌二塊，共穿嵌正珠一百四十四顆；金如意簪一對；金豆瓣簪四枝；金挖耳一枝；金戒指套一對；金戒指一對。」讀後實在令人咋舌。

這就是一個實實在在的容妃！

四、所傳「香妃」卽容妃

說實話，要論清流傳的「香妃」，實際就是容妃這一問題，的確很難。記得有位哲人說過，虛擬一件事很容易，而要證明其虛其非，卻很難很難。這也許就是孟心史先生半個多世紀前對傳聞作了澄清，而至今仍有人懷疑的原因。

前面我講了，「香妃」說的始作俑者爲蕭雄和王闓運，前者已言「香娘娘」而未言「妃」，後者言「回妃」而非「香妃」，且均未說與霍集占有何關係。儘管二者不實，但蕭、王二氏當不致完全向壁虛造，總得有個來源，那怕是街談巷議。我以爲，容妃作爲非滿族的受寵的王妃，所得到的殊榮，影響一定很大，甚至在容妃死後，她的親屬仍受眷顧，如乾隆五十五年，其叔額色尹卒，子喀沙和卓「理應降等承襲」，而改爲仍襲輔國公，至五十六年，又「以勤奮奉職，詔加封鎭國公」（《回疆通志》卷六）。朝廷一陣風，在野三尺浪。加之時間流逝，產生了傳說、猜想、臆測，引起騷人墨客的興趣，原也是情理之中。這就是「香妃」說產生的社會原因和歷史原因。

下面我想從四個方面具體闡明傳說的「香妃」實爲容妃的問題。

一、十九世紀末，一位維吾爾族史學家，拜城人毛拉木沙・賽拉米，在《伊米德史》中記載了一個傳說：有一個美貌無雙的南疆維吾爾族少女，十五歲時被官吏們選中送去給皇帝作妃子。她深得皇帝寵幸。有天皇帝見她哭泣，問爲何如此？答曰，家鄉有一種樹，葉子是銀的，花是金的，開花時芳香無比。因想念家鄉，想念這沙棗樹，所以哭泣。於是皇帝下令將沙棗樹移至京城種植。（新疆歷史調查組油印本。轉引自《新疆史學》一九七九年一期）作者在文中未寫出這位維吾爾姑娘的名字，顯然，這是容妃進宮並受寵在若干年之後在社會上的通俗反映。人體是不能生異香的，天下汗水一樣臭，所謂「香妃」，恐怕就從這傳說的沙棗樹香而衍生。雖然毛拉木沙寫於十九世紀末，但流傳恐怕更早些。

考之歷史，在容妃進宮之後，的確發生了一件沙棗樹事件。《清高宗實錄》卷七三〇，和寧著《回疆通志》卷十二，都有記載：乾隆三十年（一七五五）春，烏什有二百四十人奉駐防大臣及阿奇木伯克之命，將載在木桶裏的沙棗樹苗運往外地。因不明發送地點而請示時反遭毒打，加之官吏平日壓迫，由此爆發一場鬥爭，長達半年之久。沙棗樹是否運往京城？是否容妃要沙棗樹？現在都很難說明白了。但無疑，乾隆年間的維吾爾女子進京爲妃與沙棗樹事件，在當地父老口中代代相沿，構成了以後虛構人物「香妃」的基礎。

近五、六十年來，有說「香妃」名「伊帕爾罕」。這，是飽爾漢先生據漢文「香妃」轉譯的。「伊帕爾」是麝香，「罕」是維吾爾女性名字常用詞尾。這個名字後來被人們接受了，有些文藝作品，就稱「香妃」爲「伊帕爾罕」。

二、梁寒操先生《西行亂唱・謁香娘娘廟》的附錄中有「香妃家族世系」：馬謨提于蘇甫和加（瑪木提玉素甫）傳和加依大葉提拉和加（哈士烈阿巴克和加）；又傳和加莫明和加；再傳群和加；最後傳圖地和加、香妃。（梁先生在附記中說：「翌日得一大阿渾，以娘姓氏世系考示余。」）而新疆喀什市阿巴和加墓陵園（即長期以來被稱「香妃墓」者）所保存的「香妃家族世系」之資料，次序如下：最早爲馬赫杜姆艾扎木（無墓）傳伊夏卡蘭、買賣提依明和卓（無墓）、伊薩克。伊夏卡蘭傳阿吉買賣提玉素甫和卓（清文獻稱「瑪木提玉素甫和卓」）。他得三人：阿巴克和卓（依達雅圖阿衣圖拉）、和卓卡然木提拉（墓在印度）、卡那也提拉（無墓）。和卓卡然木提拉傳墨明和卓。墨明和卓傳艾里和卓。艾里和卓傳吐的公（子）、買木日艾則木（女，伊帕爾罕，香妃）。另外，從墓園保存的世系中，也可看出霍集占與「香妃」是遠房兄妹（或姐弟）：阿巴克和卓（依達雅圖阿衣圖拉）有六子，其一爲雅雅和卓（漢和卓）。他下傳霍集占、阿海買提和卓。阿海買提和卓傳波羅泥都（大和卓）、霍集占（小和卓）。

煩請大家將上面梁先生所言世系，墓園所保存的世系，比照乾隆欽定《西域同文志》卷十一和《西域圖志》卷四十八對圖爾都世系的表述（見拙文《兄妹豈能成夫妻》一節），那麼，就可看出：容妃（或「香妃」）之兄是圖爾都（圖地和加、吐的公），父爲阿里和卓（艾里和卓、群和加——關於圖爾都、容妃之父，譜系不盡同，學界有爭論，此處姑不論），祖爲墨明（和加莫明和加、墨明和卓）。從三譜系對照，查祖孫幾代，這「香妃」非容妃莫屬矣！

需要說明一下，阿巴和加墓園的資料，說「香妃」名叫「買木日艾則木」，是出於杜撰。按維吾爾人名的組成規則：本名在前，父名在後，那成了「艾則木」的女兒「買木日」。而「艾則木」，和卓家族譜系中無此人，必爲杜撰。另外，各譜系中，也不乏謬疵之處，這問題在此不提了。

三、清東陵曾長期被指認爲「香妃墓」，孟心史先生爲此撰文。現在已確知，陵內爲容妃。記載、頭骨、髮辮、棺木是鐵證。她葬在墓的東側第二排第一座。

四、世傳所謂郎世寧繪「香妃戎裝像」，劉家駒先生編《中國歷史圖說》（臺灣新新文化出版社民國六十八年版）在說明中云：「在兆惠征服回疆的戰役中，得到了回族的貴族美女。據考爲小和卓木的弟婦，送入宮中，獻給乾隆，大爲乾隆所寵愛，封爲容妃。據說她身有異香，故又稱爲香妃。」容妃曾爲小和卓之弟婦，似不大可能，因各譜系均未見霍集占有「弟」，但說像即容妃，表示了人們的一種認識。

五、香妃墓探源

民國十二年，上海中華書局出版了謝彬著《新疆遊記》，內《遊覽香娘娘廟》云：「六月二十八日，晴。住疏附。上午偕烈夫、鶚秋、鏡容策馬出東門，遊覽香娘娘廟。……中有墳墓數十，層疊環列，詢問守墓阿渾……香墳何在？皆莫能對。惟謂大者男墳，小者女墳，皆香妃親屬而已。當門左偏有廢鑾輿一乘，製作粗率，裝飾俗陋，相傳爲乾隆所賜。有謂爲香妃生時所乘用者，有謂爲靈櫬西還所馱載者。夫高宗在全盛之時，斷不以此粗物賜彼寵妃，其為附會，不辨而明……。」

梁寒操先生《謁香娘娘廟》二首，七律為：「千秋節烈馬香娘，生誓無降死還鄉。零落祭旗猶墓左，凄涼靈轎剩祠旁。息姬不語漸柔弱，蘇武終還比崛強。信仰在魂刀在袖，伊斯蘭教女中良。」七絕為：「清宮造像留殊色，幽壙遺軀閉異香。綠瓦圓穹靈寢在，欲求史筆已難詳。」附記有云：「余於民國三十二年二月二十六日抵疏附，即為香娘故里，以其事蹟問人，無能詳答者。……娘之高、曾、祖、考、兄、嫂、侄輩，咸聚葬焉，蓋此為舊時家族墳場，其上寢宮乃建於香娘娘葬後者。伊斯蘭教葬規，重長幼之序，不能僭越，姑娘墓甚小，僅附父墓側……。」

這二則記載頗具代表性，且有較大影響。二者相同的，是守墓人說不清「香妃」情況；不同的是，二十年代不知「香妃」埋何處，四十年代則指為小墳。

有必要對陵園的沿革作些回顧。它始建於一六四〇年左右，裏面埋葬的第一代和加是玉素甫。清朝徐松《西域水道記》中有云：「瑪木持玉素布之遷喀什噶爾也，土人寵雅瑪獻所居地為寺，死即葬焉。」「墓在城東北十里許」。據此可知墓地的主人原是叫寵雅瑪的，其地並非和卓族的祖產。大約這寵雅瑪篤信教，捐宅為寺，這和漢族某些人信佛而捐宅為寺一樣。玉素甫的長子，喀什噶爾伊斯蘭教白山派首領阿匹克和卓死後亦葬於此。以後，家族的人死了，不少也葬於此。規模漸大，房產、地產日益增多。當地人稱「海孜來特麻扎爾」，意為「尊者之墓」，或「阿巴克和卓麻扎爾」，這兩個維吾爾名一直沿用至今。現通稱「阿巴和加墓」。

現在能查到的，漢文史籍中稱「和卓墳」的最早記載，是《清高宗實錄》卷六〇九第六頁，回疆叛亂平定後，乾隆二十五年對其祖墳的處置有如下上諭：「逆賊霍集占等……先君長一方，尚無罪戾，今回部全定，喀什噶爾所有從前舊和卓木等墳墓，可派人看守，禁止樵採汚穢。其應行修葺分例，此著官爲經理，以昭國家矜恤之仁。」裏面稱「從前舊和卓木等墳墓」。乾隆明令對叛逆的祖墳，予以保護，我想這與容妃有關，因爲也是她和圖爾都的祖墳。後來，這裡就簡稱「和卓墳」了。乾隆五十九年成書的《喀什噶爾附英吉沙爾》說，「東北十里許有卓墳，回人（按指穆斯林）告祀甚虔。祭時男女俱犧牲銀，米於阿渾前。阿渾誦經咒，禮拜而散。門外闢放生池一區。修功德者每置雁鳬於池中，外人不敢攘也。」（永保、范建中《喀什噶爾附英吉沙爾》）文中將蓄水池叫「放生池」，係出於誤會。以後，徐松《西域水道記》、和寧《回疆通志》等，都稱「和卓墳」。

同治三年（一八六四），新疆爆發農民起義，封建主各割據一村。後阿古柏率浩罕匪徒入侵新疆，離亂十多年之久。十九世紀末，記載有了變化。光緒三年（一八七七），清軍幕僚蕭雄隨軍到喀什噶爾，後來回故鄉。光緒十八年（一八九二）客居長沙，「旅館篷窗，兀坐無聊，回思往迹。神遊目想，搜索而成篇，共得四十餘首。」（《西疆雜述詩·自序》）他在書中卷二寫道：「城東北五里許有一塋園，據稱爲布拉呢墩（即波羅尼都）等先人……之墓。園無別物，只一空亭，頂圓而尖。」卷四又說，「香娘娘廟，在喀什噶爾回城北五里許。」從此，「和卓墳」被說成「香娘娘墓」。因詩收入《靈鶼閣叢書》，民國年間又收入《關中叢書》和《叢書集成初編》，影響遂廣。連守墓的阿渾也說是香妃墓，只是說不出是那座而已。除上引謝彬、梁寒操說外，一九四五年，徐靈鳳在《新疆內墓》中說：「香妃墓的阿渾說那右角的小墳是香妃的，但是又有人說是中間那個較大的一個。」實際上，葬在裏面的，是和卓族的「五代七十二人」，現存只有五十八個墓堆。而要考訂出這五十八個墳堆各葬爲誰，已非易事了。

下面談談墓園中馱轎的問題。要說清它，又得從考訂歷史入手。咸豐七年（一八五七），匿居中亞浩罕汗國的波羅尼都之曾孫倭里汗，引浩罕匪徒入侵南疆。沙俄派瓦力汗諾夫上尉化裝爲商人，潛入喀什噶爾做間諜。他於次年到達時，倭里汗已被擊潰。他蒐集了情報後，回國於一八五九年寫了《六國概況》一文。其中有這樣一節文字：「喀什噶爾說，在北京有阿巴克家族的，在平定南疆時被生俘的圖爾都和卓的後代。這個和卓被册封爲公。一八五六年，他的一個子孫的屍體被運來安葬於阿巴克家族的墓地內。運送這個和卓屍體的『納依甫』（意爲副手、助手）不懂得突厥語，穿中國服裝。」（《瓦力汗諾夫道集》，阿拉木圖俄文版，第五四一頁。轉引自《新疆史學》一九七九年第一期）以一八五九年記一八五六年的事，當不致誤。那麼，咸豐六年，北京的一個和卓的後裔遷葬至喀什噶爾。只是瓦力汗諾夫未搞清楚，被俘送京的是波羅尼都的幼子阿不都哈里，而册封爲公的是圖爾都，把這二人相混了。但我們由此可知以下幾點：

一、咸豐六年由北京遷葬回一個和卓子孫，馱轎即所用；二、葬者爲男性；三、圖爾都死於乾隆四十三年，無子，由侄托克托（喀沙和卓之子）承襲輔國公，或許即其後代，但不能肯定。因爲，乾隆時遷入北京的和卓有五戶及另外三戶維吾爾上層平叛立功人士，史稱「八爵」是也（和寧《回疆通志》卷六），究係誰之後代，很難弄清了。但有一點可以肯定：馱轎所運之屍，不是「香妃」或任何一個女性。

關於「香妃墓」還有段插曲。楊增新之《補過齋文牘・辛集三》有篇寫於民國六年十月的文章，爲《指令顧問員玉素甫稟爭祥妃麻扎公產文》。內云：清末以來，北京的和卓後裔陸續返回疏附，爲爭奪墓地地產打官司。有達楊氏者，自稱其夫之先人是「香妃」嫡兄。這事大約鬧得很大，謝彬、梁寒操之文均提及。據楊增新該文中說，官司的判定是：「查疏附縣馬知事紹武，係照蕭知事詳定撥給由京來喀之達楊氏等公房一院、公地一百畝。並每年提出租糧一千五百秤，以便居住贍養，以後北京再來人向麻扎主持人等爭前贍養費，准阿不都色以提和加等，以理阻擋。」如民國六年的判定正確，那麼，所謂「達楊氏」者，當是托克托的後裔的妻子。

六、「香妃」畫像是耶非？

姜龍昭先生在答辯之三中批評我說：「我覺得東門草先生，對香妃畫像顯然的缺乏研究。」這批評很對。「不知爲不知」，豈但「香妃畫像」，對一切畫，我都缺乏應有的研究。下面我所能做的，只是對畫作點淺顯的考訂。

我見過的「香妃畫像」只有四幅：戎裝像、旗裝像、洋裝像、御苑行獵圖，均爲複製品，我無緣見到原件，更不必說姜先生所云「海西八珍」等畫了。我只能談談自己對這些畫的認識和思考，請姜先生及廣大讀者指教。

先說所謂郎世寧之《香妃戎裝像》。其可疑者至少有三。一、郎氏一七六六年死於北京，其作品在《國朝畫苑錄》和《石渠寶笈》中有著錄，雖然晚年畫過關於新疆題材的作品，但從未見過畫香妃像的記載（我在《「香妃」及其墓塋》一文說是畫的容妃，是爲避免繁雜敍說而採用的不準確說法，實際上，也非容妃）。二、畫上無郎氏題款。三、我仔細察看過油畫彩色放大像，實在看不出面部、眼神、鼻子哪有一點維吾爾族女子的特徵。

有必要對這幅畫的出處再作回顧。一九一四年，古物陳列所從奉天故宮和承德避暑山莊行宮調來一批古物，在北京故宮展覽（姜先生在答辯之二中說，「此畫係從寶月樓移來」，不知所據者何？）其中有來自承德的十多張油畫女人像，傳說是乾隆時郎世寧繪，戎裝像陳列在浴德堂西間。據原中國社會科學院歷史研究所研究員聶崇正著《郎世寧和他的歷史畫、油畫作品》一文說：「據說此二畫原題《油畫美人像》，到北洋政府時，有一內務部官員指著畫隨便說了句：『這大概是香妃吧』。以後就附會成郎世寧畫的《香妃像》了。」（《故宮博物院院刊》一九七九年三期）一九二八年，奉天清故宮陳列了楊令茀女士在北京摹繪的九十六幅歷代帝王畫像，「香妃戎裝像」放在第四陳列室「協中齋」。一位研究回疆歷史的學者，在八年前爲此像訪問了當年在古物陳列所工作的、北京故宮博物院副院長單士元先生。單先生說，當年把畫定爲「香妃戎裝像」，只幾個人的主意，沒有根據，也未經嚴格考證。日本人石田幹之助著有《郎世寧傳考略》（民國二十五年《國聞周報》第十三卷三十二期、傅抱石譯），內云：「若世所傳香妃像二點，果成世寧之手，則此稀少之實例，頗足珍貴也」，「是否香妃像雖不可盡知，但爲乾隆前後奉仕內庭之外所作者，惟世寧所作，深有可疑耳」。他對郎氏作、爲香妃均有疑。

姜先生在答辯之四說：「香妃於乾隆二十五年入宮，廿六年即被賜死。」且不談其根據是甚麼，僅就此點著眼，那麼多的「香妃像」，就很値得懷疑。短短的一年，你看她，畫了那麼多的像：戎裝的、漢裝的、採花的、宴居的、種花的、以及行圍的、御苑春蒐的、扈蹕閱鞠的、木蘭獲鹿的、看大宛貢馬的、寶月嘗荔的、太液採蓮的、冰嬉娛親的，等等。她彷彿是個時裝模特兒，又彷彿是個影視演員，要試一試四季服裝，要做出各種姿態，要現出各種身段，要出入各種場合，來供別人（包括外國人）畫像，忙得不亦樂乎，這在情理上說得通嗎？「香妃」是個集國恨家仇於一身的被俘烈女子，身藏利刃，甚麼時候不能一遂殺身成仁之壯志，反而到處「白相」，如同無事一般，這在情理上也說得通嗎？我承認對這些畫毫無研究，但揆情度理，實在令一般人難以理解。「年十三殺人」的秦舞陽，至秦廷「色變振恐」，「香妃」一年之中讓人畫這麼多像（換服裝時刀子不知怎麼變戲法變走的），面色都沈靜、平和、端凝，這誰能相信呢？

對於姜先生所言郭志誠先生「以新臺幣一千八百萬元價購來的這幅國寶級名畫」《寶月嘗荔圖》，我也想談談幾點看法。姜先生引畫上文云：「寶月樓建於太液池之南……爰命香妃居此，俟幾暇臨幸，時值嶺南初貢荔枝，思及唐代故事，敕繪寶月嘗荔圖」（著重號係我所加——東門草）。我想還是從考訂歷史入手，分析上述文字。按蔣溥卒於乾隆二十六年，「香妃」這年「賜死」，他這年爲畫「敬署」，何其太巧？又考之兆惠傳記，他乾隆二十六年八月同大學士劉統勳赴豫勘築楊橋決口等處，二十七年又與劉去勘江南運河，均不在京。也就是說，兆惠題詩只能在乾隆二十六年八月之前。這個時限不大，不也太巧？關於「荔枝」問題，我仔細查找了已翻譯並整理了的清故宮檔案，列乾隆二十五年至二十六年賞賜荔枝的記載如下：二十五年六月十八日，福建巡撫吳士功進鮮荔枝樹五十八桶，共結荔枝二百二十個，本日交吊下荔枝三十六個之內，奉旨恭敬皇太后鮮荔枝二個。差御膳房首領蕭雲鵬進訖，溫惠皇貴太妃、裕貴妃，每位鮮荔枝一個。賜皇后、令貴妃、舒妃、愉妃、慶妃、穎妃、婉嬪、忻嬪、豫嬪、林貴人、蘭貴人、郭貴人、伊貴人、和貴人（容妃）、瑞貴人，每位鮮荔枝一個。六月二十五日又交荔枝二十個。上覽過恭敬進皇太后荔枝一個，差首領蕭雲鵬進訖，賜皇后、令貴妃、舒妃、慶妃、穎妃、忻妃、豫妃、郭貴人、伊貴人、和貴人、瑞貴人每位荔枝一個。乾隆二十五年七月十四日浙閩總督楊廷璋進蜜荔枝七十二瓶。本日福建巡撫吳士功進蜜荔枝四十八瓶。恭敬皇太后蜜荔枝八瓶，差首領張義公進訖，給溫惠皇貴太妃蜜荔枝二瓶、裕貴妃等每位蜜荔枝四瓶。賜皇后蜜荔枝三瓶，令貴妃蜜荔枝二瓶，舒妃、愉妃、慶妃、穎妃、婉嬪、忻嬪、豫嬪，每位蜜荔枝一瓶。愼貴人、林貴人、蘭貴人、祥貴人、伊貴人、郭貴人、瑞貴人、和貴人、鄂常在、白常在十位蜜荔枝五瓶。乾隆二十五年十二月二十三日，貴人中的賞賜物品有：綠葡萄乾三斤、白棗乾三斤、荔枝乾三斤、白葡萄乾三斤……。（《賞賜底簿、哈蜜瓜、蜜荔枝底簿》，轉引自《喀什噶爾文藝》一九八一年一期，原件現存北京第一歷史檔案館）。這些二百多年前的原始資料表明：乾隆二十五年至二十六年，所賞的人中沒有「香妃」，所賞的荔枝，一從福建，一從浙閩，就是沒有「嶺南」的！何況，記載很明白，當時並不如同今天，吃荔枝講斤，而是由皇上賜一個。如果吃一個荔枝也畫下來，不亦寒酸乎？兆惠八月離京外任，在這前，宮內所賞只有吳士功所進荔枝樹上的荔枝，妃子、貴人每人一個；再就是楊廷璋所進瓶荔枝，十個貴人共五瓶，不知她們怎麼瓜分？乾隆的詩我讀過一點，甚至有的是「御筆」，但這幅《寶月嘗荔圖》上的題詩，儘管我手頭無書，但我估計，乾隆的《御製詩鈔》上恐怕沒有。還有兩點，也是經不起歷史驗證的，就是唐代從何處貢荔枝和清代貢的甚麼荔枝。荔枝很難保鮮。白居易《荔枝圖序》云：「荔枝生巴蜀間」。也就是說，唐代驛送荔枝是從四川到長安，並非「嶺南」。蔡君謨《荔子譜》：「天寶中，妃子尤愛嗜涪州，歲命驛致。」又，曹學佺《蜀中名勝志·涪州》引《方輿勝覽》：「城西十五里，有妃子園，其地多荔枝，昔楊妃所嗜。」為何不從嶺南取，因為路程遠了，「一日而色變，二日而香變，三日而味變」。清代時，康熙作了「改革」，把荔枝樹栽於桶內，待結果時，連桶帶樹一齊送入宮中。此後不再有驛送荔枝菓之舉。這種好法子，乾隆自會效之，上引吳士功進五十八個荔枝桶，即此法。可見，《寶月嘗荔圖》中之文字，「時值嶺南初貢荔枝，思及唐代故事」，暴露了作偽者缺乏應有的歷史知識，洩露了天機！清代的驛使，最快的是「六百里加緊」，從嶺南送荔枝菓進京，不乘飛機怕是要爛的。

因此，我想大膽建議，這幅「國寶級」的《寶月嘗荔圖》，可否請有關專家再鑒定一下？我不信所畫是「香妃」，亦不信爲郎世寧作，但如鑒定爲乾隆時的作品（我以爲希望很小），仍不失爲「國寶級」的藝術品——這是從年代久遠著眼，繪畫藝術我不懂，這是文前已承認了的。

七、寶月樓和「香妃塚」

一九一四年展出的《香妃事略》說：「回疆既平，兆惠果生得香妃，致之京師，帝命於西內建寶月樓（即今新華門）居之。」這實在毫無道理，寶月樓位於西苑南海之南岸。有關它的資料，見之《欽定日下舊聞考，卷二十三・西苑三》，卷內收錄了乾隆的《御製寶月樓記》及寫於乾隆二十四年、三十三年、三十四年的《御製寶月樓詩》三首，內中詳述了樓的建築意圖和落成時間，即乾隆二十三年（一七五八）春開工，同年秋落成。其建築意圖是：「顧液池南岸逼近皇城，長以二百丈計，闊以四丈計。地既狹，前朝未置皇室，每臨臺南望，嫌其直長鮮岸蔽。」乾隆二十四年詩的開頭又寫道：「南岸嫌長因構樓，樓臨直北望瀛洲。」詩下註云：「瀛臺皆前明所建，惟兩岸向無殿宇，故爲樓以配之。」而又「池與月適當其前，抑亦有肖乎廣寒之庭也」，故命名「寶月樓」。完全不是甚麼「藏嬌」之意。何況樓落成時，兆惠正從巴爾楚克進兵葉爾羌，勝負尚在未知之數。孟心史《香妃考實》率先說明此點，功不可磨。但老先生從「廣寒之庭」推測「此則中有一奔月之嫦娥在，知有營爲金屋之意」，反使人們理解內確有一女人。其實，樓內有妃居，完全沒有佐證。我在寫《香妃及其墓塋》

一文時，爲圖方便，引孟森之說，現在只好從頭說起。同時，上面提到的那幅《寶月嘗荔圖》中文云：「寶月樓建於太液池之南……爰命香妃居此」，同出於一人，同寫一地，《御製寶月樓記》爲何不這樣寫？難道同一時間所寫，一個要保密，一個不保密嗎？兩相對照，也可說明《寶月嘗荔圖》來歷不明而可疑。

北京陶然亭內錦秋墩之「香塚」被說成「香妃」瘞骨之處，也有個發展過程。民國二年新中國圖書局印行之《滿清稗史》之《新燕語》卷下說：「陶然亭北叢蘆亂葦中有土一堆，士人名之曰香塚，塚側豎一碑，銘凡四十五字，不紀年月，不著撰者姓名，並不誌塚中人也。銘云『浩浩愁，茫茫刼。短歌終，明月缺。鬱鬱佳城，中有碧血。碧亦有時盡，血亦有時滅。一縷香魂無斷絕，是耶非耶？化爲蝴蝶。』相傳一士人眠歌妓名蒨雲者，欲納之，未果。有大腹賈以千金強聘，妓不從，自刎死。士人爲瘞之於此。又有謂某生屢試京兆不第，憤而埋其生平所作文，銘詞蓋自悼也。悠悠百世，無人論定，亦古今來第二疑塚也。碑字摹隋體，披草剔蘇，尚隱約可辨識。」文中所述，與「香妃」完全無關。但同年同出版社用書之《滿清外史》上卷第四篇第九章中，敍述了與王闓運所記相同的「香妃」內容後，以括號作注道：「都城南下窪陶然亭東北有一塚，或謂即香妃所葬處，故以香塚稱焉。」下面就是「浩浩愁」一段銘文。而到民國十四年許嘯天之《清宮十三朝演義》第四十回，就寫乾隆命太監偷偷埋「香妃」於此，還說在碑陰刻「浩浩愁」的詞。至此，「香妃塚」說更熾盛了。後來，又出現了魏子丹其人於民國三十一年寫的《香妃小記》：「『樣子雷』後裔，名獻瑞、獻華兄弟，因貧出售家藏清代各項工程燙樣及文卷於北平圖書館與中法大學，忽檢得《香妃陵工圖說》全部……按其地域乃今北京城南陶然亭畔之香塚也。」但這記載是頗可疑的。因爲，北平圖書館館藏目錄，沒有所謂《香妃陵工圖說》。

關於陶然亭之「香塚」的傳說頗不少。「香妃」只是其一。《寒蝶筆記》和《芸窗瑣記》二書，又說埋的是清代北京名妓李蓉君。還有人說，那石碑是三百年前遺物，所埋既非文亦非文稿，而是清軍入關後，一些遺老爲懷念故國而埋的漢裝。總之，言人人殊。這兒有無塚，裏面究竟埋的甚麼玩意，恐怕永遠是個謎了。至於原來碑上的某些詩詞，如「城南遺恨水化石，江東難忘木三生」，也難弄清何所指了。最後，我再引一首原陶然亭慈悲庵富川某生詠香塚的題壁詩作爲本問題的結束：「雲陰瑟瑟傍高城，閑叩柴扉信步行。水近萬蘆吹絮亂，天空一雁比人輕。疏鐘響似驚霜早，晚市塵多匝地生。寂寞獨憐荒塚在，埋香埋玉總多情。」

有個問題在此說明一下。我在《香妃及其墓塋》中曾說，容妃之兄圖爾都的妻子巴朗，是乾隆所賞。現將記載之根據列述：清宮《內廷賞賜·二》：「乾隆二十五年四月初八日，王成奉旨，賞女子巴朗（因給回子圖爾都爲妻）金珊瑚蔆花面簪三枝，嵌無光東珠二顆，蚌珠一顆……。」共三十六件。甚至包括「木梳二匣、篦子二匣、剔刷二匣、牙刷刮舌二匣」。看來，這是乾隆給巴朗的陪嫁之物。如此說不誤，那麼，圖爾都與巴朗結婚當在此後不久。

以上拉拉雜雜寫了這如許文字，不知把意思說清了沒有？我在開頭說過，「事情愈辯愈清，眞理愈辯愈明」，如果我的這點文字能使「香妃」的問題，在更廣濶的領域內展開討論而有益於學術研究，則私心引爲榮焉！我雖然不同意姜龍昭先生的觀點，但我敬佩姜先生的探索精神和勤奮態度。由於某種原因，我未能看到姜先生的電視連續劇《香妃》和學術著作《香妃考證研究》，但我相信，以姜先生的藝術感受力，電視劇情一定精彩動人。文藝作品不是歷史。塑造一個「香妃」、豐富之以生動情節、構造之以發展軌道，來表達家國之戀、君妃之情、烈女之志等任何一個主題，我想都是允許的。歷史題材文藝作品的人物，並不等同「客觀存在」的歷史人物。

元好問《論詩三十首》有云：「眼處心生句自神，暗中摸索總非眞。畫圖臨出秦川景，親到長安有幾人？」文既寫竟，我想起了這首詩。中國的歷史太豐富了！其中難免記載互相抵牾、撲朔迷離之處。在「香妃」問題上，我願同姜先生，及其他同好一道，努力學習，互相討論，弄清眞象，直至「親到長安」，找到結論。

（本文於七十九年八月卅一日至九月八日在「立報」發表）

拾玖、再次答覆東門草先生

姜龍昭

關於「香妃考證」的問題，承蒙東門草先生，找到了不少豐富的資料，並自八月卅一日起，在立報「茶餘酒後」版作了連續九天的答覆，鑒於「事情愈辯愈清，眞理越辨越明」的原理，我也非常樂意，提出我的看法，再就教於東門草先生，同時希望，對「香妃」問題有興趣研究的學者，及讀者，也提出寶貴的卓見，使此一問題，獲得一個正確的結論。

東門草先生文中說：「對於姜先生的基本觀點，即乾隆有個叫『香妃』的妃子，我仍無法首肯」。那就表示，他仍堅持，他以前的看法，認爲：「香妃其人，史傳無載，爲附會衍生而無疑。」但是，東門草先生又說：「我並不肯定自己所持的觀點一定正確，但我願擺出我所知道的資料，並加以分析，以求對「香妃」有正確的認識，作一點有益的工作。」

事實上，東門草先生，確是提出了不少資料，但幾乎都是「文字性」的資料，且均是中文的文字資料。而他把凡記述「有香妃」之文字資料，卻一概列入「小說家言」，認爲是與史實是不符的，不予採信。

一、清正史之可信性

清代的學者崔述說：「諺云：『打破沙鍋問到底』，蓋沙鍋底脆，敲破之，則其裂紋直達於底。『紋』與『問』同音，故假借以譏人之過細而問多也。然余所見所聞，大都皆由含糊輕信而不深問，以致僨事，未見有『細爲推求』而僨事者。」這就是研究歷史學問所應有的態度，不能含糊輕信資料，而一定要尋根究底的追問下去，弄個清楚明白，才肯罷休。

清朝另一個大學問家戴震（東原），十歲時讀「大學」一書，見朱熹的注釋：「大學」的「經」，是「孔子之言，而曾子述之。」他問老師：「怎麼知道是這樣的？」老師說：「這是朱熹說的。」戴震又問：「朱熹是什麼時候的人？」老師說：「是宋朝的人」。他又問：「從周朝到宋朝，中間間隔了多少年？」老師說：「隔了幾乎兩千多年。」戴震又問老師：「朱熹怎麼知道是如此的？」老師就無可回答了，因爲朱熹的注釋，本是一種推測之詞，並沒有史料上的根據，因此乃經不起戴震的追問。

這一段故事，啓示我們，歷史上記述的事，我們若能像戴震一樣的認眞追問下去，才能瞭解其眞相，不致「僅」被文字之記述所迷惑。

查證清朝歷史上，究竟有無「香妃」其人，僅憑清正史的文字資料，來下斷語，是既不公正，又不客觀的。

因爲清正史的記述，並非全「眞」，其中有「僞」的成份，極多，在討論有無「香妃」其人之前，我們應先具有這項認識與概念。

我說清正史的「可信性」有問題，有下列的事實來佐證：

順治帝，正史記載十三年八月，他封了董鄂氏爲賢妃，當年十二月，就晉升爲皇貴妃，至順治十七年董鄂妃因病死去，即獲順治追封爲孝獻瑞敬皇后，順治十八年正月初七日帝病歿於「養心殿」。

一些小說家卻傳說，董鄂妃即董小宛，先是秦淮妓女，後被江南如臯才子冒辟疆納爲側室，戰亂中被清兵掠去，獻入內宮，賜姓爲董鄂妃，其夫冒辟疆，因恐懼此事傳出去，罹殺身大禍，乃撰「憶梅庵憶語」文字，託言董小宛已病死，並未進宮。

一般民間傳說，順治帝自董鄂妃死後，萬念俱灰，看破紅塵，赴五台山出家做和尚去了，但正史卻未有此項記載。

康熙皇帝妃嬪甚多，共生了卅五個皇太子，等他年老病重時，這衆多的太子，都想繼承皇位，但最後的結果，是給了第四子胤禛，接了皇位。民間傳說，康熙詔書中，原本屬意傳位於十四子胤禵的，中間因隆科多、年羹堯大臣在詔書上動了手脚，才使雍正達成奪嫡做皇帝的目的，究竟有無此事，正史無此記載，而野史傳說，都言之鑿鑿，活龍活現。

又雍正之死，正史記述是「暴斃」，即突然去世。而一般民間說法，是呂四娘假扮宮女，混入宮中，報仇成功，取了他的首級而去，究竟正史正確呢？還是民間傳說正確，也始終是個「謎」。

清史鄂爾泰傳記載謂：「是日，上尙視朝爲恒，並無所苦，午後忽召鄂入宮，外間已喧傳暴崩之耗矣，鄂入朝，馬不及鞍，亟跨馬而行，髀骨被磨損，血流不止，旣入宮，留宿三日始出，尙未及一餐。」依上列文字資料來判斷，可說雍正之死，與被刺之說，實頗爲接近也。

正史記載，乾隆帝是熹妃鈕祜祿氏所生，排行第四。但民間傳說，乾隆並非雍正與熹妃鈕祜祿所生，他的眞父母是陳閣老（世倌）及其夫人。按陳世倌是浙江海寧人，他曾任翰林院編修，順天學政，內閣學士，雍正二年出任山東巡撫，在乾隆朝中升爲左都御史，工部尙書，文淵閣大學士，乾隆廿二年、病死在任上。

乾隆在位時，曾多次南下巡遊，他專誠去海寧觀潮，拜訪過陳世倌夫婦，並在他的花園中賞玩良久，但因陳世倌是漢人，他未有正式承認陳世倌是他的親生父母。

這項傳說，是否正確？很難考證，若果然是眞的，乾隆，他敢承認嗎？承認了，還能保住皇位嗎？不是眞的，何以會專誠去拜訪陳世倌的家？民間又何以不說別人，專造乾隆這樣的謠言呢？

再說同治帝之死，清史稿稱：「同治十三年十月「上不豫」，十二月「上疾大慚，崩於養心殿。」什麼病死的，並未明言。民間傳說，胡思敬「穆宗遺事」記載如下：「穆宗春秋寖富，性豪爽，引內務府郎中貴寶爲酒友，上書房翰林王慶祺導之冶遊，微行無弗至，旋遘惡疾，諱云出痘，遂崩。」這表面上看起來，是死於天花，實際上是死於花柳病——梅毒。據「翁同龢日記」記載，同治死後八日，即革王職，此王，即隨著同治一起冶遊之翰林王慶祺是也。

有易蔚儒先生著「新世說」言，王慶祺導同治作狹邪遊，帝乃得痼疾不起，所謂出痘者，醫官飾詞也。」

皇帝得花柳病死，是不光采的事，醫官只敢說是出「天花」，史官也書「痘症」，誰敢說眞話呢！說眞話會有殺身之禍的。

帝王家的事，多半隱惡揚善，一般民間，也多半家醜不願外揚，民間傳說，並非空穴來風，若硬要把正史抬出來，辯論。說清正史說的是正確的，可信的；民間的傳說筆記，一概均是不正確的，揑造出來的，這是客觀，而又公正的論斷嗎？

二、確有香妃之實證

清正史上，無有記載「香妃」之文字，我說確有「香妃」其人，並非徒託空言，我是有所根據的。茲將我所知之實證，分別說明如下：

其一、在新疆有香妃的墓。東門草先生所述與我相同，這個墓，最早始建於一六四〇年，原先是香妃祖父、曾祖父的墓地，原名「玉素甫霍加墓」，到了十七世紀，香妃也葬此，擴大重修，遂稱爲「香妃墓」或「香娘娘廟」，清光緒十八年，始有此廟之文字記載。

東門草在「香妃墓探源」中，提及此墳原爲「和卓墳」，在「清高宗實錄中記載，乾隆廿五年對該墳的處置下了一道上諭：「逆賊霍集占等……先君長一方，尚無罪戾，今回部全定，喀什噶爾所有從前舊和卓木等墳墓，可派人看守，禁止樵採汚穢。其應行修葺分例，此著官爲經理，以昭國家矜恤之仁。」

東門草先生說：「乾隆明令對叛逆的祖墳予以保護，我想這與容妃有關，因爲這是她和圖爾都的祖墳」。

東門草先生忘了，乾隆廿五年，容妃還未封爲「容嬪」，僅是「貴人」身份，再說她世居葉爾羌，是葉爾羌人，何以派人去修「喀什噶爾」的祖墳，容妃世居葉爾羌，祖墳會在喀什噶爾嗎？兩地相隔甚遠，看地圖即可分曉。

這分明是爲了香妃，但下諭不便明說也。再說霍集占是逆賊，站在敵對的立場，他也不可能對敵人的祖先，使行這樣的「矜恤之仁」。

容妃死後葬在「裕陵」，香妃死後葬在新疆，若硬說世上無此人，何以會有她的墓。東門草文中說：民國十二年，廟中門左有廢鑾輿一乘……有謂「香妃生時所乘用者，有謂靈櫬西還所馱載者」，民國卅二年，史學家黎東方訪「香妃墓」時，曾親見此一運靈櫬回來的綠呢大轎，如今事隔四十多年，恐已朽壞，但我找到了一張此轎的照片，相信香妃確是由該轎運回新疆的。

關於這座轎子，東門草又找出一些咸豐年間的資料，說運送之葬者，是一男性，但又自我否定說：「但不能肯定」，又說：「究係誰之後代，很難弄清了。」在這種情況下，還能使人相信，他的論斷，是可信的嗎？

其二、證實香妃確有其人，最有力的佐證，是人證。民國六十四年，我製作「香妃」連續劇時，曾親自訪問過新疆籍的立法委員阿不都拉，他以新疆人的身份，向我證實香妃確有其人，另有當時臺北新疆辦事處曾介紹一位名馬賦良的新疆學者，與我見面，在製作方面，我爲求演出上之服裝、佈景、道具，以及新疆人之生活習慣，符合回疆之實情，曾向之請教。馬賦良先生自承爲「香妃」之後裔，因香妃是維吾爾族人，其本名回疆發音爲：「馬漠爾阿孜沁」，其後裔人數衆多，歷經二百多年，爲求漢化，理多採用「馬」姓。

今東門草文中，亦述及民國六年十月，有楊增新其人，曾撰「補過齋文牘・辛集三」其中有云：「清末以來，北京的和卓後裔，陸續返回疏附，爲爭奪墓地地產打官司。有達楊氏者，自稱其夫之先人，是「香妃」嫡兄，這事大約鬧得很大，謝彬、梁寒操之文均提及。官司的判定是：「查疏附縣馬知事紹武，系照蕭知事詳定撥給由京來喀之達楊氏等公房一院，公地一百畝。並每年提出租糧一千五百秤，以便居住贍養，以後北京再來人，向廂札主持人等爭前贍養費，准阿不都色以提和加等，以理阻擋。」

上述文字中，證實了香妃確有後裔達楊氏，否則這一場官司，不可能判達楊氏勝訴，再者文中提及疏附，即香妃之故鄉，又由京來「喀」，是「喀什噶爾」，故爲「香妃墓」所在地，並非葉爾羌也。再文中證實，香妃確有一「嫡兄」。

其三、墓及人證外，尚有重要之物證。一爲郎世寧所繪之「香妃畫像」，東門草先生自己承認對一切畫，缺乏應有的研究，但他說郎氏之作品在「國朝畫苑錄」和「石渠寶笈」中有著錄，雖然晚年畫過關於新疆題材的作品，但從未見過畫「香妃」的記載，又說畫上無郎氏題款，再說看不出面部、眼神、鼻子有一點維吾爾族女子的特徵。

我說郎世寧畫「香妃像」是有所依據的，雖說清朝的文書中，無此項記載，但對郎氏作品，有深入研究的天主教羅光總主教說：郎氏作香妃圖的事，當時耶穌會士有詳細的傳述，請參閱外文書籍：「Adam Maurice. L'oeuvre architecturale des anciens J'esuits au XVIII siēcle」（一九三六年北平出版第廿頁），此外，義大利籍的馬國賢神父（Matteo Ripa）是他帶領郎世寧來華，並向康熙帝推荐的神職人員，在他撰寫的義大利文「回憶錄」裏，也說到他在清宮中，看到過這幅油畫，是畫在加刷明礬水的高麗紙上，而非帆布上。

再說，東門草自己也提到日本研究郎世寧作品的專家石田幹之助，他著有「郎世寧傳考略」（日文，由傅抱石譯，刊民國廿五年：國聞周報）內云：「若世所傳香妃像二點，果成世寧之手，則此稀少之實例，頗足珍貴也。」

除「香妃戎裝油畫」像外，我又親眼看到「海西八珍」中的三幅香妃畫像，再要我不相信有「香妃」其人，眞是難了。東門草先生未見過畫的眞跡，當然會有懷疑，這也難怪。

另一證明有「香妃」之重要物證，是我在日文書籍：「世界文化史大系」十八卷「中國」一書（該書昭和卅五年一月，即民國四十九年出版，森鹿三編著）上，看到一張圖片，是一根精緻的絲繩，串有四塊象牙的牌子，上面第一塊寫有中文「皇上鑰匙」，第二塊寫有中文「皇后鑰匙」，第三塊寫有中文「皇太后鑰匙」，第四塊寫有「香妃鑰匙」。後來又在民國五十八年，日本昭和四十四年十月出版的「中華帝國之崩壞」之日文書中，該書係鈴木勤所編集，亦有同樣的彩色圖片，不同的是其中第三塊牌子上寫的滿文，可能此四塊象牙牌子正面均寫中文，反面寫滿文。我想，這一串鑰匙牌，定是清宮中太監所用，而爲日本人蒐羅珍藏，決不可能是出自僞造，若確無「香妃」其人，何以會有此串鑰匙牌，這不是太不可思議了嗎？

其四、乾隆年間，厲行文字獄，爲此殺了不知多少人，爲此，我曾撰寫了一篇「清朝早期之文字獄」（文長一萬餘字，刊印在本書頁四五），此處不再重複。乾隆編纂「四庫全書」時，更是把許多不利於清朝的文字，予以查禁删除，「香妃」不見於清朝的官方文字，是意料中事，但到了清朝末葉，這一故事，仍被傳說出來，在中文方面我們找不到有關的記載，但在日本出版有日文的「東洋歷史大辭典」，係日本平凡社刊行，其中第三卷第廿頁「香妃」條，即有清晰之記載。日本後藤末雄博士，以研究近代中西文化之史事聞名，尤留意乾隆、康熙兩帝之生平，抗戰時曾親至北平搜集「香妃」之資料，著有日文的「乾隆帝傳」。

民國卅五年，美國國會圖書館，曾刊印了一本英文的「清史名人錄」，在上卷中，有「兆惠將軍的傳」，其中就有英文記述「香妃」的事。

此外，在新疆擔任外交專員的水建彤先生，於民國卅七年，曾在新疆一個小書店裏，買到兩本厚皮封面的書，書名是「穆聖後裔傳」，是用阿剌伯文寫的手抄本，彌足珍貴，書中亦記載有「香妃事蹟」，香妃用突厥字母拚音法來唸，應是「璣月衣妲什」。

上述日文，英文，阿刺伯文的資料，都可以證明確有「香妃」之存在，不知東門草先生可有看到過？

三、香妃存在的關係人物

我爲考證香妃之存在，化了十幾年工夫，除了蒐集有關「香妃」的文字資料，並在人證、物證，及外文書籍上用功外，進一步在清朝的歷史背景上，作更深入的探討，我想知道爲何「清史」未有此項記載，而外國文字，及民國以後，各種單記、小說，均言之鑿鑿，歷久不止。

我覺得可以從乾隆、郎世寧、容妃三個關係人物身上着手，可以得出結論。

先說乾隆，他是怎麼樣的一個人？他可以說是清朝最有福氣的一個皇帝，當了六十年太平皇帝，但也是一好大喜功，且迷戀女色的皇帝，他自稱「十全老人」，事實上，他侵略成性，爲了擴張他的勢力範圍，喜歡以大吃小，欺負弱小民族，打了十次仗。其次，他愛玩女人，除了宮中的皇后、妃、嬪、貴人等女人外，還喜歡吃野食，六下江南，玩過的女人，已難以數計，傳說到了六十歲，他還在熱河的避暑山莊，造了個「列豔館」，把亞洲各地的美女挑選出二名，來陪他共度良宵，這些美女，有「蒙古」來的，「滿州」來的，「朝鮮」來的，「準喀爾」來的，「回部」來的，「西藏」來的，「日本」來的，「琉球」來的，「安南」來的，「緬甸」來的，「暹羅」來的，「南洋群島」來的，

「印度」來的，一共十三處，每處兩位美人，一正一副。

這些美女，個個由宮中管事媽媽陪同，領到乾隆面前，脫光了衣服，由他來鑑賞評定，最後聽說是「南洋」美女是列豔館第一妃，「日本」美女千代子爲第二妃，「印度」美女爲第三妃，這些美女，在清史「后妃傳」上，當然都是不會予以記載的。

乾隆除了美女以外，還喜歡作詩，據統計，他一生作了四萬三千多首，接近唐朝二千多詩人作品的總和，千古帝王，誰也無法與之相比，試想一年三百六十五天，若是每天寫一首，四萬三千首，也要寫一百一十七年，才可完成。

事實上，乾隆的許多詩，是別人代他做的，爲了詩，他也殺了不少的文人，乾隆年間，所執行的「文字獄」，遠過於滿清其他各朝，人說雍正皇帝心狠手辣，事實上，他殺文人，比雍正還有過之。

雍正不殺曾靜、張熙這兩個想謀反的叛徒，而且爲此編了一本「大義覺迷錄」的書，頒行全國，希望說服漢人，不再排滿。誰知乾隆一接帝位，很快就將曾靜、張熙二人凌遲處死。

有一位沈德潛老先生，生前經常爲乾隆捉刀寫詩，想不到八十歲死後，因乾隆發現他的詩集中，有不少寫了「代帝作」字樣，就借一個題目，罵他大逆不道，下旨追奪他的官爵、官銜、謚典，撤銷其鄉賢祠位外，並掘墓仆碑、剖棺剉屍，連沈之子孫，也一律充軍到黑龍江，只留下一個五歲的孫子，免爲平民，這種作爲，聽來眞使人心寒膽裂。（請參閱本書中「清朝早期之文字獄」一文）

乾隆化十年功夫編纂「四庫全書」，表面上，打著「修稽古文」的名義，實際是把民間藏書，作一次徹底的大清理，凡有碍滿清統治之文字，一概銷燬，在這種情況，還可能找得出有關「香妃」文字的記載嗎？

凡文字上稍有不愼，即可遭受殺身之禍，有時還連累及家人子孫，在這種血淋淋的威脅之下，誰還敢冒這樣大的危險，惹禍上身。

再說，義大利畫家郎世寧，確是一個天才畫家，他是乾隆最心愛的畫師，乾隆心愛香妃，當然會請他爲香妃畫像，郎氏也必然會全力以赴，當時照相術尚未發明，爲了變換不同的背景，郎氏畫了一張又一張，事後香妃死了，乾隆爲了思念香妃，這些畫像一直保存著一看再看，有些若干年後重加裱裝，諸大臣提詩，在畫上蓋上「古希天子」、「十全老人之寶」、「太上皇之寶」等印章，他死後這些畫，又因著戰爭，流落在外，仿冒僞造者有之，珍藏不讓人見者有之，流入國外博物館者亦有之，這些畫都可證明「香妃」確有其人，這卻是乾隆生前所未有想到的。

再說郎世寧是義大利人，他繪香妃像，因他已是名畫家，他的作品，義大利人，當然會加以記載，雖說清朝的文書記載上已清理掉了，但只能騙騙中國人，義大利人是騙不過的。

最後，我們來研究「容妃」，起先，我只有在清「后妃傳」上，找到一些簡單的記述，東門草第一次提供的容妃身世，即使我發覺她與香妃，絕對是兩個人，這一次東門草又將容妃生前的事蹟，作了一次更詳細的補充，益發證實了容妃與香妃分明是兩個人。

茲依據東門草自己引述之資料，證明二人之不同處如下：

其一、兩人籍貫不一樣，香妃是喀什噶爾人，故死後葬在喀什噶爾，該地現有香妃墓。容妃依東門草所引「藩部要略」記載，居葉爾羌，族統稱和卓。按喀什噶爾後改名爲疏附，葉爾羌後改名爲莎車，兩地相距甚遠。

其二、兩人父親的名字不一樣。香妃父名「群和加」，又名「帕的夏阿孜沁」，而容妃之父，東門草兄說她與圖爾都同一父親，名阿里和卓，後又在「西域圖志」第四十八卷，對容妃的世系有過記載，又說容妃之父名「帕爾薩」，是非姑不論。這兩種說法，東門草自己都不能肯定，再說不論那一種說法，均與香妃之父名不同，硬說兩人是同一人，豈非很可笑。

其三、兩人的哥哥，名字也不一樣。香妃之兄，名圖的和加，漢人名圖圖公，娶清朝某大臣之愛女，漢人稱爲圖夫人，曾出巨款修葺香妃家族墳場。而容妃之兄，東門草引「西域同文志」記載，名「圖爾都」，又說香妃之兄，漢名叫「圖地公」，即圖爾迪公，繼又引述「清宮內廷賞賜」記載：「乾隆廿五年四月初八日，賞女子巴朗給回子圖爾都爲妻」。由此來看，二人之兄，名字並不相同，所娶的太太，也並不一樣。（請參閱本書中「香妃、容妃世系表」圖表）

其四、與霍集占的關係也不一樣。香妃是霍集占的愛妻，因霍集占被殺，香妃誓死不從乾隆。而容妃據東門草引述「回疆通志」中「圖爾都列傳」所記，容妃之兄圖爾都，與霍集占是敵對的，並不站在同一戰線上，他傾向清朝，幫助兆惠平定了回疆，容妃因她哥哥的關係，也順從了乾隆，可見兩人的政治立場也不一樣，所獲得的遭遇，當然也不一樣，所以，是兩個人，並非一個人。

其五、兩人居處不一樣。東門草「撥開迷霧看容妃」文中，引述「清宮檔案」「清高宗實錄」及「山東照常膳底檔」等資料，說明容妃進宮後，一直受到乾隆的寵愛，賞了不少的珠寶及食品給容妃。但據吳相湘教授考證乾隆「穿帶檔案」資料，證明容嬪與其他妃嬪同居在後宮，並無特異之處。而我依據郎世寧所繪之「寶月賞荔」圖上文字記載，可確定香妃居住之地方，是在寶月樓，顯然並不相同，而乾隆命郎世寧爲「香妃」繪了很多珍貴的畫像，卻從未見郎世寧爲「容妃」繪過一幅畫像。

其六、兩人特徵不一樣：香妃有一個很異常的特徵，許多文字記載上都說她體有異香，在回疆本地，亦因她體有不同常人的香氣，而稱她爲「伊帕爾罕」，但「容妃」在任何官書記載上，從未有此異常特徵之記載，可證明兩人並非同一人。有時，雙胞胎，易使人混淆，但若有特徵，就可明確區分，「香妃」與「容妃」，無相同之特徵，蓋可證明決非一人。

其七、兩人死後葬處不一樣。香妃死後移葬至新疆喀什噶爾故鄉，迄今墓仍在，容妃死後葬在清后妃的陵寢──陵。最近，我去了大陸，找到一本「清宮軼事」記載：容妃的陵墓於一九七九年十月，容妃墓前踏垛級石塌陷，發現石門地宮幾被積年滲水吞沒，後經清理，發現棺木已被盜墓者砍了個大洞，棺內已空無一物，及後在棺木西側，始發現其頭骨，及衣物殘片，證實死者爲容妃，頭骨上之花白頭髮長辮，證實容妃死時，確已五十五歲，與清歷史記載相符。而香妃被太后賜死時，正值青春年少，兩人死時之年齡也不同，益證決非同一人也。

東門草，引述一些不相關的傳說，硬要肯定「容妃」即「香妃」，實在很牽強，有些地方他自己也承認：「現在很難說明白了」……又說「二者之譜系不盡同，學界有爭論，此處姑不論」……我也就不再多化筆墨贅述。

總之，從乾隆、郎世寧、容妃三個關係人物上，我們可以瞭解：香妃確有存在，只是在「文字封鎖」的情況下，不易被一般人，查出眞相而已。

四、容妃世系的矛盾

現在，我們再來仔細的分析，東門草先生所列舉的容妃世系資料，發現有不少的「矛盾」和「疑問」，玆分述如下。

首先，在「兄妹豈能成夫妻」一節中，東門草提出「西域同文志」第十一卷和「西域圖志」第四十八卷，對容妃世係有這樣的記載：霍集占與容妃同屬一個高祖：瑪木提玉素甫傳下來，瑪木提有二子：伊達雅圖勒哈和卓（阿巴克和卓）和喀喇瑪特和卓。但在後面的「所傳香妃即容妃」一節中，引述新疆香妃墓所保存之「香妃家族世係」資料云：「伊夏卡蘭傳阿吉買賣提玉素甫和卓（清文獻稱瑪木提玉素甫和卓）他得三人：阿巴克和卓（依達雅圖阿衣圖拉）、和卓卡然木提拉（墓在印度）、卡那也提拉（無墓）」先說瑪木提有二子，後說瑪木提有三子，究竟是二子對呢？還是三子對呢？再說伊夏卡蘭所傳之阿吉買賣提玉素甫和卓，是否即是瑪木提玉素甫和卓，也是一個疑問。

其二、在「兄妹豈能成夫妻」文中，說：「雅雅和卓傳二子：霍集占、瑪罕木特，……瑪罕木特有二子：波羅泥都（大和卓）、霍集占（小和卓）」在這裡，說明了瑪罕木特有一個哥哥叫霍集占，但也有一個小兒子，叫霍集占，自己的哥哥與自己的兒子同名，有此可能嗎？分明是弄錯了。若果眞有同名應該有區分說明，再說，我也從未有在他處，看到霍集占有一個弟弟，名叫瑪罕木特的任何文字記載。

其三、東門草說：「容妃之兄，名圖爾都，容妃與圖爾都之父爲阿里和卓」，但又說「容妃之父，名帕爾薩，是非姑不論。」等於說：容妃有二個父親，一名「阿里和卓」，一名「帕爾薩」，這不很滑稽嗎？最近，我深入查證「回疆通志」，得悉帕爾薩爲容妃之六叔，決非容妃之父，她的父親，應是「阿里和卓」。

其四、東門草在「所傳香妃即容妃」一文中說：「容妃（或香妃）之兄是圖爾都（圖地和加、吐的公）父爲阿里和卓（艾里和卓，群和加——關於圖爾都、容妃之父，譜系不盡同，學界有爭論，此處姑不論），祖爲墨明（和加莫明和加，墨明和卓）從三譜系對照，查祖孫幾代，這「香妃」非容妃莫屬矣」。這一段文字，尤其可笑，因爲他硬把香妃的祖父「和加莫明和加」，和容妃的祖父「墨明」，認爲是同一人，但他自己忘了，在「兄妹豈能成夫妻」一文中，他說墨敏的父親是喀喇瑪特和卓，是瑪木提玉素甫的次子、長子是伊達雅圖勒哈和卓，也就是阿巴克和卓，這一位阿巴克和卓，在香妃世係名單中，他的兒子，名叫和加莫明和加。試想有沒有這樣的可能，墨敏有兩個父親，一個叫喀喇瑪特和卓，另一個叫阿巴克和卓而兩人卻是親兄弟。東門草硬要把容妃與香妃扯成一人，這該如何解釋呢？

似乎太牽強而不近情理了。（可參閱本書中「香妃、容妃家族世系表」）

其五、按東門草所述，霍集占（小和卓）有一哥哥波羅泥都（大和卓），他倆的父親是「瑪罕木特」，祖父是「雅雅和卓」，曾祖父是「伊達雅圖勒哈和卓」，也名「阿巴克和卓」。但依據歷史學家黎東方博士所著「細說清朝」一書之記載，霍集占（小和卓）之兄名叫「布拉呢敦」，他倆的父親叫阿哈瑪特（Ahmad），祖父名叫「阿布都實墨特」，曾祖父名「瑪木特額敏」，是穆罕默德第廿五代苗裔，於明朝萬曆年間來到「喀什噶爾」。與東門草所述不盡相同。按「和卓」是「聖裔」的意思，是回教創始人默罕穆德的後代，這一個名詞來自阿拉伯，用英文來寫是（Khojo），清朝的官方文書，在「和卓」之下，加一「木」字，是稱呼時之語尾。

默罕穆德無子，只生一個女兒，名叫法替瑪（Fatima），法替瑪丈夫名阿里（Ali），故「聖裔」實際都是阿里的苗裔。

阿里死後，回教分爲兩派，崇拜阿里的稱爲「白派」，與「白派」站在相反地位的叫「黑派」，霍集占屬「白派」，是時「和卓」已有不少支派。不過，當時，大小和卓，在南疆是最有勢力的。香妃死後埋葬在瑪木提玉素甫的家族墓場，可能因她是霍集占的妻子關係，也可能因她是瑪木提玉素甫後裔的關係，總之，現在的人名，多半係根據維吾爾族言語的發音譯來，有出入是難免的，但也不能太離譜，才對。

東門草先生找出了容妃的世系，我找出了香妃的世系，如今又有了霍集占的世系，證明這三個人的最早祖先，都與瑪木提玉素甫和加有關，不同點是霍集占與香妃均是喀什噶爾人，而容妃是葉爾羌人，因為隔了好多代，香妃與霍集占可以是夫妻，容妃與霍集占，也有可能是夫妻。東門草只證實容妃的哥哥圖爾都，是與霍集占為敵的，但其妹妹不一定採同一立場，東門草在「撥開迷霧看容妃」文中，只說：「容妃進宮時間，約莫在乾隆廿五年初。」

但我從清宮「哈蜜瓜荔枝底簿」檔案，自乾隆廿四年至四十四年間，查出容妃首次在清史料記載中出現於宮中的時間，是乾隆廿五年六月十九日，而香妃是被兆惠俘虜入宮，其入宮的時間，是在乾隆廿五年一月，較容妃為早，若容妃是隨她哥哥圖爾都一起被召入宮，不可能要到六月十九日才有檔案文字記載，應該一起參加廿五年正月十五日，乾隆在「正大光明」殿宴請平定回疆有功人員的大宴，與她哥哥圖爾都、五叔額色尹、及其堂兄瑪木特一同列席吃喝才對，何以未見有此項資料呢？……

東門草先生，是查到了一些資料，但我查到的資料，似乎比他更多了一些。

五、香妃傳說的來源

東門草先生在「所傳香妃即容妃」文中說：「香妃說的始作俑者為蕭雄和王闓運，前者已言「香娘娘」而未言「妃」，後者言「回妃」，而非「香妃」，且均未說與霍集占有何關係。儘管二者不實，但蕭、王二氏，當不致完全向壁虛造，總得有個來源，那怕是街談巷議。為了查出香妃傳說的來源，東門草先生提供了四個線索，我逐一研究後，覺得並不確切。

第一、毛拉木沙記載的沙棗樹事件，這事件寫於十九世紀末，與香妃之死，已隔了二個世紀，且其中細節，有許多地方、牛頭不對馬嘴，根本不可能扯在一起，且東門草自己也說：「現在很難說明白了」。

第二、引香妃家族世系，其中矛盾之處，已於上節詳加分析比較，不再重覆了。

第三、清裕陵長期被指認爲「香妃墓」，現證實爲「容妃墓」，此點，是別人誤傳，我早已說得很清楚，香妃墓在新疆，容妃墓葬在裕陵，即東陵。

第四、劉家駒所編「中國歷史圖說」，係民國六十八年版，把容妃說成香妃，這是受了孟森先生的影響，如說成香妃傳說的來源，有點倒果爲因了。

現在，我來說一說香妃傳說的眞正來源。

香妃是眞有其人，確有其事，但被太后賜死後，清朝官方文書，找不出半字記載，主要是乾隆施行文字獄，誰也不敢惹禍上身，一直到光緒十八年，始有蕭雄寫香娘娘廟詩，記其事，（全文見東門草「氷凍並非一日寒」文）值得注意的是，文中並非記述香妃不從乾隆被太后賜死之事實，只是非常技巧的說：「因戀母，歸沒於家。」蓋怕寫清楚了，要殺頭也。到了光緒卅三年（民前五年）才有王闓運將之列入「今列女傳」，記述較詳，但也不敢明說香妃，只說回妃。且文中表揚的是乾隆母親的「母儀」，香妃只是配角，順便提到而已，否則亦將惹禍上身。一直到了民國三年，滿清已推翻了，詳浴德堂展出「香妃戎裝畫像」，才明白說出「香妃事略」，其後一連串的記述，相繼出版、演出，見東門草該文，均是民國以後的事，到了民國廿六年，孟森先生因在清正史上查不出有香妃之文字記載，就發表「香妃考實」一文，否定了香妃的存在，把香妃容妃扯在一起，誤爲一人，以訛傳訛，影響甚大，乃有梁寒操，黎東方之新疆之行，以明究竟，是時抗戰正熾，一般人難明眞相，到了民國卅八年，大陸淪陷，孟森雖已死去，但他的得意弟子吳相湘教授到了臺灣，在臺大、文化大學等校任教，並出版著作，卅九年又發表了「香妃考實補證」一文，肯定他老師的說法是正確的，因其門生衆多，於是讀歷史的，都認定無香妃其人，到了民國五十年開始，已有人陸續發現孟森、吳相湘之說法有誤，到了民國六十四年，已有人贊成「香妃」「容妃」不能混爲一談的說法，爲此引起不少爭論與筆戰。

在蒐集有關「香妃」故事有關資料的過程中，十幾年來，我也發現了各種傳說的不同處。證實這個故事，經過了二百多年的口頭述說，已產生了不少大同小異的變化，現分別說明如下：

一、香妃身上佩了一把刀子，隨時準備以刀自殺，故乾隆不敢強迫她就範，有的文字記載說她身上佩了很多把刀子，取走一把，還有一把，可以取之不盡這種說法，未免誇張了些，有一把刀是有此可能的，因爲回疆男女騎馬打獵、打仗，應該有防身武器，再說回人打獵，分食牛、羊肉，均須用刀切割，故香妃身上有刀，應是可信的。

二、關於香妃居住在清宮中，究竟躭了多久，也有很多不同的說法，有說居住不到一年，即被賜死，有說躭了三、四年，才被賜死，也有因受容妃之說的影響，說躭了十餘年，甚至二十多年，才被賜死的，我先說她躭了一年才被處死，是依據七十五年出版「放眼中國」一書第六册「西出陽關」中談及訪問回胞香妃之鄉親，彼等告稱：「香妃被俘至清宮，不到一年，即被賜死，運屍返回新疆。」但我近依據大陸所出版「香妃」一書之資料，肯定她是乾隆廿五年一月入宮，廿八年才被賜死的。

三、香妃之死，有的文字記載是用自佩的那把刀自殺，有說是被太后命人將之用布縊死，也有人說，是噬舌自盡，更有人說是服毒而亡，究竟如何死的，我很難查證，唯絕大部份均說，是被太后賜死，則是可以肯定的。

四、有的書上說，乾隆爲了討好香妃，贏取她的歡心，特爲香妃造了寶月樓，又爲之築回回營，以慰思念故鄉之情，這些說法，大致都相同，但現依據各方考證之資料，證實，寶月樓開始興建是在乾隆廿三年，完成是在廿三年秋，而香妃進宮是在乾隆廿五年一月，可見並非專爲香妃所建，但香妃與其他后妃嬪等不同，確是居住在寶月樓，我看到「海西八珍」畫上有文字記載，說得很清楚，再說乾隆有很多首詠寶月樓的詩，可以作爲旁證，另外回回營確是爲討好香妃，香妃進宮後悶悶不樂，才興建的，惜現兩者均已蕩然無存矣，不過我找到了一幀寶月樓未拆除前的遠景照片，及後又看到「寶月嘗荔圖」之圖畫，確定，這是一個非常雅緻、輝煌的建築。

五、香妃被送回新疆，東門草找到最早「香娘娘」的文字資料，（光緒十八年）蕭雄寫的是：「因戀母，歸沒於家」，這是最不正確的，因清朝尚未亡，不敢說眞話也。有的記載說是病重將死，才被送回，也有人說是死在半途，但大部份均說，是死後，才被運屍送回新疆，因早年之香妃墓，還存有運棺柩回來的綠呢大轎，我也找到了此轎的照片，證實，是運棺木的轎子，並非抬活人的轎子。其間又有埋在陶然亭香塚之說，關於此點，我最近曾專程親自去北京造訪過陶然亭，書中另有專文詳談。

六、香妃與霍集占之關係，也有多種不同的說法，大部份人說她是霍集占的妻子，因霍集占是小王爺（小和卓），而她體有異香，故稱之爲「香妃」，此一稱呼，並非乾隆所賜。但也有人說，她的丈夫是大和卓，也有人說是霍集占的一個堂兄弟，也有人說，她是霍集占的表兄妹，或是姻親，我相信，夫妻之說法，比較可信，其他說法，可能因受容妃之影響，而混淆不清。關鍵在回人說回語，清宮中的太監、宮女不一定懂回語，才有此誤傳。查清咸安宮官學卷有云：「乾隆廿一年奏准內務府鄰近房六間，作爲回回學房，學生錢糧照咸安宮官學學生例，飲食即交咸安宮飯房兼辦，筆墨紙張，俱由官給，管理學務派專管事務大臣。」當時，乾隆帝不僅躬自學習回回語文事情，且於宮中特設官學教養宗室子弟專習回語。

到了乾隆廿五年，香妃入宮，乾隆學的回語，並不靈光，與香妃對話時，還很困難，我查到一段一般人很少看到來自新疆方面的資料說，乾隆初見了香妃，用回語向她說：「曼悉斯格巴看；曼巴看阿伊；悉斯米儂巴基：細斯巴基薩伊」。這話意思是討好香妃，翻譯成漢文是：「我看見你，我好像看見月亮；你看到我，你像看到溝渠。」

這是回疆的情詩，香妃聽後，因乾隆發音不正確，弄了半天，才明白，爲之失笑不已。可見香妃與霍集占的關係，口頭傳說者，因不諳回語，才有許多不同的出入。

七、關於香妃身上體有異香的原因，也有多種不同的說法。第一種說她非常欣賞梨樹，梨花開時，常摘梨花食之，日久天長，乃有香氣隱隱透出體外。第二種說法，說她生前愛在頭上戴沙棗花枝，因而人一到，花香也隨之四溢。第三種說法，是最近美國的專家，研究出人的汗水中，有一種「類固醇份子」，又名「奧斯蒙一號」（Osmone 1），其化學性質，類似「麝香」和「檀香」的成份。據說香妃每天必浴，汗腺特別發達，汗水中分泌出的「奧斯蒙一號」，也就特別濃重，故有香氣溢出，按一般人稱女人流汗有「香汗淋漓」之說，香妃之體有異香，並非無因也。

因人類有喜愛傳播消息的天性，對於耳目所見之事，多愛告訴不知之親友，所謂：「人口是封不住的，除非殺人滅口。」香妃的故事，因「文字傳述」被乾隆封殺，乃只有靠「口頭傳述」流傳下來，滿清時不敢說，到了民國，就無所顧忌，但相隔二百多年，加上回語漢語的問題，輾轉相傳，難免加油添醋，走了樣，但「無風不起浪」，不可能「空穴來風」，「向壁虛造」，這一點東門草也承認。我覺得，在宮中傳說出這一故事者，可分幾方面來說：其一、是宮中目擊的宮女、太監，互相傳說給其他的宮女、太監。其二、是當時留在京城回回營的回民傳述。其三、郎世寧爲之畫像，一些如意館的畫家傳述。其四、香妃屍體運回新疆後，香妃之後裔所傳述。其五、香妃墓守墓人員之傳述。其間，有人因「避諱」，有人爲「避禍」，口頭、文字上之傳述，不得不加以改變，但在我所蒐集到的衆多資料中，可以充分證明，香妃是絕對有其人，有其事。

六、「寶月嘗荔圖」的來歷

關於郎世寧繪「香妃畫像」一事，我曾於七月廿一日起在大成報一連十天，發表了一篇「郎世寧的海西八珍和香妃畫像」，除了鑄版刊出畫像外，對於每一幅畫，均有較詳細的記述，文長二萬餘字，此處不再贅述。（該文已印在本書中）

東門草先生自承對畫缺乏研究，唯他說見過四幅「香妃畫像」：戎裝像、旗裝像、洋裝像，御苑狩獵圖，唯均爲複製品，無緣見到原件，更不必談我所說的「海西八珍」等畫了。

因此，他在「香妃畫像是耶非」一文中，認爲香妃在短短一年中有戎裝、漢裝、採花、宴居、……等十多幅畫像表示懷疑，彷彿香妃是個時裝模特兒，忙得不亦樂乎，不像是個被俘的貞節烈女，在情理上，似乎說不通。

但事實上，確實有這麼多畫像，這要如何來辯說呢？我這裡可以引一個例子來比喻。有甲乙二人，爲桌子上，有無細菌在抬槓，甲有顯微鏡，在顯微鏡下清清楚楚看到桌子上有好幾千個細菌在活動著，他跟乙說。乙因無顯微鏡，肉眼看不見細菌，就回答說，你在胡扯，我沒有看見細菌，一個也沒有，何況你說有好幾千，根本是瞎說，假如問第三者，他不知道有顯微鏡這種東西，一定說乙說得對，若是第三者知道已有人發明了顯微鏡，可以看到肉眼看不見的細菌，他一定會說：「甲說得對。」

關於香妃畫像的問題，究竟是我說得對，還是東門草說得對，請讀者自己來論斷吧，我不再多費脣舌。

現在我專就郭志誠先生所擁有的「寶月嘗荔圖」，向東門草先生作進一步說明，因爲我曾把東門草先生的文章，複印寄給郭先生過目，我說：「東門草先生以該畫的荔枝，查清宮檔案，認爲此畫是僞作」。他並且大膽建議，這幅國寶級的「寶月嘗荔圖」，可否請有關專家再鑒定一下？他不信所畫是「香妃」，也不信爲郎世寧作，但如鑒定爲乾隆時的作品，他以爲希望很小。

我覺得「大膽」的是東門草先生，他連畫也沒有看到，只是查了一下清宮檔案，進貢的荔枝，沒有分發給香妃吃，只分給容妃吃，就肯定這是幅假畫，這樣主觀而又武斷的論定，眞是所謂不值識者一笑。

我現在分別一一答覆如下：

一、該圖後面有乾隆題詩，蔣溥奉敕敬書，我也查過蔣溥的資料，他卒於乾隆廿六年，則香妃廿五年嘗吃荔枝，乾隆題詩，請他書寫一下，並無不合，若他卒於乾隆廿三年，那就有問題了。該畫後面還有兆惠將軍題的五言詩，東門草先生也許還不知道兆惠根本不會寫詩，何以有他題的詩，我查出兆惠不會寫詩，但此事乾隆知道，故兆惠的這首詩，分明是請人代做的，因乾隆也常請人代做詩，所以不能依此就肯定說，這是假的畫。

二、關於荔枝的問題，我查到的清宮檔案資料，確定是由福建運來，但福建也可稱之爲嶺南，並不是只有廣東，才能稱爲嶺南。故題文中有「時値嶺南初貢荔枝，思及唐代故事」並無錯誤。按清朝對中國之地理劃分，有南嶺、北嶺之分，實際是指我國最大的山脈，崑崙山而言，其發脈地是帕米爾高原之葱嶺。往北走，北嶺是秦嶺山脈。往南走，在浙江、安徽、江西三省之間者，是仙霞山脈，在江西、福建二省之間者，是武夷山脈，在江西、湖南、廣東、廣西四省之間者，是五嶺山脈，至貴州省者是苗嶺。故廣東可稱嶺南，福建也可稱嶺南，並無不妥也。

三、何以清宮檔案中，有分贈荔枝給皇后、令貴妃、及嬪、貴人之名單，獨缺香妃之名，蓋香妃被賜死後，均已被文字清理過，當然不會有香妃之名。

四、關於此畫之眞僞，我曾請教於郭志誠先生，我問郭先生：「你出這麼多的高價一千八百萬元購買此畫，有否請專家鑑定過，若是贋品，豈不損失很大嗎？」他回答說：「我本身是古董蒐藏者，對該畫所用之紙張、印章，以及畫中人物之神采，曾深入的考證過，確認決非贋品；同時，爲恐上當，特請一位英國人：山姆·詹尼先生，仔細鑑定後，才購買者，山姆先生任職於大英博物館有年，該畫過去曾在大英博物館保管過十餘年之久，外間鮮有人知道，後因原畫主年事過高，才脫手求現，山姆先生，於民國廿八年前後，在我國北京居住過相當長的日子，對故宮之文物、字畫，有相當的研究，要不然，郭先生也不會請他來鑑定。

五、我對香妃的畫像，十餘年來，也見過不少，在未見「寶月嘗荔圖」前，我曾見過一幅日本蒐藏的「香妃西洋裝」畫像的黑白照片，據親眼見過該西洋裝畫像的蒐藏家李鴻球者先生告訴我說，畫像上香妃所穿之西洋裝，是深藍顏色的，當我見了郭先生，尚未看他的畫，我就問郭先生：「畫中香妃所穿西洋裝，是何顏色?」他回答說：「深藍色。」再打開畫來一看，不特顏色相同，其式樣，也與那張我所見的畫像照片，完全相同，可確定香妃穿的是同一件西洋服，我也因此肯定，這幅畫，不可能是僞作。

最近，我有機會，去了一趟大陸，在北京故宮，我又找到了一些有關「香妃畫像」，新的資訊，在大陸知名的清史及檔案專家單士元先生所寫的「武英殿浴德堂考」一文中，有兩段文字，是値得我們注意的。

其一、單士元說：「辛亥革命後，一九一五年（民國四年）在故宮外朝地區成立「古物陳列所」，從熱河避暑山莊運來陳設文物，其中有畫軸數萬件，另有美人絹畫一張，油畫十九張。（據「古物陳列所搬運清册」）。油畫中，有一張戎裝女像，所畫人物嫵媚英俊，是一張宮中習稱的「貼落畫」，（即只有托裱，並無卷軸之畫）古物陳列所指爲是清代乾隆的回族妃子號香妃者。……承德避暑山莊運來的所謂「香妃畫像」，旣屬貼落，當然無軸封首，不能注明爲某妃，若眞爲一個妃子畫像，亦不能有畫工之題款。此畫多年來傳說爲西洋人所繪，惜原畫像遠在臺灣。北京存有三十年代的摹本。一九一五年參與搬運承德避暑山莊文物的曾慶齡先生還健在之時，筆者向曾老請教此事，答曰：原畫上有一黃簽，題爲「美人畫像」數字，據此則非后宮有名號之妃嬪可知。」

從上列文字證實了此一「戎裝畫像」，確爲香妃畫像，若是容妃，黃簽上，就該註明容妃名號。不會寫「美人畫像」，因香妃未獲册封也。再者，此畫之眞品，確已運來臺灣，而且，此畫確爲「貼落畫」，無卷軸，爲西洋人所繪，上有「臣郎世寧繪」之題字，我曾親眼見過，且拍了照片。

其二、單文又說：「故宮舊存有一張手提花籃的女裝像，題的是『香妃燕居圖』，一九五五年故宮工作人員，曾題爲『香妃像』，國外也有人拍過照，此女裝像是否香妃？待考。」

這一張「香妃燕居圖」，在民國六十八年，我發表「香妃之畫像」一文時，即已提及，當時列入「香妃」之個人畫像第四幅，我寫的是「宴居圖」，近查「辭海」知「燕居」即「宴居」，兩詞相通也。該畫我雖未見過，但蒐藏家李鴻球老先生告我，他曾親眼見過，不過他說，此畫早年爲一張姓蒐藏家所有，現究竟是否爲張君所有或仍存在北京故宮，不得而知。

唯我知，此一畫像，非「貼落畫」，有卷軸，畫上蓋有「八徵耄念之寶」的印章，左下角書有郎世寧款，畫中香妃所著之回族服裝，與另一幅「長春園扈蹕閱鞠圖」相同，長裾遮足，頭戴草帽插羽毛，坐御花園古松下，後倚竹石，側傍雕欄，香妃右手提一竹籃，左手持一長鍬，神態閑適，容貌端雅，畫簽像繪龍，米色箋，書有「御賞郎世寧繪香妃宴居圖萬壽聖典重裝奴才耆齡監工」等字。按「萬壽聖典」，係乾隆八十歲過壽的一項盛典，時在乾隆五十五年，是時，香妃早已香消玉殞多年，乾隆着人重新裱裝此畫，對伊人思念之情，可以想見。單士元先生認爲「此女裝像，是否香妃，待考。」事實上，畫簽上已寫得十分清楚，除非這一書有「御賞郎世寧繪香妃宴居圖萬壽聖典重裝奴才耆齡監工」之字簽，脫膠掉了，才無法查證。

東門草先生自認對香妃畫像缺乏研究，才有對「寶月嘗荔圖」表示懷疑，我在想，若此畫，一旦是東門草所擁有，他看了畫中郎世寧精細之畫筆，畫中香妃所戴之帽子上，珍珠粒粒可數，香妃端雅之神態，一定視若瑰寶，愛不釋手，若有人說此畫非郎世寧所繪，畫中人非香妃，一定也會跟我一樣，據理力爭，不肯罷休，惜他非此畫之畫主，立場不同，也難怪也。

七、眞理應該愈辯愈明

東門草先生的文中，最後提及了「寶月樓」及「香塚」。他依據乾隆寫的「御製寶月樓記」，說詩中並未有提及香妃，何以「寶月嘗荔圖」之文中，會提及香妃，同一時間所寫，何以一個要保密，一個不要保密？

這一點，我的解釋，是乾隆的「御製詩」，是經過清理的，而「寶月嘗荔圖」則是密藏的珍品，他沒有想到二百年後，會流落到民間，這是所謂「百密一疏」，事實上，疏的不僅是這一件事，還有許多事物，可以證明香妃的存在，我已說了很多，不再重複。

關於陶然亭「香塚」的說法，我此次親自去北京造訪陶然亭，蒐集到更多珍貴的資訊，我將另撰專文，答覆東門草先生，此處暫且打住，不談。

總之，關於究竟有無香妃，我已寫了很多，繫於「事情愈辯愈清，眞理愈辯愈明」的原則，我已將這些有關的辯論文字，蒐羅在一起，出版「香妃考證研究」續集，我非常高興東門草先生，爲香妃提供了不少資料，更希望他對我的答覆，提出疑問，繼續討論下去，因爲，眞理，應該是愈辯愈明的。

為了寫這篇答覆的文章，我的確又化了不少的功夫，讀了不少有關清史的書，同時，還專程去大陸北京跑了一趟，我發現清正史中，確有不少的隱諱，記述與事實眞相，大有出入。對清史掌故有深入研究的陳存仁博士說：「考據之學，雖然『考』之於書，鑿鑿有『據』。但是有些書本，是官家的書本，諸多顧忌，隱諱甚多。稗史逸話，反有眞言，所以考據之學，極難定論。」

最後，我願引述二個眞實的故事，作爲本文的結束。

其一、同治帝之死，清史稿記載：十二月上疾大漸，崩於養心殿。死因並未明言，其他文字記載：「諱云出痘，遂崩」。出天花，是好聽的說法，實際上，是死於梅毒，因同治好嫖妓冶遊也。同治帝死後，其后因不堪慈禧太后之凌辱、批頰、斥罵，而自盡。關於這位孝哲皇后之死，有好幾種不同的說法，有說吞金，有說自縊，有說是絕食餓死的，李翰祥拍的「西太后」影片，是慈禧命人將之反綁吊高至看戲之「暢音閣」三層樓高的「天井」中，然後放手垂下墜死的。究竟那一種說法正確呢？請看下列之文字，爲使讀者便於明瞭，部份譯成白話。

「……是夜竟投繯死。翌晨女侍入見，驚呼，衆人始進。孝哲（即自殺之同治后）孝服，……顏色如生，目瞑，舌亦不吐。旣報兩宮，慈安先至，尚未晨粧也，始命解下，尚欲召醫官救治，衆稱體已冰，死似久矣，乃罷。又時許，慈禧至，有怒容，入唯常嘆，無淚，亦無語也。……後恭親王奕訢進，慈禧僞爲掩泣狀曰：「今帝喪方歛，後又自經，奈何？」訢曰：「皇后隨大行皇帝去，志節足耀萬古，現事已若此，乞兩宮念國事艱巨，少節哀思。」慈安曰：「民間殉夫，例且旌表，況屬皇后，應如何宣示表彰，暨喪儀加等隆重之處，即令奕訢與諸臣集議以聞。」慈禧止之曰：「從來宮掖自經之事，絕無宣示外廷者，誠恐傳聞失實，轉滋異議也。今皇后事，自應仍託詞病沒爲是。奕訢知旨，稱慈諭是。慈安雖弗怡，而自問不習政事，恐宣示或果貽笑中外，轉無以塞后口，遂無異議。」

上述文字，見諸「慈禧傳信錄」，是費行簡先生根據老太監馬進喜，從同治帝貼身近侍陳添福處聽來的，陳添福在坤寧宮伺候同治帝后多年，可能是當時現場之目擊證人，所以才能記得如此清楚，同治后死後，陳添福被斥出充軍。

我們値得注意的，是慈禧太后所說的話，她說：「從來宮掖自經之事，絕無宣示外廷者，誠恐傳聞失實，轉滋異議……」所謂「宮掖自經」是指宮中后妃嬪所居之處，自經是自縊，從來這些事，均一律加以「新聞封鎖」，怕傳聞失實，因此明明是「上吊死的」，也要「託詞病沒」。

一個皇后之死，尙且要如此處理，「香妃」被太后賜死，當然更要「徹底封鎖」了。

其二、光緒六年慈禧太后病了，很多御醫都醫不好，當時乃飭外省巡撫詳細延訪民間名醫，派員伴送來京，當時蘇州有一名馬文植之醫生，被江蘇巡撫推荐，自上海搭輪船，直抵天津，再進京爲慈禧診治，經過九個月零廿二天，終於把慈禧的病治好，時馬文植已六十一歲，聲名大噪，慈禧病癒後，欲留馬在京城，予以重任，但馬再三懇辭，不樂仕宦，最後託病，才奉諭准其南歸，返至蘇州懸壺。

馬文植，又名培之，南歸後，著有「紀恩錄」一書，專記爲慈禧診病之經過，其中所寫，都是冠冕堂皇的文字，述及隱秘者，都避而不敢透露，其原因是一談就會有殺身之禍。

事實上，慈禧這次生病，患的是「小產後血崩」，御醫們不敢公然在脈案上寫此一筆，更不敢從這方面下藥，因此才屢醫不癒。

馬文植之「紀恩錄」上，有這樣一段記述：

「黎明進內，辰刻傳進，太醫李卓軒私謂余曰：禁中恒例，凡入月皆遣中使赴藥房取當歸、益母草、焦山查、艾葉四味。今晨請脈，當加意愼重。」

這是太醫李卓軒（德立）私下對馬文植說的話，西太后月經來潮，叫他用藥時要小心一點，是否有所暗示，她的血崩症又復發了呢？這不得而知。但李太醫的私語，不久輾轉傳到了西太后的耳朶裏，不久李太醫就突然病重，沒到十五天，就去世了。

馬文植深怕自己也遭受同樣的命運，乃力辭慈禧挽留的好意，要返鄉休養，他還未動身離京，慈安太后亦未發現過有病，就驟然去世，這些突發事件，能不令他心驚膽怕嗎？按慈安太后，如何會突然去世，在清史上，始終是個「謎」。

馬文植在「紀恩錄」上，雖未有文字記述：慈禧小產後之血崩病歷，但與他的門生，丁甘仁、謝利恒，閒暇喝酒到了酒酣耳熱之際，也不免會把機密洩露出來，所謂「酒後吐眞言」也。由謝利恒再傳其門生陳存仁，再由陳存仁，行之於文字，因已到了民國，也不再有所害怕，使我能得知這件事，馬文植當時對慈禧太后早已寡居，何以會小產一事，也感到非常納悶，但宮中太監們言之鑿鑿，謂經手的人，少年時是榮祿，近年則是李蓮英。李蓮英是太監總管，應該是不能人道的，何以還能作此淫行，後來才知道，他是閹割未淨之身。他信奉道教，常有人進海狗腎等藥物，向之獻媚者，他在宮外，還有妻妾，且有子女，不過，他的子女，表面上都說是領養來的。

上面我說的兩件事，都是第一手的資料，也都是清正史上從未有的記載，僅靠口頭傳述，留傳出來，……你究竟是信還是不信呢？

「香妃」之故事，亦復如此。

（本文於七十九年十二月廿六日起至八十年二月五日分段在立報發表）

附錄十：

南疆邊城——喀什

藍　衫

這兩天，遠在中國南疆，地處塔克拉瑪干大沙漠西緣的喀什，因爲發生動亂，逼得中共當局不得不出動大軍鎮壓，因此，也使得喀什成了世界矚目的中心。喀什就是喀什噶爾的簡稱，是新疆地區僅次於烏魯木齊(原迪化)的第二大都市，人口約爲十四萬，共有十八個民族，其中人數佔絕對優勢的是維吾爾族（古稱回紇、回鶻，或畏兀爾）約佔其中四分之三，其餘爲漢族，及塔吉克柯爾克孜等族。市區總面積約爲十八平方公里，是一個美麗的花園城市，素有「南疆一朵花」之美稱。自從四年前中共將南疆的紅其拉甫山口通道對外國開放以後，使得到喀什來觀光旅遊的觀光客，和蘇俄及地中海濱的歐洲人都日益增加。而大陸內地以及臺灣日本的遊客也有不少人來此觀光這座極具民族特色的回教都市。多年以來，在新疆旅遊界有一句話是：「到新疆不去喀什，如同未到新疆。」這句話雖不盡然，但是到過這個中國最西端的邊境古城，親眼目睹那奇特的丰姿和維吾爾民族，每星期日趕「巴札」（集市）的大場面和熱鬧景象，就體會到這句話是有其道理的。

從烏魯木齊至喀什，距離是一千五百多公里，過去因爲沒有航線，也沒有鐵路（如今鐵路也只能通到庫爾勒）因此只有搭乘長途汽車，受公路條件影響，一般需時約七天左右。如今雖然大有改善，也要三到四天才可抵達。不過，自去（七十八）年春天起，烏魯木齊已有直航喀什的班機，飛機是俄製的圖一五四型噴射機，飛行時間爲三個小時，機票費用是人民幣四百元（觀光客收外滙劵，約合美金八十五元），但是，航機因受地形和特殊的氣候影響，很少準時，延誤幾小時是正常的，兩三天沒有飛機也是司空見慣，旅客抗議也沒有用，比較可靠的還是搭乘長途汽車。

有些旅客和我一樣，爲了想領略西域沿途的特異風光，特地沿著塔克拉瑪干大沙漠的北緣古絲綢之路，一站一站的往前走，沿途經過吐魯番（大河沿車站）、庫爾勒、庫車、阿克蘇，等到了葱嶺之下，緊扼塔里木盆地咽喉處，那就是古城喀什了。一進入喀什市區，一片新興繁華景象，會令從不毛之地的戈壁灘上而來的旅客，大爲驚訝，因爲誰也不曾想到，中國最西端的一隅之地，竟成爲一個現代小都市，中心大街兩旁，大都是西式樓房建築，平坦寬敞的柏油馬路上，行駛著公共汽車與各類各型的車輛；五光十色的商店橱窗，與熙熙攘攘往來不絕的行人，與內陸都市相較並無差異。若就市容來說，喀什比北疆的名城伊寧是要好得太多，雖然稍遜於新疆首府烏魯木齊市，但在維吾爾族人心目中的地位，比烏魯木齊市要高多了，因爲這裏是他們的聖城。

在喀什市，知名度很高的艾提朵清眞寺，已有四百多年歷史，是喀什古城的精神標誌，市中心的艾提朵廣場，就是因這座古清眞寺而命名。據歷史記載：喀什過去曾是伊斯蘭教在東方顯赫的中心，一年一度的肉孜節、古爾邦節就在這裏舉行，那時候廣場四周則是萬頭鑽動的「巴札」。街頭還有不少搭著簡易的棚子，經營著一些生活服飾及用品，還有街頭茶館，也是臨時搭成的。除進口通道外，三面掛布幔，內舖地毯，形成一個帳幕，客人進入就席地而坐，品茗談天，倒也另有一番風味。

在喀什街上可以看出，至今當地仍保有濃濃的回教習俗，不僅一些新建築仍帶有古代中亞細亞的風味，就連街上往來行走的婦女，還有一部分是緊蒙面巾，不讓生人窺見其眞面目的。其實，這種伊斯蘭教的舊規古風，不僅在新疆其他城市已很難見到，即使在其他回教國家，也有相當程度的改變，而此地還有人嚴謹地遵守奉行，可見宗教的信念，仍然是深植喀什人民的心裏。

至於那座四海知名的香妃墓，當地人則稱之爲阿帕和加墓。座落在喀什東郊約十公里處的浩罕村，這裏是來此所有觀光客必遊的名勝地。周圍環境十分清幽，綠樹參天，清流淙淙，遊人到此，身心俱爽。在踏進陵園的大門後，只見一座宏偉壯麗的中亞風格古建築矗立在眼前，外形優美而華麗，莊嚴肅穆而不失典雅，堪稱是了不起的偉大傑作，也是巧奪天工的藝術品。是新疆地區最完美的。即使哈密的王墓，以及伊犂地區的禿黑魯帖木兒墓都無法與之相比。尤其難得的是這座始建於明末思宗十三年（公元一六四〇）的伊斯蘭式、原名爲「玉素甫霍加」的古墓，至今仍然保護得十分完好。只是後來當地人因爲其子阿帕和加的地位與聲望比他父親還要高，就把這座陵墓改稱爲「阿帕和加」墓了。到了公元十七世紀，清代乾隆帝期間，不知由於那位文士作戲筆，以訛傳訛的傳說受乾隆帝寵愛的香妃死後，也葬在這裏，所以又稱「香妃墓」。

香妃墓整體建築是長方形，底寬約三十六公尺，進深約三十公尺，高約三十公尺，圓形拱頂，內空無柱，四角有高大的圓柱塔，拱衞似的圍住中心拱頂。建築線條明快而柔和，直線與弧線，交織出各種不同的幾何圖案，勻稱美觀而莊重。中央穹頂之小樓及四角塔樓均飾有一彎新月，外牆全用綠間藍，黃色琉璃磚鑲貼，看來華麗耀眼，十分醒目，而門框上以及圓柱形的高塔上也雕刻綺麗的花紋，既肅穆又秀麗，整座陵墓彷彿披了一件五彩外衣，但卻不刺眼，令人產生一種柔和而想親近的感情。

進入肅穆寧靜且帶有些許神秘感的陵內，可以清楚地看到高大寬敞的墓室，牆壁粉刷潔白，樸素而寧謐，卻有一股懾人的氣氛。正中的磁磚臺上，縱橫排列著大小不等的墳墓共達七十二座。其中大部分都蒙著彩色布幔，而位於後排一座小墳，據說那就是令乾隆帝神魂顚倒的香妃埋骨處。傍其母而長眠，其餘諸墳是香妃父親、祖父、祖母、曾祖父以及高祖母共五代男女家族。

據這裏的民間傳說：香妃原名買木熱・艾孜木，又名伊帕爾汗。「伊帕爾」是香的意思，因爲香妃生前，在春夏季節，最愛在頭上佩戴沙棗花枝，一時人到之處花香四溢，惹人喜愛，因此，她從小就被稱爲「伊帕爾汗」。她是喀什回教領袖阿利和卓之女，生於淸雍正十二年（公元一七三四），於淸乾隆二十年（公元一七五六），她二十二歲被選送至北京入宮，被乾隆帝納之爲妃。據說當時香妃家族，還提了如下條件：

一、伊帕爾汗在宮中仍保持維吾爾民族習慣。

二、由伊帕爾汗的哥哥陪送至京。

三、伊帕爾汗死後遺體必須運回喀什葬於祖先墳地。

結果，香妃在宮裏只活了八年，在清乾隆二十八年（公元一七六三）就香消玉殞了。乾隆帝果然守信派兵士一百二十人護送香妃遺體至喀什安葬祖陵內，妙的是還留存一頂木櫝，據說這就是當年運送香妃靈柩的。其實，這些都是牽強附會的傳說，是無法令人深信的。如同香妃的死，就有各種不同的說法，有的說香妃生性凜烈，矢死不從乾隆帝，太后恐乾隆帝遭到不測，遂下旨賜死。有的說香妃從帝後，不數年而卒，這種種傳說，似乎至今並無定論。若從喀什香妃墓來看，實在無法斷定這座小墓就是清乾隆帝的香妃陵，何況清代宮廷檔案材料，並無香妃其人。而與香妃情況相近的則有一「容妃」和卓氏，據記載確係回部……女，但絕不是「伊帕爾汗」。因爲有人從清宮檔案中發現，朝廷賞賜容妃禮品的名單中，有「圖爾都」「圖爾都之妻」和「帕爾薩」等人。圖爾都這個人，依據喀什地方所整理的家族譜系，就是香妃伊帕爾汗的親哥哥，帕爾薩則是她的叔叔，由於這一新發現，使得大陸一些研究清史的學者，大膽而有根據的斷定，傳說中的香妃與正史上的容妃實係一人。只是容妃死於清乾隆五十三年（公元一七八八），終年五十五歲。後來清東陵容妃墓中發現了長髮辮，細黃頭髮中夾有灰白頭髮可爲明證。然則喀什香妃墓中葬的究竟是何人？這就是難以解開的謎題了。

喀什除了香妃墓以外，自然景色也十分迷人，而當地維吾爾民族的手工藝品也相當出色，而且種類繁多，尤其是花帽、樂器、小刀、戒指、刺綉、首飾等，全都是製作精細，美觀實用，而且價格合理，絕不會欺生抬價，在整個新疆及大陸市場上均有很好的聲譽。

維吾爾民族，個性坦率，樂於與人相處，但對宗教信仰則十分虔誠，從報載這次暴亂事件，就是因建回教清眞寺而起，至於詳細原因，至今還未能得知，可是令我遺憾的是，早在去年我曾和家住喀什，任職於新疆信息報的記者張俐女士約好，由她權充嚮導，在今年的七月間，同遊南疆的庫車、拜城、阿圖什、喀什及烏恰等地，看來，這場暴亂也使得這次的約會，將成爲泡影了。

（七十九年四月廿一日中央日報副刊發表）

附錄十一：

解開糾纏不清的「香妃」之結

莊練

長久以來，清代野史中一直流傳一個悽艷絕倫的香妃故事：

清高宗乾隆二十四年，定邊右副將軍兆惠善平定回疆，生擒小和卓木霍集占之妻香妃以獻。妃爲回族中之絕色美女，生而體有異香，不假薰沐，故而人稱之爲香妃。清高宗久聞香妃之美，既俘歸京師，遂赦其罪，納之爲妃，寵眷逾恒。於西苑建寶月樓以居之，又於苑外建造回營，使入旗回人集居於此，居室皆仿回制，以慰藉其鄉井之思，凡所以寵侍之者，無所不至。然香妃雖蒙此殊寵，仍不忘其國破家亡之恨，矢志報仇，必欲乘間刺殺皇帝。皇太后微聞此事，屢誡皇帝勿往妃所，不聽。適逢祭祀大典，帝宿於齋宮，太后急召香妃入內，賜死。帝聞而謀救無及，痛悼不已。乃命厚其棺殮，歸葬妃之故鄉。今喀什噶爾東北有香妃墓，即其埋骨之所。當香妃初入京師時，帝命西洋畫師郎世寧寫其眞容懸於宮中。今故宮所藏香妃戎裝像，即郎世寧當年之手筆。由於這一則故事充滿了悽艷迷離的悲情色彩，自民國初年以來，已有無數文人撰爲詩文憑弔，國劇中更有「香妃恨」專咏此事，其影響力之深遠與被覆範圍之廣大，幾乎已到了無人不知的地步。所以，即使學術界人士屢次撰文指出此事只是荒誕不經的無稽之談，多數人仍對之深信不疑，以爲學者之說並不可信。其中的實情究竟如何，實非口舌之爭所能使人完全信服的。

最早撰文指出香妃故事只是「委巷不經之語」的，是清史權威孟森先生。他在民國廿六年撰成「香妃考實」一文，引據公私載籍中的極多資料，考定野史傳說中之所謂香妃，實即被乾隆封爲「容妃」的回族婦女和卓氏，乃回部臺吉和扎麥之女，其入宮時間在兆惠平定回疆之前。乾隆之生母孝聖憲皇后鈕祜祿氏死於乾隆四十二年，容妃則在孝憲死後十一年之乾隆五十三年病死，故可證明所謂矢志報仇與太后賜死之說，皆是荒誕不經的委巷之談。孟森先生在清史研究方面的造詣極深，他的研究結論如此，野史流傳中的香妃故事理應從此銷聲匿跡，不再擾亂視聽纔是。然而事實卻又不然者，良因孟森先生當年考定此一疑案之時，所費的精力雖多，所引據的史料卻未必十分完備。數十年以來，各種正反方面的眞贋資料紛然雜出，直接間接都使孟森先生當年的論點受到影響，於是乃使主張反對論調的聲音日見升高，而孟先生的考證結論反而相對地日形衰弱之勢。

乾隆的回族香妃惟容妃一人

舉一個最顯著的實例爲證。七十八年十一月間，名作家高陽在聯合報撰「香妃的眞面目」一文，指出北平故宮藏有乾隆當年與回族妃嬪騎馬打獵的「威弧獲鹿圖」一幅，圖中所繪回妃面貌，與世傳「香妃戎裝像」之面貌不同。由於乾隆之回族妃嬪祇容妃一人，而容妃又即香妃，因此懷疑所謂「香妃戎裝像」所繪者恐非香妃本人。此文刊出後，旋即有藝術史專家姜龍昭撰「容妃不是香妃」一文提出反駁，由此展開一場不算太長的論戰，其論點無非一方面以爲香妃即是容妃，而另一方面則不贊成此說，力主香妃別有其人，容妃並非即是香妃。姜先生爲了證實他的說法，此後又在大成報副刊發表數萬字的長文，題爲「郎西寧的海西八珍及香妃畫像」，指出在郎世寧所畫的八幅名畫中，至少有兩幅題有香妃之名，可證香妃確實另有其人。此外則新疆喀什噶爾城外有香妃墓，墓旁並有當年運送香妃屍體回到喀什所用的靈轎，可證香妃死後確實歸葬於此。至於容妃，則易縣清東陵的裕陵中有其墳墓，更可證明容妃與香妃不可能同爲一人。姜先生的舉證，看起來十分堅強有力。然則人們之所以寧願相信野史傳聞而不願相信權威學者的考證結論，並非是沒有道理的了。然而，眞正的事實果然便是如此嗎？

爲了將香妃是否即是容妃的問題查考一個水落石出，勢必須將足以影響研究考證的各種流言雜說一一查理清楚不可。因此，筆者希望能在這裡作一番疏導淸理的工作，以便能斬斷一切糾纏不清的葛藤，將這一問題的眞面目呈現於讀者諸君之前。

「伊帕爾罕」乃「香妃」之義

孟森先生撰成「香妃考實」一文時，距今已有五十餘年。五十餘年以來，很多當年未經孟先生寓目的檔案史料陸續出現，其中儘有非常有價值而足以爲孟先生的立論給予堅強支持者；如乾隆五十三年四月二十日，大學士和珅傳奉乾隆諭旨，將容妃死後所留遺物分贈一干宮眷、太監、及容妃母家親屬的處理清單中所開想的容妃母家親屬姓名，便是足以證明容妃與香妃同爲一人的有力證據。

香妃的親屬是那些人？在「欽定西域同文志」及「西域圖志」中有其記載。其高祖父名瑪木提・玉素甫，有「和卓」之稱；所謂「和卓」，即回教中之「聖裔」也。瑪木提・玉素甫和卓有三子，長子阿巴克和卓，其四代孫即是乾隆年間在回疆作亂的「大小和卓」，大和卓爲兄，名波羅尼都，小和卓爲弟，名霍集占；這兩人後來都先後被清人所殺。玉素甫之次子喀喇瑪特和卓，生子墨敏。墨敏有子六人，長子木薩一支有子名瑪木特。第三子阿里和卓即香妃之父。阿里有子名圖爾都，即香妃之兄。瑪木特之第五子名額色尹，六子名帕爾薩，均香妃之叔。喀喇瑪特和卓一系之子孫在大小和卓叛變時並未隨同作亂，並且在兆惠率清軍入回疆定亂時立有戰功，因此得蒙清政府之封賞。額色尹封爲輔國公，瑪木特、圖爾都、帕爾薩等被封爲一、二、三等臺吉。過了三年，圖爾都亦被進封爲輔國公。欽定西域同文志及西域圖志中所載的這些香妃譜系資料，在喀什噶爾城外香妃墓園中也有記載，其內容與此相同。此外，香妃墓園記錄中更載明圖爾都之妻名蘇黛香，乃是當年護送香妃及圖爾都遺體回喀，並在當地建造香妃墓的有功人士；又稱香妃之名爲「買木日艾則木」，別名伊帕爾罕，乃「香妃」之義。既然香妃之上代譜系及親屬姓名俱可由此查見，倘能由檔案資料中查知容妃之譜系及親屬姓名，豈非即是證明兩人身分同異的最有力資料？非常巧妙不過的是，容妃死後分贈遺物的親屬姓名中，就有這項資料可查。

容妃與香妃實同一人

北平故宮整理清宮檔案所發現的一件「容妃遺物摺」，其開頭部分的內容記載如此：

「乾隆五十三年四月二十日，大學士和珅傳旨：容妃遺下衣物首飾等物，俱著分送內廷等位，並賞公主、大格格、及丹禪、本宮首領太監、女子等。欽此，於二十一日分擺盛安在奉三無私。上覽過，奉旨：『賞』。于二十二日劉秉忠具摺片九個奏過，奉旨：『知道了』，欽此。其十公主等物，和珅領去；大格格等物，伊令阿派廣泰領去。……」

上文中所說到的「丹禪」，是滿語，在漢語中的意義即是「娘家人」，容妃死時年已五十五歲，其娘家人之歸入旗籍並隨同在京中居住者還有那些人生存在世？在這一件「容妃遺物摺」中可以清清楚楚的看到共有二十人，摘錄其中七人如下：

公額思音（按即上文之香妃五叔額色尹）

臺吉帕爾薩（按即上文之香妃六叔帕爾薩）

額思音之妻

圖爾都之妻（應即為上文中香妃兄長圖爾都之妻，亦即香妃之嫂蘇黛香）

容妃之姐

容妃之妹

帕爾薩之妻

由這些資料可以知道，容妃之五叔額色尹六叔帕爾薩、及其兄圖爾都，均與香妃之五叔六叔及其兄之名字完全相同，可以證實容妃與香妃其實即是同一人。此一發現，與孟森先生當年的考證結論竟不謀而合，實在使人不能不承認，孟森先生的見解實在高明之至。由容妃遺物摺中還有一項另外的發現，「即當乾隆五十三年容妃以五十五歲的年齡病死宮中之時，其兄圖爾都已前卒，故分贈遺物摺中不列其名。」根據流傳在南疆喀什噶爾一帶的傳說，香妃之得以由北京歸葬故土，得力於蘇黛香之不辭萬里跋跡，辛苦護送。其後蘇黛香老死喀什，亦即附葬于香妃墓旁邊。但現在的易縣清東陵中既有容妃之園寢。則容妃之葬地顯然即在其地，喀什噶爾的香妃墓中又怎能有其屍體呢？這一問題，顯然亦是造成香妃傳說混亂的主要原因之一，不可不加以澄清。

香妃墓與香妃埋葬處所無關

位於南疆喀什噶爾城外的香妃墓，自民國成立以來，由於香妃傳說之流傳，已經不知道有過多少慕名的遊客去實地拜訪過了。由這些數目衆多的遊記文字中不難發現，所謂香妃墓也者，其實很可能與所謂香妃埋葬之處根本毫無關連，只是好事者之有意播弄妝點而已。抄錄一些比較具體的文字紀錄于後，即不難看出這種傳說附會之由來。

㈠清人蕭雄所撰之「香娘娘廟」

「香娘娘廟，在喀什噶爾回城北四、五里許。廟形四方，中空而頂圓，無像設，惟墓在焉。……香娘娘，乾隆間喀什噶爾人，降生不凡，體有香氣，性貞篤，因戀母，歸沒于母家。其後甚著靈異。……」

蕭雄乃清末詩人，光緒初年曾遊新疆，此文見於光緒十八年刊本之西疆雜述詩中。由這一段記述可知，在清朝光緒年間所流傳的香妃墓傳聞，尚無「死後歸葬」之說。然則「矢志報仇」及「太后賜死」之傳說當然更無踪跡了。

㈡民國謝彬所撰之「香娘娘廟」

「……廟周有垣，妃陵位東北隅，上圓下方，牆皆綠色花磚，望若琉璃，宏敞壯麗，勝哈密回王陵寢數倍。中有墳墓數十，層疊環列。詢問守墓阿訇，香墳何在？皆莫能對。惟謂大者男墳，小者女墳，皆香妃親屬而已。當門左偏，有廢鑾輿一乘，裝飾俗陋，相傳爲乾隆所賜。有謂爲香妃生前所乘用者，有謂爲靈櫬西還所馱載者。夫高宗在全盛之時，斷不以此粗糙之物賜彼寵妃，其爲附會，不辨而明。」（原載民國十二年上海中華書局出版之「新疆游記」中）

㈢民國林之撰「記香娘娘廟札」

「香妃是清乾隆時的一位皇妃，她是新疆喀什噶爾人。相傳她降生的時候，身上有香氣，所以稱爲香妃。她被選入宮後，因爲日夜思母，乾隆就派遣人馬護送她回鄉。不幸到了南疆的巴楚時就得病死了，護送的軍士們將她的屍體搬運回喀什，在回城北四、五里的地方建築起一座輝煌的大墳墓來，

直到如今，還受著維族同胞的膜拜。」（原載民國卅七年上海出版之「瀚海潮」雜誌第二卷第二、三兩期合刊）

香妃墓實是其家族的墓園

㈣民國王乃凡撰「香妃墓」

「新疆南部歷史名城喀什噶爾東門外三公里處，有一個極富伊斯蘭教色彩的墓園，那就是著名的香妃墓了。這個墓園，原是香妃外祖父阿巴霍加爲他父親優素福霍加（原注：即香妃的外曾祖父）所建的墓地，三百多年來，已經過六次修葺，但在香妃死後，即十八世紀六十年代末，或七十年代初，纔修建成現在這個樣子的大墓。這個墓園，雖然以優素福霍加爲首，合葬其家族五代七十二人，但由于香妃的名氣大，因此，二百多年來，人們便把這個家族的墓園稱爲香妃墓，乃至相沿成習了。……進入墓堂大門，便可以看到七十二個大小不一的墳位，整齊地排列在一米高的大平臺上。按照維吾爾族的傳統，兒子死了葬在父墳側，女兒死了葬在母墳側，因此香妃墳是在大堂右上角其母墳旁邊，除了在其墳頭被今人放置著一幅香妃的素描像之外，沒有什麼特殊之處。而那幅香妃像，則傳爲曾在清廷供職的意大利畫家郎世寧所繪。原作爲油畫，現藏于北京故宮，全身戎裝，盔甲是中世紀歐洲武士式的，宛似聖女貞德，沒有多少維吾爾族味道。」（原載香港風光雜誌）。

㈤意大利人蒂齊亞諾・臺爾察尼所撰「新疆喀什和中亞邊界」一書中之摘錄

「……而去注意七十二座陵墓中那一個微不足道的墳墓——香妃墓。香妃墓已空，人們稱它爲香妃博物館。關於這座墓，還有一段故事：她是一位典型的、美艷無比的維吾爾族少女，喀什霍集占的王妃。一七五八年乾隆皇帝的軍隊侵入喀什，統治了這個地區，她的丈夫死了，她給擄進清宮。乾隆對她十分寵愛，但她情切故主。不久，皇太后趁乾隆外巡時召她賜死。她用絲巾懸樑自盡。乾隆得知後，命令將她的棺柩埋在京西八十公里他的生壙旁邊。喀什另有一座香妃墓，人們只能見到棺槨和馱運棺槨回喀什的靈車。」（原載一九八三年西德出版的明鏡週刊第四十五期，崔志忠譯。）

香妃的眞墓應在乾隆陵墓中

以上所引敍的有關游記文字雖然只有五種，卻可以使我們對喀什噶爾城外的「香妃墓」得到如下一些認識：

㈠所謂喀什噶爾的「香妃墓」，實際只是以玉素甫（即優素福）和卓爲首的一個家族墓群，所葬的即是玉素甫和卓上下五代七十二人的屍體。由于香妃的名氣太大，所以後來被稱爲「香妃墓」，其實這裏面並無香妃之屍體。

㈡清朝末年的蕭雄及民國初年的謝彬游香妃墓時，守墓人根本指不出何處爲香妃所葬之墳。後來雖然被定位在「大堂右上角其母墳旁」之一處，實際上則空無所有。

㈢放置在香妃墳旁的香妃畫像，即是傳說爲「香妃戎裝像」的仿製品，究竟香妃的形象如何，當地人並無所知。

㈣若據意大利人蒂齊亞諾．臺爾察尼的觀察意見，則香妃之眞墓，應在易縣清東陵之裕陵（乾隆陵墓）中，喀什噶爾的香妃墓只是一座空墳而已。

根據上述各種資料中的紀錄，可以使我們這些未曾有緣前往喀什噶爾香妃墓實地遊覽過的關心人士亦可瞭解，所謂喀什噶爾香妃墓，實際上不過是民國以來某一些好事之徒，根據野史傳聞所妝點出來的冒牌貨。試看這種傳說在清代末年還只處在依稀疑似的地步，漸到後來反而愈見具體，即可知其發展過程便即是隨著傳說之發展而同時增添者。如果仔細分析研究，便可知道其實出於虛構附會。

既然所謂香妃與容妃實際上祇是同一個人，而容妃生平又並無短命早死之事，則所謂香妃本係小和卓霍集占之妻，被俘入京之後因志切報仇而不肯順從乾隆，終被太后賜死等等的傳說附會，又是從何而來的呢？要瞭解這一問題，必須先對這種傳說之發生時間及其演變經過作一通盤檢討，方能破此疑惑。

香妃故事始於「今列女傳」

按，所謂香妃的故事，在清代中葉以前的稗官野史中始終未曾見有著錄，開始有此傳說的文字紀錄，是清末民初時人王闓運所撰的「今列女傳」。清光緒卅三年刊印的王湘綺全集卷五「今列女傳」的「母儀」一章，有如下一段記述：

「準回之平也，有女籍於宮中，生有美色，專得上寵，號曰『回妃』。無準女懷其家國，恨其亡破，陰懷逆志，因侍寢而驚宮御者，數矣。詰問，具對以必死報父母之仇。上益悲壯其志，思以恩養之。太后知焉，每召回女，上輒左右之。會郊祀齋宿，子夜駕出，太后乘平輦直至上宮。入便閉門。宮宦奔告。上遽命駕還，叩門不得入，以額觸扉，臣御號泣，聞于內外。太后當門坐，使召回女，絞而殺之，待其氣絕，撫之已冷，乃啓門。上入號泣，俄而大悟，頓首太后前。太后亦持上流涕，左右莫不感動泣下。海內聞者皆歎息，相謂天子有聖母也。」

看王闓運所說的這一段故事，便可知道即是後來野史所傳香妃故事之張本，只是王闓運故事中的「回妃」尚非後來傳說之「香妃」而已。但是，清平準噶爾回部既是清高宗朝之事，而高宗宮中的回妃又只「容妃即香妃」一人，如此輾轉牽扯，就將此一壯烈殉志的回女死難故事附會到香妃身上了。推想起來，清乾隆朝平定準噶爾回部之時，很可能有這麼一個美艷而剛烈的回族少女被俘入宮，因不肯順從乾隆而又志切報仇之故，被乾隆生母孝憲皇太后所殺，惟其生世已不能詳。只因王闓運的文字中稱之爲「回妃」，而乾隆一生所册封的回族妃嬪又只有容妃一人，彼此枘鑿扞格，遂使此一與香妃並無相干的故事，被附會到了香妃身上，終於造成了此一撲朔迷離的宮廷疑案。由郎世寧所繪海西八珍圖至少有兩幅註明香妃稱號看來，此香妃當然應即是始終備承乾隆恩寵之容妃。但因香妃祇是俗稱，容妃則是經過正式册封的官稱，顯然亦不可因名稱互異之理由而堅信香妃與容妃乃是截然不同的兩個人，以致憑空生出無窮的糾葛。非常明顯不過的事實是：香妃乃是體有異香的一個回族美女，她在入宮之後既然被册封爲容妃，當然不可能在官文書中留下香妃之名。能夠將這種錯綜複雜的關係剖析清楚，香妃與容妃是否同爲一人的答案當然即可產生。在各種資料證明都如此具體明白的今天，相信此應是正確無疑的結論。至於所謂「香妃戎裝像」中的美女究竟是不是香妃本人？則還可以引用下面的這些資料來作爲答覆。

「香妃事略」並無根據

所謂「香妃戎裝像」，乃是民國三年陳列在北京故宮西華門裏浴德堂中的一幅油畫像。畫面上是一位身穿鎧甲、佩劍挺立、英姿勃勃的美麗女子。展出時，畫像上所加的標題曰：「香妃戎裝像」。在此一畫像下另有一篇「香妃事略」，簡單介紹畫中人物的生平。就是因爲這一篇「香妃事略」，所以纔會在後來衍生出無數的附會之談，可見這一篇「香妃事略」正是釀成一切禍源的始作俑者。既然這一篇香妃事略具有如此特別的重要性，當然應給予特別的注意。

假如這一篇「香妃事略」確是出於有根據的歷史記載，當然有其可信之價值。無奈清代的公私記載中從未見有關於這方面的記錄，最相近似的亦只有王闓運寫在「今列女傳」中的那一則回妃故事，然而王闓運的故事中亦未見有香妃之名。究竟「香妃事略」中的記述內容何所據而來？這個問題，民國七十年七月四日至六日刊載于香港新晚報上的一篇文章裏曾經有過答案。文章的題目名叫「傳說中的香妃即容妃」，作者劉漢屏、于善浦二人均是北平故宮博物院的研究工作人員。此文的開頭部分先敍述民國三年故宮古物陳列所在武英殿西側浴德堂內展出「香妃戎裝像」的緣起，其後即說：

這次繪聲繪色的展覽，確實招徠了很多遊客，因爲它是故宮內的展覽，更加使人信服。從此香妃不僅轟動京城，她的事跡也傳遍了祖國各地。

由于故宮古物陳列所展出「香妃戎裝像」並附加「香妃事略」的說明，造成了香妃故事的轟動，不僅香妃故事從此傳遍全國，許多接續出版的清宮演義及清宮秘史等書亦視此爲珍貴題材，先後將之寫入書中。到了後來，有人追究此事的源起，向故宮有關人員查問，當年如何確定陳列在浴德堂中的這幅油畫所畫的即是眞正的香妃？則現任北京故宮博物院副院長的單士元回憶說，當時此一油畫上並無標籤題名，說明亦無根據，「是幾個人拿的主意，爲的是以這張像招徠遊客，卻爲後人製造了混亂。」單士元的這番話，當眞可爲糾纏了幾十年的香妃故事揭開最大的秘密——原來所謂「香妃戎裝像」的題名與所謂「香妃事略」的文字說明，都是當時古物陳列所裏少數幾個人隨便編造出來的，其目的只在藉此「招徠遊客」而已！堂堂一個負責保管故宮文物的政府官署，居然只爲企圖增加展覽會門票收入的卑微目的而編造虛誕不實的香妃故事，這豈不是天下第一等荒唐無聊的可笑之事麼？它在最後雖然因禁不起事實考驗而露出了狐狸尾巴，卻已使無數的文化人爲之上當受騙，豈不冤哉！

（發表於民國八十年三月十三至十五日中央日報副刊）

附錄十二：

香妃之結愈纏愈緊

江述凡

初讀莊練先生所發表之「解開糾纏不清的『香妃』之結」，內心充滿了驚喜之專注，尤望這件爭議多年之謎，能在出身於中研院史研所的專家手中，發掘出新證據而產生「一言而定」的新論點，也算是了結一段公案的最佳歸宿了。「解」文蒐證甚豐，敍述頗力，但是可惜，這篇以上中下連載三天始畢，文長七千三百餘字的長文，竟然毫無新義，仍然一如孟森先生之舊說——容妃即香妃，令人有失望與惋惜之感。爭論不僅絲毫未清，又有愈描愈黑之勢，結未鬆而反愈緊矣。

王闓運豈敢杜撰

「香妃」故事正式出現於書面記載，今人公認是源於王闓運的「今列女傳」。故事始於公元一七五八年的乾隆廿三年，而湘綺大師的文字發表於一九〇七年的光緒卅三年，其中歷經乾隆、嘉慶、道光、咸豐、同治及光緒等六朝共一百廿餘年。發表時正是光緒被囚、慈禧當政，也是兩位雙雙駕崩的前一年。以當時帝制的暴虐，除不怕死的革命黨人之宣傳文章之外，讀書人歷來均視著文為棘手之嚴重事業，誰敢因此而輕易開罪皇家？王闓運名震八湘，爲著名之文界耆宿，若非有所憑證，豈能在文字中將時、空、人及事蹟如此大膽寫來？因其明指當事人爲乾隆帝，而涉案人爲皇太后，倘爲憑空臆造，豈不畏皇家以「大不敬」而究治嗎？香妃事蹟不見正傳，但在流傳一百多年之間，王湘綺讀到了些什麼？聽到了些什麼？或又見到了些什麼？究有哪些資料支持他寫出這篇文字？在後經一百一十年的今天，我們又豈敢輕易地說湘綺大師是杜撰故事？果爾，王先生必會以「從前，有位皇上，（Once upon a time, there was a King ……）」作背景，萬不致愚蠢至直指當朝皇室的祖先的。

寶月樓事關緊要

乾隆廿三年糾工興建之寶月樓，咸認是皇上特爲香妃所造之藏嬌金屋，其論證之多，固已不必一一列舉。歷來公認要談香妃就必然關係到寶月樓，因這座宮廷外的密室正是香妃的居所，也是皇上經常留連而終生寄情之甜蜜窩，可惜「解」文並無一字提及。

寶月樓建於乾隆廿三年春而成於歲末，後改建爲大清門、中華門以及目前之新華門，位於西苑。當故宮東華門與西華門之中，曾是衆所週知狹而長的固定建築物。香妃事蹟可以不見（或滅蹟）於正傳，但寶月樓卻是極難被消彌的鐵般證物。共知香妃一直是獨居於寶月樓內，反過來說，若非居住於寶月樓者則必不能被指認爲香妃。

容妃深居大內

乾隆一朝，回女封妃者僅有容妃一人載在正史，於是史學家孟森先生首創「容妃即香妃」說（民國廿六年），後人則多從之。但事隔十三年之後（民國卅九年），孟心史之及門弟子、史學家吳相湘教授卻從故宮內務府檔案中又發現若干重要資料，赫然確定了一件徹底覆案的證據——容妃竟然是與其他妃嬪同居於後宮，並無任何特意之處。我們可以說，容妃不僅未居住於寶月樓，她並非那位「寶月樓主」，她甚至於與寶月樓沒有絲毫關聯瓜葛。無論就寶月樓的建造成因看，以寶月樓的存在事實上看，以及從乾隆的詩作咏題上來看，容妃豈能是香妃呢？她是完全不相干的另一個回疆女子嘛！

白馬非馬

公孫龍子曾說：「白馬是白馬，馬是馬，但白馬不是馬。如果白馬是馬，黃馬也必是馬，則白馬是黃馬。我們確知白馬不是黃馬，則白馬非馬……」

力主「容妃即香妃」的前賢們極可能基於「以史證史」的要義，演繹出下述程式：

正史有個回妃記載——容妃。

傳言有個回妃故事——香妃。

我們只能有一個回妃存在。

則：傳說中的回妃就是正史中的回妃——容妃即香妃。

我們不確知在乾隆這位風流皇帝的生命歷程中，究竟有過幾位美麗的回女，但國人往往習慣於「定於一」。因此，無論容妃即香妃，或香妃即容妃，她們總歸應視爲同一人嘛！（因我們不允許多於一人），既如此，一切從正史，則容妃即香妃將可止乎爭議。

盡信史不如無史

歷史是人類重要事蹟的記錄，正史係由史臣所編。史臣是人，更是政府所委用的人。其掛一漏萬之失固不必論，其對政府不利的事蹟，尤其是在帝王專制時代的皇室，其諸多的風流韻事，史臣能載諸史册嗎？即令如此，其能逃過删減而傳於後世嗎？更何況相傳之香妃哀怨史，是牽扯到皇上強佔人妻，滅殺其夫，不從而最後被絞薨於深宮的集體謀殺慘案，而兇手竟然是母儀天下的皇太后，這個事蹟能見諸正史嗎？

史可盡信嗎？正史可盡信嗎？宮廷正史可盡信嗎？宮廷內絕未發生過足以破壞皇家形象的正史可盡信嗎？相信答案必然是否定的。僅憑正史而尋覓香妃顯然是不夠的。

「結」仍未「解」

正史憑證據，野史靠推理；正史不可盡信，野史要細心推演。如果硬指「白馬即黃馬」則有違邏輯，當然吾人不能信其然。所以，香妃的結不僅未解，反而愈糾纏愈清楚了——雖香妃不必確有其人，但容妃（證至目前爲止）並非香妃。

（發表於民國八十年三月廿九日中央日報副刊）

附錄十三：

玉素甫稟爭祥妃麻扎公產文

楊增新

查前清乾隆時，祥貴妃係高宗純皇帝之妃，俗稱香妃娘娘者也。內務府譜牒載：其遠祖名阿巴克和加，生有五子。長曰汗和加，次曰和加艾買提，三曰阿不都色買提，四曰黑力其布來哈宜，五曰哈三和加。長、次、四、五均無嗣，獨第三子阿不都色買提生子曰卡福盛。盛生帕力思。思生二子一女。長曰吐地棍，無子。次曰阿不都哈的。女即祥妃。

當妃入選進京，其父命妃兄阿不都哈的隨從，遂家于京，投入旗籍。阿不都哈的生子曰巴海。海生阿西木。木生巴五冬；冬之妻即現在喀什居住之達楊氏。巴五冬生肉子。肉子生哈西木；即阿巴克和加之九世孫。此麻扎公產之統系也。

該員曾祖名霍伸和加，祖名司迪克，父名馬玉清。與麻扎公產統系內，並非嫡派。亦可概見。在前清光緒二十九年，在喀什爭地產之人名長壽，而該員之父名馬玉清，係屬兩人，何有請假赴喀視查地畝之舉？

前准內務部咨轉內務府，回佐艾沙和卓等回籍躬耕一案，名單內只載艾沙和加、那蘇拉罕、德錄呢、梯巴蓋伊、哈喜木、伊明和加等六名到新，並無該員之名，當令行喀什道尹查覆，「此項公產，係伊祖將地產捐作了善舉，並非留貽子孫之業。查阿巴克和加生前遺囑，注明麻扎產業每年收入作爲三股。以一股周恤貧民，一股給其在京子孫，一股作爲看守麻扎經費及念經禮拜之人工口食。亦立條例、字據內，亦無未載有親族後人經理麻扎事宜及公地租糧之說。所謂三股者，係收入租糧作三股，非將產業分作三股也。斷定每年由麻扎公產內提出小麥一千五百秤，及霍爾罕庄居屋交達楊氏婆媳、祖孫作爲贍養居住，該員果係此族遠族，應當之份，亦在達楊氏一股之中，即艾沙和加、奎保等，亦在此一股之中，不能在其餘二股中再分。此一定之理。……

該喜合等錄阿巴克和加遺囑，專營此業已百餘年之久。……

查疏附縣馬知事紹武，係照蕭知事詳定撥給由京來喀之達楊氏等公房一院，公地一百畝。並每年提出租糧一千五百秤，以便居住贍養，以後北京再來人向麻扎主持人等爭前贍養費，准阿不都色以提和加等，以理阻擋。……

中華民國六年十月（一九一七年）

（原載楊增新著《補過齋文牘》辛集三中）

貳拾、解開「香妃」之結

姜龍昭

一

我研究「香妃」十幾年，我陸續找到不少人證、物證，加上郎世寧的香妃畫像的發現，以及世界各國均有香妃畫像之珍藏，使我越發肯定香妃確有其人，並爲此與高陽先生在聯合報展開筆戰，與東門草在立報進行辯論。

最近，中央日報副刊接連三天發表了一篇「解開糾纏不清的香妃之結」的文章，也引起了我極大的興趣，經仔細拜讀之下，其中一部份資料，我均有看到過，但是也有些資料，如北平故宮整理清宮檔案，提及「容妃遺物摺」的文字，則還是第一次看見，乃以虛心的心情，與莊練先生取得聯絡。

知悉莊練先生對於有關歷史上的一些資料，均有深入之研究，當即將我已出版之「香妃考證研究」一書，及近二年在報上發表有關「香妃」之文章複印寄給他指正。過了幾天，他還寄贈我二本書，一本是他自己撰寫的「臺灣史研究集」，另一本則是大陸上新華書店發行，書目文獻出版社出版，由于善浦、董乃強二人合編的「香妃」。

這一本大陸出版的「香妃」，書厚三八八頁，內容方面，除了不少黑白圖片外，蒐集了不少有關香妃的考證文章、文獻資料、詩文、野史，以及小說、故事、平劇、京劇的三種劇本。經我仔細研讀之下，發現東門草與莊練兩位先生，所提出認爲「香妃即容妃」的說法，其資料來源，完全出自該書，即是他們兩人均認定這本書上所說的是正確的；說香妃不是容妃，另有其人，是錯誤的。

眞是這樣嗎？我抱著戰戰兢兢的心情，來閱讀這本書，結果，使我獲得了不少新的發現。

二

這本「香妃」書，臺灣看到的人不多，茲先就內容方面，略作介紹。

㈠一九七九年（民國六十八年）十月，大陸河北省遵化清東陵發現乾隆年間埋葬「容妃」的陵墓前踏階級石塌陷，敞開的石門被地宮中積年滲水吞沒，經過排水清理，發現容妃棺木，在解放前即已被盜墓者破壞，棺材被砍了一大洞不說，棺內已空無一物，有一寸多厚的淤泥，後在棺木西側發現一具頭骨，及一批衣物殘片，證實棺木中葬者確爲回疆之容妃，發現之文物，經一一仔細整理後，公開展出。這些文字記載，十分詳細，爲我前所未見者。

㈡因着容妃墓之打開，在大陸上接連三年（民國六十八年至七十年）展開了一連串的筆戰，有人認爲「容妃即香妃」，這下找到了正確的答案，但也有人予以駁斥。這些論戰的文字，過去因我在臺灣，也未有見到過；如今看了，卻讓我吸收了更多的資料。

㈢爲了配合上列筆戰，北京故宮博物院方面，在浩如煙海的清朝檔案中，由侯堉同志，找出了一份「容妃遺物摺」，也就是莊練先生文中所提及那份資料，發現容妃有一個哥哥叫圖爾都，而在「西域圖文志」及「西域圖志」上記載，認爲墨敏之第三子阿里和卓，即香妃之父，阿里有子名圖爾都，亦即香妃之兄，因而認定「容妃即香妃」，事實上這是錯誤的，香妃之兄，名圖地公，或吐狄貢，並非圖爾都。

㈣書中關於新疆的「香娘娘廟」，蒐集了不少資料，其中有些文章記述說「香妃墓」已空，人們稱它爲香妃博物館，認爲其中並無香妃之屍體，詳見莊練先生文中所引之資料。其中，自相矛盾之處甚多，可謂不値識者一笑。

㈤書中部份引述清宮中之滿文奏摺，回文奏摺，均請專家將之譯成漢文刊出，此項資料十分珍貴，是我以前所未有看到的。

㈥書中最爲難得的是刊出了民國六年，香妃之後裔達楊氏，爲了爭取故鄉之遺產，打官司的公文，在楊增新著的「補過齋文牘」辛集三中，全文刊出，該次官司判決：「達楊氏勝訴」，這是證明香妃確有其人，最有力的人證、物證，過去，我只蒐集到一些有關的消息，未見原文，這次在書中看到，如獲至寶。惜莊練先生文中，對此點未有提及，因爲若沒有香妃，怎會有她的後裔，若說是冒充的，官司也不可能勝訴，更難得的是文中有提及香妃祖先之世系。

㈦于善浦編輯此書，在蒐集文獻資料上，確實化了不少心血，尤其難能可貴的，是爲了保持歷史原貌，他對所收之文字，一律不加增删，期望這一本集子，能給研究探討者，提供一點方便。爲該書寫序的秋浦先生，在序言中也說：「這是有關香妃材料比較完整的一本集子。編者選登這些材料，並不是按照一個口徑，而是讓各種說法兼收並蓄，使讀者在讀了它之後，對一些問題，能有一個思考的餘地。」

從上面所述的各點中，讀者想必對該書，已有初步的瞭解。

一般人，對「香妃」問題，未有深入研究的，讀完該書以後，馬上可以獲得一個結論，那就是該書雖說得冠冕堂皇，讓多種說法，兼收並蓄，也不按照一個口徑來取留原始材料，但在部份文字的字裏行間明顯地偏重於「容妃就是香妃」這一個說法；儘量否定「香妃存在，確有其人」的說法，則是不爭的事實。

東門草先生、高陽先生、與莊練先生都是受此書的影響。但深入研究香妃問題多年，我人在臺灣，雖不如在大陸蒐集資料那樣方便，但我卻在海外找到了不少確有香妃存在的鐵證，同時再核對該書中一些眞實可信的文獻資料，我益形堅信我的看法，並沒有錯；香妃、容妃絕對是兩個人。爲什麼國際間人士，部肯定認同，中國有香妃這個人，而中共大陸，卻要否定她的存在呢？

我再三沉思、默想，一讀再讀中共出版的這本「香妃」，最後，終於恍然大悟，找出了其中癥結之所在。

原來，在共產主義的社會中，對於「歷史事件」的看法，與我們臺灣三民主義的社會中，對於「歷史事件」的看法，是有所不同的。

我們看歷史事件，是要求客觀的探討事件的眞相，歷史歸歷史，政治歸政治，二者不必牽扯在一起，我們寫文藝作品，亦復如此，文藝與政治要分開來，不要混在一起。

共產主義的社會則不同。對「歷史事件」，必先要透過政治立場、政策的需求，這樣的看法，才是正確的；寫文藝作品，亦復如此，要符合毛澤東的延安文藝政策路線，提倡工農兵文藝。若是文藝作品不能與共產主義教條相配合的話，就認定是小資產階級的頹廢作品，無存在之價值。

在大陸出版的「香妃」一書中，一再標榜：「容妃」之偉大，說她人格高尚識大體，有功與清朝和回族之和好，是個很了不起的女性；而香妃則是一些無聊文人，虛構的人物，沒有強調她存在的必要。

大陸「中國民族學研究會副理事長」秋浦先生，在此書的序文中說：「今天的中華人民共和國，剝削階級作爲一個階級來說，已被消滅，民族壓迫的根源，已被鏟除，民族平等，成爲生活中的現實，各民族之間，才有可能達到眞誠的團結一致。平等、團結、互助，已成爲我國社會主義時期新型的民族關係，我們應當大方去發展這種新型的社會主義民族關係，這必將引導我國各民族人民走向共同的繁榮。」

透過各民族要團結、互助的「政治要求」來看：「香妃」這一歷史懸案，當然應該站在肯定「容妃就是香妃」這一觀點來說話，才是符合中共政策的要求。中共佔領大陸後，大批移民往新疆送，新疆地方大，可以試驗原子彈爆炸，當然希望回疆民族與漢民族，和好團結在一起，乾隆香妃的故事，早已過去，何必再舊事重提，傷了二個民族間的和氣呢！

我想起幾年前，我拜讀曹禺寫的「王昭君」劇本，他在劇本後面談該劇的創作經過說：「寫歷史劇，要忠於歷史事實，忠於歷史唯物主義，同時還要有『劇』，如果沒有戲劇性，別人就會打瞌睡，這個『劇』字就難了。」

曹禺說：「那是一九六〇年以前的事，周總理（即周恩來）指示我們不要『大漢族主義』，不要妄自尊大，這是從蒙漢人聯姻的問題談起的，提倡漢族婦女嫁給少數民族。」……就這樣，曹禺奉命寫了「王昭君」這個劇本。過去演出的「昭君怨」、「昭君和番」戲劇，昭君都是哭哭啼啼的，曹禺寫的「王昭君」是與衆不同的，他寫王昭君，是高高興興去嫁給遠在塞外的番邦單于，一滴眼淚也沒有。這就是：戲劇要忠於歷史唯物主義，配合政治的結果。

我們不妨閉上眼睛想一想，王昭君孤零零的遠嫁到番邦去，她會是笑著去嫁人的嗎？當然是有違常情的。

三

現在，我願平心靜氣的來解開「香妃」的結。

第一、莊練先生提出清宮檔案「容妃遺物摺」的資料，證明容妃之五叔額色尹、六叔帕爾薩、及其兄圖爾都，均與香妃墓院中及欽定「西域同文志」及「西域圖志」中記載相同，因而證實二人即是同一人。又說：「容妃以五十五歲的年齡病死宮中之時，其兄圖爾都已前卒，故分贈遺物摺中不列其名。」

「香妃」一書中第四十六頁，紀大椿所寫：「香妃生史考辨」中說：「喀什阿帕克和卓墓」那份資料的可靠性，是大成問題的。那不是過去的歷史記載，而是大陸淪陷後當地幹部根據一些不同的傳說整理而成，在談到香妃家族的譜系時，那份資料的錯誤極多，與「西域同文志」「西域圖志」「回疆通志」等書，大都無法印證：這一段文字，不知莊練先生可有看到？

第二、莊練先生文中提及圖爾都之妻，名蘇黛香，且說圖爾都死於容妃之前。但書中第一六二頁「賞女子巴朗物品」一段中，有寫：「賞女子巴朗，因給回子圖爾都爲妻」，又書中第一二三頁「考證香妃資料」一文中，又有「還將宮中女子巴朗賞給圖爾都爲妻」，書中第二三三頁王乃凡寫「香妃墓」一文中說，香妃的哥哥吐狄貢，……後來由乾隆賜婚，與一位漢族大臣的閨女蘇黛香結成異族鴛盟。二二五頁又說香妃死後，由嫂子蘇黛香護送至喀什噶爾家鄉，住了五年，她死後也葬在這座陵墓裏。二四二頁也說：「香妃的哥哥娶了滿族的姑娘蘇德香（譯音），她是乾隆皇帝圓夢大臣的女兒，香妃死後亦由她護送回去。」

由上可見：容妃的哥哥是圖爾都，娶的太太是宮中女子巴朗。香妃的哥哥吐狄貢，（即圖圖公、圖地公、吐狄棍）娶的太太才是蘇黛香，二人名字不同，不可能混爲一人。

再說圖爾都，書中四十三頁，說他是乾隆四十三年死的，四十九頁又說他是一七七九年死的，那是乾隆四十四年，一六一頁說乾隆四十四年其從子托克托襲輔國公，可能四十四年死是正確的，容妃是乾隆五十三年死的，圖爾都死在容妃之前，是不錯的。

前引香妃之後裔達楊氏，於民國六年，爲爭遺產打官司，據內務府譜牒記載：香妃之父帕力思，生二子一女，長子名吐的棍、無子。次子名阿不都哈，女的即香妃，又名祥妃，因發音祥、香一樣。阿不都哈生子曰巴海，巴海生子阿西米，阿西米生子巴五冬，巴五冬之妻，即達楊氏，在此證明了香妃之哥名吐地棍，與上引之吐狄貢同音，決非圖爾都也，書中第二二三頁記載：吐狄貢是乾隆廿八年死的，與圖爾都乾隆四十四年死不一樣，故二人決不能混爲一人也。

第三、莊練先生引了書中五人之文字，說明新疆之「香妃墓」，其實裏面並無香妃之屍體，更進一步說明，香妃是不存在，只有容妃是眞有其人，二人實是一人，需通盤檢討，才能破此疑惑。讀者試想一想，世間會不會根本沒有這個人，會有人去寫「香娘娘廟」的文章，而且並非一人去寫，當地的婦女還要去此廟裏燒香祈禱。而且三百多年來，前後六次修葺，把墓越修越大。而且還在墓前放上墓中人的畫像。意大利人蒂齊亞諾，在一九八三年於西德「明鏡」週刊發表的一篇文章說：「香妃墓已空，人們稱它爲『香妃博物館』……」，這有什麼根據？難道是有人把棺材打開來給他看過了嗎？這樣不負責任的說法，他敢到新疆，在香妃墓前公開當著當地的新疆民衆，宣佈這一個事實嗎？莊練先生將意大利人的一句話，引來作證，未免太輕率了吧！有這麼多的文字記載，記香妃葬在此處，不是一個外國人隨便說一句不負責任的話，就可推翻的，就像六四天安門事件，全世界都知道中共的軍隊開槍殺了不少人，不是袁木宣佈未死一個人的廣播，就可以予以否定的。

容妃死後葬在東陵，這是不容否認的事實，我也一直這樣說，不能因爲有容妃，硬要否定把香妃墓說成：其實這裡並無香妃之屍體，除非盜墓的人挖開了棺材，才可說這樣的話，胡適生前說：「有幾分證據，說幾分話，有七分證據，不能說八分話」，這才能使人信服。

第四、關於王闓運撰的「今列女傳」，莊練先生所引者，僅是其中的一部分，最近我去中央圖書館，找出了原文的刻本，我發現王闓運，眞不愧是清一代的文學宗匠，江述凡先生稱譽他爲「名震八湘」之文壇耆宿，眞不爲過，民國初年，袁世凱有意請他出掌國史館館長，他婉予拒絕，確有其過人之處。

按「香妃」之故事，發生在乾隆年間，但在清朝的文字記載中找來找去，只有二項文字記載此事。最早的是蕭雄寫的「香娘娘廟」一文，此文發表於清光緒三十八年之「西疆雜述詩」卷四中，其中記述：「香娘娘，乾隆間喀什噶爾人，降生不凡，體有香氣，性眞篤，因戀母，歸沒于母家」文中，並未寫因國恨家仇，未從乾隆，被太后賜死等情事，但死後葬在故鄉是事實，鄉人爲之建廟，才撰這一段文字，爲恐惹麻煩上身，蕭雄只好寫：「因戀母，歸沒于母家。」

而王闓運之「今列女傳」母儀一文，發表於光緒廿六年，於光緒卅三年收錄於「湘綺樓文集」刊行。他把香妃被太后賜死之事實，記載得十分詳細，若無確實之資料，我想他決不敢如此明目張膽的撰之於文，一旦白紙黑字，被上告到慈禧太后老佛爺那裡去，不但老命休矣，說不定還禍延三代，因爲我研究香妃之考證，曾查了不少清朝文字獄之資料，有些駭人聽聞的資訊，眞可令人膽破心裂。乾隆編纂「四庫全書」就是一項文化大清理，凡是不滿滿人統治，有礙種族仇恨的文字、作者，甚至刻板工人、校對、作序，都會因之入獄，即使已死了之人，尚要開棺戳屍。王闓運何以敢這樣指名道姓的寫，最近我找出原文，才知他眞是才智過人，原來全文是表揚太后之德行，除「準回之平也……」前面還有不少文字，在「海內聞者皆嘆息」句後，也有一些文字，總之表揚：「天子有聖母」，總不該有罪吧！（原文鑄版在書前刊出）

第五、關於郎世寧所繪「香妃畫像」，大陸出版之此書中，文字記載之資料，十分貧乏，貧乏得甚至可憐。第一七三頁中，有汪亞塵所撰「香妃與郎世寧」一文，竟說郎世寧是「葡萄牙人」，而我所蒐集到的「海西八珍」各圖，書中卻無半點記載，關於有名的「香妃戎裝像」也語焉不詳，可見他們對這方面的資料，眞是缺乏研究，其中有一篇魏子丹寫的「香妃小記」，發表於民國卅一年，提及「香妃之漢裝像」，該書採用此像作封面。他說：「六七年前初見于海王村，索百餘金，彼時欲購之而未果，後聞美利堅顧客以二百金易之，携往紐約，追悔莫及，僅留縮影于茲」事後不勝感慨。按此畫後爲宋子文購得，贈予蔣夫人宋美齡女士庋藏於官邸。英文出版之「郎世寧宮廷畫專集」中，即有刊出，並加英文說明，此項資料我看到了，他們卻未有納入。

莊練先生提及「香妃戎裝像」，說曾任大陸故宮博物院副院長單士元回憶說：「當時此一油畫上並無標籤題名，說明亦無根據，是幾個人拿的主意，爲的是以這畫像，招徠遊客，卻爲後人製造了混亂。」

莊練先生認爲他找到了最大的依據，事實上郎世寧繪了不止一張「香妃像」，否則大家都以爲這是正確的，那就要騰笑國際了，因爲郎世寧當年繪「香妃戎裝像」，意大利耶穌會士，有詳細的記載，收藏有郎世寧「香妃畫像」眞跡的巴黎居美博物館，日本京都博物館，以及美國私人收藏者，他們也會笑我國人，何其這樣的「無知」。

我現引一段單士元自己寫的文章：「武英殿浴德堂考」，刊在北京故宮博物院內的紫禁城出版社出版的「故宮札記」一書中，供大家思考。

單士元說：「故宮舊存有一張手提花藍的女裝像，題的是「香妃燕居圖」，一九五五年故宮工作人員曾題的「香妃像」，國外也有人拍過照，此女裝像是否香妃，待考。」

單士元是認爲「香妃即容妃」的，但是他自已提到還有一幅「香妃像」，他無法自圓其說，只好寫上「待考」。其實我對此幅「香妃像」，倒可以提供不少資訊給單副院長，因爲曾有人見過此畫，並親口告訴我的。

該圖又名「香妃宴居圖」（注：燕居與宴居相通）早年爲一張姓蒐藏家所有，畫上蓋上「八徵耄念之寶」的印章，左下角書有郎世寧款，畫中香妃回族服裝，與另一幅「長春園扈蹕閱鞠圖」相同，長裙遮足，頭載草帽插羽毛，神態閑適，容貌端雅，畫像簽繪龍，米色箋，書有：「御賞郎世寧繪香妃宴居圖萬壽聖典重裝奴才耆齡監工」等字，按「萬壽聖典」係乾隆八十歲過壽的一項盛典，時在乾隆五十五年，時香妃早已香消玉殞多年，乾隆叫人重新裱裝此畫，對香妃思念之情，可以想見。

單士元認爲「此女裝像是否香妃，待考」。

我想只要那畫上的米色字簽「御賞郎世寧繪香妃宴居圖萬壽聖典重裝奴才耆齡監工」，未脫膠水掉落，就可一目瞭然，無庸再考了。

四

總之，香妃容妃究竟是一個人？還是兩個人？大陸編「香妃」一書的編者說：「似乎已經清楚的了問題，再仔細深究下去，卻又使人感到迷惑，至少，民間流傳的說法與新的考證之間，相去甚遠，香妃就是容妃的定論，還在朦朧之中。」

大陸上出版的這本書，雖偏向認定「容妃就是香妃」，但編者自己仍覺難以自圓其說，所以只好在書前，留了這樣的一條「尾巴」，事實上，歷史的眞相，已昭然若揭了。

最後，我特依據民國卅二年親訪「香妃墓」的梁寒操先生，由回教阿洪手中取得的「香妃世系考錄」，及現今新疆「阿伯克和加陵墓」保存之世系資料，以及「西域同文志」、「西域圖志」之記載，再有民國六年達楊氏打官司時，所提出之清內務府譜牒之公文記載資料，民國六十八年發現之「容妃遺物摺」及清朝有關容妃檔案之文件，綜合整理完成最正確之一份「香妃、容妃家族世系表」如下，大家一看就可清楚的明白；香妃、容妃究竟是否一個人了。

香妃、容妃家族世系表

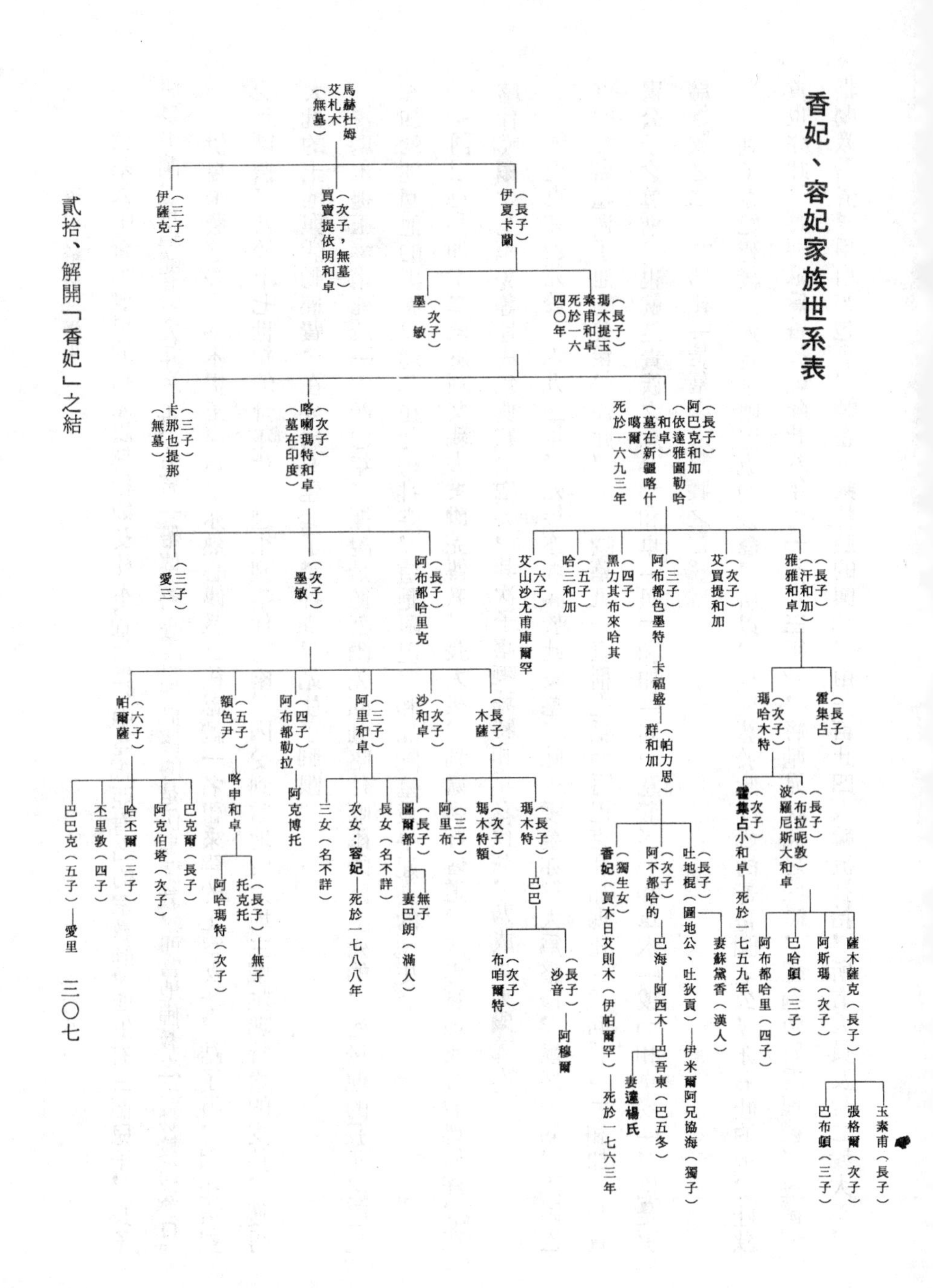

馬赫杜姆艾札木（無墓）
（長子）伊夏卡蘭
（次子，無墓）買竇提依明和卓
（三子）伊薩克
（長子）瑪木提玉素甫和卓死於一六四〇年
（次子）墨敏
（長子）阿巴克和加（依達雅圖勒哈和卓）（墓在新疆喀什噶爾）死於一六九三年
（次子）喀喇瑪特和卓（墓在印度）
（三子）卡那也提那（無墓）
（長子）（汗和加）雅雅和卓
（次子）艾買提和加
（三子）阿布都色墨特—卡福盛—（帕力恩）群和加
（四子）黑力其布來哈其
（五子）哈三和加
（六子）艾山沙尤甫庫爾罕
（長子）霍集占
（次子）瑪哈木特
（長子）（布拉呢敦）波羅尼斯大和卓
（次子）霍集占小和卓—死於一七五九年
薩木薩克（長子）
阿斯瑪（次子）
巴哈頓（三子）
阿布都哈里（四子）
玉素甫（長子）
張格爾（次子）
巴布頓（三子）
（長子）吐地棍（圖地公、吐狄貢）—伊米爾阿兄協海（獨子）
妻蘇黛香（漢人）
（次子）阿不都哈的—巴海—阿西木—巴吾東（巴五多）
妻達楊氏
（獨生女）香妃（買木日艾則木（伊帕爾罕））—死於一七六三年
（長子）阿布都哈里克
（次子）墨敏
（三子）愛三
（長子）木薩
（次子）沙和卓
（三子）阿里和卓
（四子）阿布都勒拉—阿克博托
（五子）額色尹—喀申和卓
（六子）帕爾薩
（長子）瑪木特—巴巴
（長子）沙音—阿穆爾
（次子）布哈爾特
（次子）瑪木特額
（三子）阿里布
（長子）圖爾都—無子
妻巴朗（滿人）
長女（名不詳）
次女：容妃—死於一七八八年
三女（名不詳）
（長子）托克托—無子
阿哈瑪特（次子）
巴克爾（長子）
阿克伯塔（次子）
哈丕爾（三子）
丕里敦（四子）
巴巴克（五子）—愛里

世系表中香妃最早的祖先馬赫杜姆艾札木，是當時中亞細亞有名的宗教師，他生有三個兒子，長子伊夏卡蘭，常追隨其父在吐魯番、哈蜜一帶傳教，當時他們傳的是伊斯蘭教，而當地佛教之活動較爲盛行。

伊夏卡蘭之長子瑪木提玉素甫，亦熱心傳教，後認識一名祖來罕的王室女子，結了婚，因在哈蜜受到排擠，乃於十七世紀的卅年代，遷來到喀什噶爾。因受到當地的大地主龐雅瑪特索的支持，獲得大批的土地與活動經費，在麥場上建起了禮拜寺，站住了脚跟。

瑪木提玉素甫死於一六四〇年，據說是從葉爾羌回到喀什噶爾的路上死的，死後他的長子阿巴克和加就運回他的屍體，埋葬在此禮拜寺，這是阿巴克和加陵墓最早建造的歷史。

阿巴克和加十二歲就隨父親去葉爾羌傳教，長大後，到處講經傳道，並忠實地履行教典信條，在喀什噶爾、葉爾羌等地成爲典範、聖人，其次子喀喇瑪特和卓之後裔，乃成爲葉爾羌人。

阿巴克和加死於一六九三年，死後亦埋葬於此陵墓，此一陵墓亦經大爲整修，煥然一新，因阿巴克的聲名超過了他的父親，從此，這一陵墓就一直稱之爲「阿巴克和加瑪札」。回語：「和加」是貴胄公子之尊稱，也就是貴族之意；「和卓」與「和加」同一意義；「和卓木」或「和卓麥」，則是更爲尊敬之意。「瑪札」是墓園大靈寢之意。

到了香妃死後，因她是阿巴克的後裔，所以，也埋葬於此。她的哥哥圖地公，亦名吐的棍、吐狄貢也葬此，嫂嫂蘇黛香於乾隆廿八年（一七六三年），將她兄妹倆之屍體，經過防腐處理後，遵循依斯蘭教習俗，用白布包裹，裝在一乘特製的輿轎，由一百廿四人輪流扛抬，所有人員及卅二輪大車，從北京出發，經甘肅敦煌和新疆南部的和闐，跋山涉水，經過戈壁大沙漠，歷經三年半時間，才運抵故鄉喀什噶爾，蘇黛香並拿出大筆經費，大興土木整修此一墓園，從此，因香妃之名蓋過了「阿巴克和加」，大家也就稱此墓園，為「香娘娘廟」或「香妃墓」。

五年後，蘇黛香死了，也葬在此一墓園。因她生前做了不少好事，當地人稱她為「迪麗夏提小姐」。到了滿清末年，約一百四十年左右，該墓園金壁輝煌的圓頂，忽然傾圮，乃多次籌集資金，予以重修了一次，這是該墓園第四次維修，到了民國卅六年，抗戰勝利以後，墓園因過份的殘破，且各方遊客之觀光建議，希望再加修葺，但格於經費，未予置理，直至一九五六年（民國四十五年），中共統治新疆後，才按原貌予以修復。一九七二年（民國六十一年）中共開發新疆，對該一有觀光號召之古蹟，又作了第六次的大整修，如今距當初興建，雖已有三百多年之歷史，據前往遊覽之旅客表示，仍然莊嚴肅穆，為維吾爾族建築上的瑰寶。

從上述世系表中，可知香妃之祖先是阿巴克和加，而容妃之祖先是喀喇瑪特和卓，所以香妃是喀什噶爾人，容妃是葉爾羌人。

香妃是獨生女，有兩個哥哥，大哥名「吐地棍」諧音又名「圖地公」，而容妃只有一個哥哥，一個姊姊，一個妹妹，她哥哥名圖爾都，清史上有圖爾都傳，一般人容易將因此而把香妃認作就是容妃，事實上香妃之哥哥圖地公死於乾隆廿八年，娶妻是漢人蘇黛香，而容妃之哥哥圖爾都死於乾隆四十四年，娶妻是滿人巴朗，二人決非同一人也。

（發表於八十年五月廿三日，六月十八、十九日）

香妃考證研究續集後記

姜龍昭

一、

我曾經爲「香妃考證」這一個課題，着迷了十五年。今後，可能繼續着迷下去，我願意，把我「研究」的經過，向大家作一份報告。

民國廿八年，中日戰爭已發生。那時，我十二歲，隨父母躲避戰亂，居住在上海的法租界。有一天，父母帶我去看了一場平劇：「香妃恨」，當時，買了一份演出特刊，我現在已記不清，是誰演的「香妃」，也忘了演出的是什麼情節，只是記得那份特刊上，印了一張彩色的「香妃戎裝」畫像，久久使我難忘，印象特別深刻。

現在回想起來，大概當時，孟森先生廿六年發表「香妃考實」一文後，大家對「究竟有無香妃」的問題，發生了興趣，致才有「香妃恨」平劇之演出。

民國六十四年春，我承好友鍾雷、王方曙、賈亦棣、朱順官諸先生之協助，共同着手籌劃演出「香妃」的國語電視連續劇，當時，爲求符合史實，我翻閱了不少有關「香妃」的書籍，發現大家對這位體有異香的回疆美女，有三種不同的說法。

一般小說家，戲劇家，都認定香妃確有其人，因不肯順從做乾隆妃子，結果，在清宮被皇太后賜死。

而一些歷史學家，却以清史上無香妃之名，乾隆正式册封的回疆女子，有一名容妃者，且並未被太后賜死，遂認定「香妃」是虛構的，即或不是虛構，其實即是容妃，最後是順從了乾隆，死後葬在裕陵，有史可靠，否定了「香妃」的存在及她悲壯的事蹟。

到了民國五十年代，出現了第三種說法，即是認爲香妃確有其人，確有其事，因有香妃的畫像、墓塋可資證明，正史未載，是因未獲册封的緣故，至於「容妃」，是另有其人，二人絕不能混爲一談。

我當時爲此思索良久，最後依據我所查證的資料，覺得第三種說法比較正確，香妃絕非容妃，二人絕不是同一個人，六十五年一月，我以「香妃之研究」爲題，在聯合報副刊，第一次發表了有關「香妃」的文章。

及後，「香妃」連續劇推出上演，各報先後刊出不少有關「香妃」的文章，其間，有人認同我的看法。同時，我翻閱了不少日文、英文的書籍，並蒙賈亦棣先生之介紹，認識了名蒐藏家李鴻球（韻清）老先生，並看到了他蒐藏的郎世寧所繪「武列行圍圖」香妃畫像的照片，使我益形相信香妃確有其人，我把新發現的一些鐵證，於六十五年三月十七日起，一連四天，在新生報的副刊上（一眨眼已是十四年前的事了）發表了一篇「香妃考證」的文章，當時曾引起臺灣大學歷史系師生的重視討論，並由「中國文選」月刊，特予轉載，相當受人注目。

因爲「香妃」，我開始研究意大利名畫家郎世寧的生平及其作品，究竟他生前一共爲「香妃」畫了多少張畫像，這些畫像如今下落在何處，我查看了英文本的「郎世寧宮廷畫專集」，羅光主教：「郎世寧其人其畫」的演講記錄，經過了長達三年的尋覓資料，完成了「香妃的畫像」一文，文長一萬餘字，連同一些畫像的圖片，於六十九年三月，在「幼獅文藝」月刊刊登，意想不到的事是，我從未去過法國，這篇文章，隨着它的發行，到了法國，引起一位在法國執教多年的吳本中教授的注目，特地寫信來向我請教，這份收穫，使我益發興奮，對「香妃」之研究、考證，益形「着迷」起來。我開始着手查閱有關新疆地理的書籍，以瞭解「香妃墓」的有關情況。

意想不到，民國七十四年十一月此間出版的一份「路工」月刊上，發表了林榮坤先生寫的「揭開香妃故事眞假之謎」的文章，認爲孟森的說法是正確的，香妃並無其人，只有容妃是存在的。在不甘緘默的心情下，我特撰文於該「路工」月刊十二月出版的一期上，予以糾正，這其間，我又就有關香妃之小說及戲劇，各種不同的內容，作深入之比較與研究。

七十六年十二月，我依據新疆方面的一些資訊，在臺灣日報，發表了「香妃之墓」，將北平陶然亭東之「香塚」及新疆喀什噶爾的「香娘娘廟」，作了一番來龍去脈的剖析與說明。

七十七年三月，我又在臺灣日報接續發表了「香妃之小說與戲劇」一文，將有關香妃故事的戲劇，包括：平劇、詩劇、話劇、電影、廣播劇、電視劇，作一有系統的介紹，意想不到的此時，我又看到了日本二期會合唱團、與日本樂劇協會於日本東京文化會館盛大演出「香妃」歌劇的錄影帶，蒙朱順官先生慷慨的拷貝了一份贈送給我作紀念，「香妃」在日本，如此的受到敬愛，眞是我做夢也想不到的事。

七十八年九月，我將十多年來蒐集到的有關「香妃」的資訊、圖片、及我自己撰寫的一些文章，彙集在一起，由文史哲出版社出版了一本「香妃考證研究」的單行本，我想，有關「香妃」的存在，應該沒有人再存疑，其英勇貞節的事蹟，將永爲我中國人所景仰，是無庸置疑的了。

二、

誰知，到了七十八年的十一月，有關「香妃」的考證，又有了新的發展。

原來以撰寫清宮歷史小說的高陽先生，於七十八年四月去了一趟北京，作了訪問，他會晤了北京故宮博物院的副院長楊新先生，談起了「香妃的畫像」，提及當年這幅畫像，從熱河承德的避暑山莊，運到北平「古物陳列所」時，當時，畫上並無標籤，帳上也只寫「油畫屏一件」，所以被認爲是「香妃戎裝像」，只是當時內務部朱啓鈐總長順口說的：「這大概就是香妃吧」一句話。

高陽先生，因此寫了「香妃的眞面目」一文，於七十八年十一月廿二日的聯合報繽紛版上發表，他贊成孟森先生的說法，認爲「香妃容妃其實就是一個人。」

高陽先生的看法，我難以苟同，我遂寫了「容妃不是香妃」一文，於該報七十八年十二月十五日發表，引起了不少讀者的關心，這以後高陽又寫了二文廻響，我也作了進一步的駁斥，後該報不再刊載此項論戰之文字，此事也就不了了之。

但文友江述凡先生，依他的觀點，頗認同我的看法，特撰寫了「高陽，請接招」「香妃之爭」等文，先後在「世界論壇報」、「暢流雜誌」、「千秋評論」等刊物發表，希望高陽答覆，但未獲回音。意想不到的事，再度發生。

七十九年三月間，我意外收到一封聯合報轉來郭志誠先生的來信。他與我素不相識，但他信中說：蒐藏有一幅郎世寧親繪的「香妃畫像」，圖名「寶月嘗荔」，卷首有乾隆御題「寶月嘗荔」四大字，十全老人大印，及一干常見乾隆帝慣用印章，又有漢、滿、蒙、回、藏五種文字讚文，其中兩篇漢文，一為兆惠，一為蔣溥，文中均有「香妃」字樣，足證香妃確有其人。

六十九年我寫「香妃之畫像」一文時，蒐集到香妃之畫像，其單獨一人者五幅，香妃與乾隆及其他人合畫在一起者六幅，當時覺得很週全，事後，才發現郎世寧繪香妃與乾隆合畫在一起的畫像，應該有八幅，有「海西八珍」之說，這八幅畫，採同一大小裝裱，後因英法聯軍、八國聯軍、中日戰爭等役，分別自宮中流散至英、法、日等國，有的為私人所珍藏頗不易見到，我千辛萬苦，只找到了六幅的下落，已不容易，想不到，如今第七幅，竟然出現，我之興奮，眞是難以言宣，經過數度電話之連絡，終於讓我看到了這幅「寶月嘗荔」圖，上面有乾隆題的詩不說，最重要的是，文字中明文寫着：「香妃居此，以俟幾暇臨幸」之文句，足證明香妃確有其人，並且是住在「寶月樓」。

更意外的喜事，接着發生，友人劉台柱先生，聽說我看到了「寶月嘗荔圖」，他說，他也有一幅郎世寧繪的香妃畫像，圖名叫「氷嬉娛親」，最近甫由友人輾轉自大陸携運來臺，其大小裝裱與「寶月嘗荔」頗爲相似，我夢寐以求的「海西八珍」，沒有想到，會在民國七十九年，讓我看到，原來郭志誠的那幅「寶月嘗荔」，過去一直在英國的大英博物館中珍藏着，外界鮮有人知，不久以前，他才以新台幣一千八百萬元之高價，購得此二「國寶」級珍品，我能在一個月內，同時看到這兩幅畫，眞可說是三生有幸。爲此，我重寫了：「郎世寧的海西八珍與香妃畫像」一文，於「大成報」發表。

三、

七十九年四月間，新疆喀什（原名喀什噶爾）發生反共之暴亂後，有關香妃之故鄉及其事蹟，再度成爲人們注意的焦點，有東門草先生於四月十七日在立報發表了「香妃及其墓塋」的專文，他也認爲：「香妃，史傳無載，殆爲附會衍生而無疑，……」又肯定「香妃即爲容妃，……並敍述容妃之生平，及其出生地爲葉爾羌。」

東門草引述之依據，大半係孟森先生之老調，不過，有關容妃之生平記載，全部採用公元記載，倒是一新的發現，我推斷定是「中共」大陸上之文字記載，其中最值得注意的，是容妃的出生於「葉爾羌」一節，按「葉爾羌」現名莎車，而香妃之故鄉爲喀什噶爾，其墓亦在該地，查喀什噶爾與葉爾羌，是兩個不同的地方，相隔甚遠，二人之出生地不同，雖同爲回疆人，絕不能誤認爲一人也。我於五月十五日起，一連六天，以「香妃」爲題，向東門草請教，寫了近一萬字的專文，到了八月底，他亦給我很長的答覆，我於十二月廿六日起，在立報，再度發表專文一一予以答覆。

我深入研究歷史學家孟森所著的「香妃考實」一文，發現他立論的依據是：「言清代史，非從官書中求之，不足徵信」，因此，他查遍清史，無香妃之名，而否定她的存在。至於其他文字記載，他一概置之不顧。事實上，除清正史外，其他文字資料，在滿清時代，確無記載，到了民國以後，就不斷出現，原來史官怕朝廷震怒，當然不敢記載於正史，再說，滿人自入關以後，爲澈底消滅滿回民族的仇恨觀念，有關史官之記載，多半偏向滿人，不是隱蔽不述，就是避重就輕的歪曲改寫。香妃不從乾隆爲妃，而被皇太后賜死這件事來說，香妃並未犯了什麼滔天大罪，若以不從即被賜死，單從回民的立場來看，是十足滿人以權勢殺害回族弱女子的確證，正史可以記載這樣的事嗎？史官即使記了，也會被刪除，乾隆修「四庫全書」，就是把所有不利滿清的史實，皆予清理掉也。爲此，我撰寫了「清朝早期之文字獄」一文，於大成報發表，此文亦蒐集於本續集內。

孟森的考證，顯然是不正確的，再說，我找到：日本平凡社刊行的「東洋歷史大辭典」（日文）第三卷第二十頁「香妃條」，有被賜死之記述。美國國會圖書館刊行的「清史名人錄」（英文）上卷，在「兆惠傳」上，亦有同樣的記載。

此外，在新疆擔任外交專員的水建彤先生，於民國卅七年，在新疆一書店中，買到一本阿拉伯文的「穆聖後裔傳」，其中亦有「香妃事蹟」阿拉伯文的記載，這些資料，孟森均未見及，他的考證，可以信賴嗎？七十九年我寫了一篇論「孟森之香妃考實」的文章，於八十年六月發表於「輔仁學誌」，刊於本書，盼望對「香妃」有研究的專家，予以教正。

四、

「香妃考證研究」一書，出版兩年以來，眞沒有想到，我會蒐集到更多有關「香妃」畫像、及文字的有關資訊，夏元瑜教授讀了我的「郎世寧的海西八珍與香妃畫像」一文後，特提供了我幾幀他蒐藏了五十年的「香塚」照片供我參考。七十九年，爲查證「香塚」是否曾葬過香妃，我特專誠去了北京，作實地查訪，又發現了不少珍貴的史跡，特撰成「陶然亭的今昔」一文，連同圖片，亦在本書中刊出。我特以謹愼、平和、客觀的心情，將：論孟森之「香妃考實」之專論，併同與高陽先生、東門草先生、莊練先生之有關論戰文字，及新發現之「寶月嘗荔」、「冰嬉娛親」二圖之彩色照片，輯成「香妃考證研究」續集，希望國內史學家、考證家多予批評賜教，俾「香妃」之存在，不再是個難解的謎。

胡適博士生前曾說：「紙上的考證學，也得要跳過紙上的材料，——老的材料，去找新的材料，才可以創造出有價值的成績。」

孟森先生認爲：「言清代史，非從官書中求之，不足徵信」的論點，如今看來，顯然是落伍，跟不上時代的要求了。

八十年九月三十日修正

姜龍昭著作出版書目

作品名稱	類別	出版處所	字數	出版年月
烽火戀歌	獨幕劇	總政治部	約二萬	四十一年十二月
奔向自由	獨幕劇	總政治部	約二萬	四十二年十二月
自由中國進步實況	報導文學	中央文物供應社	約廿萬	四十九年十二月
六六五四號啞吧	電視劇選集	平原出版社	約三萬	五十三年二月
電視綺夢	電視劇選集	正中書局	約五萬	五十五年九月
金玉滿堂	電視劇選集	菲律賓劇藝社	約廿萬	五十六年九月
父與子	獨幕劇	僑聯出版社	約二萬	五十六年十二月
碧海青天夜夜心	電視劇選集	商務印書館	約十二萬	五十七年一月
一顆紅寶石	電視劇選集	菲律賓劇藝社	約十二萬	五十七年二月
金色陷阱	電視劇選集	東方出版社	約十二萬	五十八年二月
故都風雲	廣播劇	軍中播音總隊	約二萬	五十八年六月

書名	類別	出版者	字數	出版日期
孤星淚	多幕劇	僑聯出版社	約四萬	五十九年四月
情旅	小說	新亞出版社	約六萬	五十九年五月
春雷	小說	新亞出版社	約六萬	五十九年十月
長白山上	圖畫故事	新亞出版社	約六萬	六十年三月
紅寶石	獨幕劇	中國戲劇藝術中心	約二萬	六十年十二月
長白山上（與人合編）	電視連續劇	正中書局	約五十萬	六十一年十月
海戰英雄	廣播劇	總政治作戰部	約二萬	六十三年十月
吐魯番風雲	多幕劇	商務印書館	約四萬	六十五年六月
眼	多幕劇	商務印書館	約四萬	六十五年十二月
海與貝殼	小說	正中書局	約十八萬	六十五年七月
電視劇編寫與製作	論著	黎明文化事業公司	約十二萬	六十五年七月
金蘋果	兒童歌舞劇	中國戲劇藝術中心	約四萬	六十七年三月
電視縱橫談	論著	聯經出版社	約十四萬	六十八年三月
一個女工的故事	電影劇本	遠大出版公司	約八萬	六十八年六月
姜龍昭選集	綜合	黎明文化事業公司	約十八萬	六十八年九月
電影戲劇論集	論著	文豪出版社	約廿萬	六十八年十二月
電視編劇理論與實務（與人合著）	論著	中視週刊社	約廿萬	七十年三月

中華民國電視事業的回顧與前瞻（與人合著）	論著	中國電視公司	約廿二萬	七十年十月
姜龍昭劇選集	劇本	遠大出版公司	約十八萬	七十一年四月
戲劇編寫概要	論著	五南圖書出版公司	約卅萬	七十二年三月
一隻古瓶	劇本	漢欣文化公司	約三萬	七十三年三月
金色的陽光	劇本	文化建設委員會	約三萬	七十三年三月
幾番漣漪幾番情（與人合編）	劇本	文化建設委員會	約四萬	七十三年三月
英風遺烈	傳記文學	近代中國社	約十二萬	七十三年三月
武昌首義一少年	傳記文學	黎明文化事業公司	約十二萬	七十四年三月
母親的淚	劇本	教育部	約四萬	七十四年二月
最後的一面	小說	晨星出版社	約十二萬	七十五年三月
戲劇評論集	論著	采風出版社	約十二萬	七十五年五月
姜龍昭劇選第二集	劇本	文史哲出版社	約廿萬	七十七年十月
香妃考證研究	論著	文史哲出版社	約十四萬	七十八年九月
血洗天安門	劇本	中興出版社	約二萬	七十九年三月
淚水的沉思　中英文本	劇本	文史哲出版社	約四萬	八十年十一月
香妃考證研究續集	論著	文史哲出版社	約廿五萬	八十一年三月